在线教师专业发展研究

ZAIXIAN JIAOSHI ZHUANYE FAZHAN YANJIU

曾祥跃 著

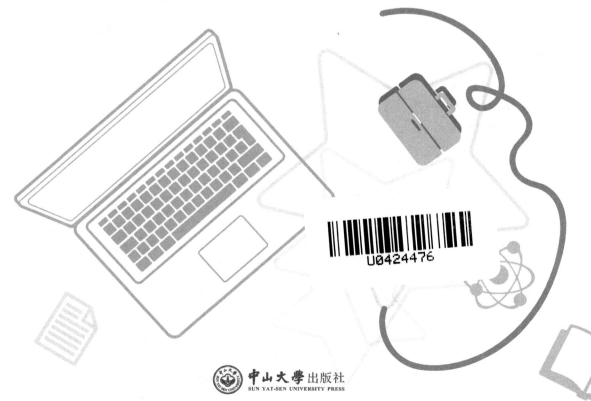

中山大学出版社
·广州·

版权所有　翻印必究

图书在版编目（CIP）数据

在线教师专业发展研究/曾祥跃著. —广州：中山大学出版社，2021.8
ISBN 978－7－306－07298－6

Ⅰ.①在… Ⅱ.①曾… Ⅲ.①教师素质—网络教育—研究 Ⅳ.①G451.6－39

中国版本图书馆 CIP 数据核字（2021）第 173168 号

出 版 人：	王天琪
策划编辑：	赵　冉
责任编辑：	赵　冉
封面设计：	曾　婷
责任校对：	陈晓阳
责任技编：	何雅涛
出版发行：	中山大学出版社
电　　话：	编辑部 020－84111997，84110283，84113349
	发行部 020－84111998，84111981，84111160
地　　址：	广州市新港西路 135 号
邮　　编：	510275　　　传　真：020－84036565
网　　址：	http://www.zsup.com.cn　E-mail:zdcbs@mail.sysu.edu.cn
印 刷 者：	广东虎彩云印刷有限公司
规　　格：	787mm×1092mm　1/16　20 印张　330 千字
版次印次：	2021 年 8 月第 1 版　2021 年 8 月第 1 次印刷
定　　价：	58.00 元

如发现本书因印装质量影响阅读，请与出版社发行部联系调换

前　　言

建设服务全民的终身学习体系是我国教育战略发展的重要任务，也是建设学习强国、学习型社会和技能型社会的必然要求。在线教育作为现代信息技术应用的引领者，具有先进的教学手段、丰富的学习资源、泛在的学习方式等优势，因此，发展在线教育正成为建设终身学习体系的重要抓手。为加快推进在线教育的发展，教育部等十一部门在《关于促进在线教育健康发展的指导意见》（教发〔2019〕11号）中明确提出要"充分运用现代信息技术手段，提供在线教育服务，增加教育资源有效供给，创新教育组织形态，丰富现代学习方式，加快建设学习型社会"。

自21世纪以来，教育部陆续启动了新世纪网络课程、国家级精品课程、精品视频公开课、精品资源共享课、国家级一流本科课程以及职业教育专业教学资源库等优质教学资源建设项目，为在线教育的前期发展积累了海量、优质的教学资源。2020年年初，为应对新冠肺炎疫情，教育部组织实施了"停课不停学"行动，极大地普及了在线教学，进一步推进了在线教育的发展。教育部2020年8月公布的数据显示，2020年春季学期全国所有普通本科高校全部实施了在线教学，108万教师开出了110万门课程，合计1719万门次，参加在线学习的大学生达2259万人，合计35亿人次。在线教学的快速发展，迫切需要一大批熟悉在线教学规律、掌握在线教学方法与技术的教师。为此，教育部不止一次在文件和答复函中倡导社会力量与高校"鼓励开展网上在线教学培训，帮助广大教师适应新型教学环境、掌握在线教学技能、提高在线教学效果"（教高厅〔2020〕2号、教职成提案〔2020〕348号）。本书成稿于当今这个在线教学大发展的时期，旨在为在线教师专业发展的研究做出一份贡献。

在线教师是以线上教学为教学工作主体的教师，慕课教师、开放教育教师、网络教育教师以及在线培训教师等以在线教学为主的教师，均属于在线教师。随着信息技术的深入发展，智能技术与教育教学的深度融合，在线教学将会成为每位教师的必备技能，也将会有越来越多的传统教师转型为在线教师。

本书以"正心""取势""明道""优术""化生"为主线，以培养在线教学能力为核心，致力于促进在线教师的专业发展。本书认为，在线教师首先要"正心"，要有"立德树人之初心""律己立己之决心""开放共享之公心""桃李天下之爱心"；其次要"取势"，要主动获取在线教育、在线教学与信息技术发展之势，要因势而动、顺势而为；再次要"明道"，要明了在线教学的基本规律并能应用于实践中，为在线教学实践提供理论指引；再次要"优术"，要通过在线课程设计、开发、教学与评价的实践，提升在线教学的方法与技术；最后要"化生"，即要化而生之，通过在线教学研究的开展，实现在线教学理论与实践的升华，产生更多更好的研究成果。

　　本书不仅适合专门从事在线教学的教师，也适合所有开展在线教学的教师，能够帮助教师理解在线教学，掌握在线教学的方法与技术，提升在线教学的能力与水平。

目　　录

第一章　缘起：在线教师之专业发展 ·· 1

第一节　在线教学之发展 ·· 1
一、在线教学之演进 ·· 1
二、在线教学之内涵 ·· 5
三、在线教学之特征 ·· 6
四、在线教学之优劣 ·· 7

第二节　在线教师之职业 ·· 9
一、在线教师之内涵 ·· 9
二、在线教师之分类 ·· 9
三、在线教师之角色 ·· 11

第三节　在线教师之能力 ·· 15
一、在线教师之设计力 ·· 15
二、在线教师之开发力 ·· 19
三、在线教师之教学力 ·· 21
四、在线教师之研究力 ·· 22
五、在线教师之信息力 ·· 24
六、在线教师之学习力 ·· 25

第四节　在线教师之专业发展 ·· 27
一、专业发展之内涵 ·· 27
二、专业发展之进阶 ·· 28
三、专业发展之修炼 ·· 30

本章小结 ·· 31

第二章　正心：在线教学之境界 ……………………………………………… 33
第一节　立德树人之初心 ……………………………………………… 33
　　一、德与才，德为先 …………………………………………………… 33
　　二、立德树人之内涵 …………………………………………………… 34
　　三、坚守立德树人之初心 ……………………………………………… 35
　　四、掌握立德树人之方法 ……………………………………………… 36
第二节　律己立己之决心 ……………………………………………… 38
　　一、律己立己之必要性 ………………………………………………… 38
　　二、在线教师律己之法 ………………………………………………… 39
　　三、在线教师立己之法 ………………………………………………… 41
第三节　开放共享之公心 ……………………………………………… 47
　　一、开放共享之必要性 ………………………………………………… 47
　　二、树立开放共享之公心 ……………………………………………… 51
　　三、掌握开放共享之方法 ……………………………………………… 51
第四节　桃李天下之爱心 ……………………………………………… 53
　　一、在线教师更易桃李满天下 ………………………………………… 53
　　二、在线教学更需博爱之心 …………………………………………… 54
　　三、博爱学习者之法 …………………………………………………… 56
本章小结 ………………………………………………………………… 58

第三章　取势：在线教学之趋势 ………………………………………………… 60
第一节　信息技术发展之势 …………………………………………… 61
　　一、信息技术演进路径 ………………………………………………… 61
　　二、信息技术发展趋势 ………………………………………………… 66
第二节　在线教育发展之势 …………………………………………… 72
　　一、在线教育发展历程 ………………………………………………… 73
　　二、在线教育发展现状 ………………………………………………… 74
　　三、在线教育发展趋势 ………………………………………………… 81
第三节　在线教学发展之势 …………………………………………… 88
　　一、在线教学发展主线 ………………………………………………… 88
　　二、在线教学发展历程 ………………………………………………… 89
　　三、在线教学发展趋势 ………………………………………………… 91
本章小结 ………………………………………………………………… 98

第四章 明道：在线教学之规律 …… 100

第一节 自助与响应之道 …… 101
一、自助与响应之内涵 …… 101
二、相关理论支撑 …… 103
三、自助式学习之方法 …… 104
四、响应式教学之方法 …… 106

第二节 回归与融合之道 …… 109
一、回归与融合之需求 …… 109
二、回归与融合之内涵 …… 110
三、相关理论支撑 …… 111
四、回归与融合之方法 …… 114

第三节 泛在与适需之道 …… 116
一、泛在与适需之必要 …… 116
二、泛在与适需之内涵 …… 118
三、相关理论支撑 …… 119
四、泛在与适需之方法 …… 120

本章小结 …… 122

第五章 优术：在线课程之设计 …… 124

第一节 在线课程设计目标与导向 …… 124
一、设计目标 …… 124
二、设计导向 …… 125
三、设计路径 …… 127

第二节 在线课程"三端"调研 …… 128
一、调研目标与方法 …… 128
二、学习者端调研 …… 132
三、教师端调研 …… 137
四、市场端调研 …… 142

第三节 在线课程"五维"分析 …… 144
一、师生：由谁来教、谁会来学 …… 144
二、内容：能教什么、需学什么 …… 145
三、方法：如何去教、如何去学 …… 146

四、环境：在哪里教、在哪里学 ············· 147
　　五、评价：如何评教、如何评学 ············· 148
第四节　在线课程"八要素"设计 ············· 148
　　一、以发展思维引领在线课程目标设计 ············· 149
　　二、以高阶思维引领在线课程内容设计 ············· 155
　　三、以价值思维引领在线课程思政设计 ············· 163
　　四、以开放思维引领在线课程模式设计 ············· 169
　　五、以用户思维引领在线课程服务设计 ············· 171
　　六、以生态思维引领在线课程环境设计 ············· 174
　　七、以数据思维引领在线课程评价设计 ············· 176
　　八、以创新思维引领在线课程特色设计 ············· 177
本章小结 ············· 178

第六章　优术：在线课程之开发 ············· 180
第一节　在线课程开发内容 ············· 180
　　一、在线课程开发内涵 ············· 180
　　二、资源建设内容 ············· 181
　　三、平台部署内容 ············· 182
第二节　在线课程开发导向 ············· 183
　　一、团队建设导向 ············· 183
　　二、资源建设导向 ············· 184
　　三、平台部署导向 ············· 188
第三节　资源建设 ············· 189
　　一、预置性学习资源建设 ············· 189
　　二、形成性学习资源建设 ············· 197
第四节　平台部署 ············· 198
　　一、学习平台特征与分类 ············· 198
　　二、自助式学习环境建构 ············· 200
　　三、响应式教学环境建构 ············· 205
　　四、学习平台页面布局 ············· 210
本章小结 ············· 215

第七章 优术：在线课程之教学 ·················· 217
第一节 在线课程教学导向 ·················· 217
一、学习资源用起来 ·················· 218
二、学习者动起来 ·················· 219
三、在线课堂活起来 ·················· 220
四、教学成效多起来 ·················· 220
第二节 在线课程教学模式与策略 ·················· 221
一、在线课程教学模式 ·················· 221
二、在线课程教学策略 ·················· 228
第三节 在线课程教学准备 ·················· 230
一、组建团队 ·················· 230
二、确定流程 ·················· 232
三、制订方案 ·················· 233
四、准备条件 ·················· 234
第四节 在线课程教学实施 ·················· 235
一、导学服务 ·················· 235
二、助学服务 ·················· 238
三、促学服务 ·················· 244
第五节 在线课程学习督促 ·················· 254
一、督学服务必要性 ·················· 255
二、督学服务目标 ·················· 255
三、督学服务内容 ·················· 255
四、督学服务工具 ·················· 256
五、督学服务要点 ·················· 256
本章小结 ·················· 257

第八章 优术：在线课程之评价 ·················· 259
第一节 在线课程评价导向 ·················· 259
一、在线课程评价功能 ·················· 259
二、在线课程评价导向 ·················· 260
三、在线课程评价原则 ·················· 261
第二节 在线课程评价内容 ·················· 261

  一、教的评价 ………………………………………………………… 262
  二、学的评价 ………………………………………………………… 269
 本章小结 ………………………………………………………………… 270

第九章 化生：在线教学之研究 ……………………………………… 272
 第一节 研究范畴与研究选题 ………………………………………… 272
  一、研究范畴 ………………………………………………………… 273
  二、研究选题 ………………………………………………………… 276
 第二节 研究方案与研究方法 ………………………………………… 286
  一、研究方案 ………………………………………………………… 286
  二、研究方法 ………………………………………………………… 289
 第三节 研究成果与教研论文 ………………………………………… 294
  一、研究成果 ………………………………………………………… 294
  二、教研论文 ………………………………………………………… 294
 第四节 教学研究的境界 ……………………………………………… 301
  一、"静"的境界 …………………………………………………… 301
  二、"思"的境界 …………………………………………………… 302
  三、"悟"的境界 …………………………………………………… 304
  四、"守"的境界 …………………………………………………… 305
 本章小结 ………………………………………………………………… 307

后 记 …………………………………………………………………… 309

第一章
缘起：在线教师之专业发展

在线教学源于文明的进步和教学的演进。相对于传统教学，在线教学有"变"也有"不变"，有优势也有不足。在线教师以在线教学为主要手段，已经演变成为专门的职业。在线教学知易行难。因而，在线教师需要增强自身的修为，促进自身的专业化发展。

第一节　在线教学之发展

一、在线教学之演进

人类文明发展史，大体经历了农业文明时代、工业文明时代、信息文明时代。在不同的文明时代，教育教学都有其自身的现象与特征。随着人类文明的进程，教学也在不断地发展变化。然而，变化的是教学的内容与形式，不变的是教学的本原与初心。

（一）农业文明时代的教学

农业文明时代的教学是原初的教学形式，是随着生产力的发展、文字的出现、奴隶社会的形成而逐渐开始的，其依附于农耕经济。相对于原始社会，农业文明时代有了专门的教师与学习者，教学形式主要为私塾式教学。基于农业文明时代生产力的落后性、群落之间的封闭性以及经济的不发达性，农业文明时代的教学特征表现在教学对象的稀有性、教学资源的稀缺性、教学实施的个体性、教学手段的原始性以及教学关系的紧密性五个方面。

（1）教学对象的稀有性。在农业文明时代，农耕经济落后的生产力与生产方式，使得绝大部分农民没有摆脱生存的危机，因而有财力、有余力接受教育的人只能是少数的贵族阶层，能够支付教师费用的家庭也只能是少数，这就决定了农业文明时代的教学主要面向少数的贵族阶层，其教学对象是稀有的。

（2）教学资源的稀缺性。农业文明时代虽然有了专门的教师，但是教师的数量少，是一种稀有资源。同时，由于作为知识载体的书本没有大量出现，知识变成了极其宝贵的稀有财产。因此，可以把农业文明时代简单地看成"教师即知识""知识即教师"的时代，那是教学资源极其稀缺的时代。

（3）教学实施的个体性。基于教学对象的稀有性、教学资源的稀缺性，农业文明时代的教学主要是私塾式教学，一位教师只面向少量学习者。这种情况下，教师完全可以基于学习者的实际情况制订教学计划，因材施教，实施个体化、个别化的教学。

（4）教学手段的原始性。农业文明时代落后的科学技术，决定了教学手段相对落后。农业文明时代的教学更多是基于稀缺纸质文字资源的、面对面的、言传身教式的教学，这种教学手段虽然落后，但是师生之间的交流因为没有时空的隔离，反而更为便捷、高效。

（5）教学关系的紧密性。农业文明时代，师生之间面对面的教学，更容易实现相互之间的沟通与了解。因此，农业文明时代的教与学、师与生的关系更为密切。

总的来说，在农业文明时代，由于学习者群体小，因而容易实施个性化的教学与服务，且师生之间的物理与心理距离较小。

（二）工业文明时代的教学

资产阶级的工业革命以及资本主义生产关系的发展，带来了工业文明时代。工业文明时代需要大批拥有一定知识和技术的产业工人，需要培养适应资本主义社会经济发展的各种人才，特别是面向工业化的应用型人才。农业文明时代的封闭性、小规模的教学已经无法满足社会发展及产业工人对知识与技术的需求。工业文明促进了教育教学的发展。工业文明时代的教学具有教学对象的群体化、教学资源的多样化、教学实施的标准化、教学手段的先进化、教学关系的职业化五个特征。

（1）教学对象的群体化。工业文明时代，社会成员越来越向城镇集中，城镇化为"工业化办学"奠定了基础；同时，工业文明时代的工业化生产也催生了集约化的课堂教学模式。群体化教学需要教师面对一个更大的学习者群体，标准化的教学形式为群体化教学提供了条件，因此能够为工业革命批量输送符合教学质量标准的各类人才。

（2）教学资源的多样化。随着印刷技术的不断进步，依托纸质媒体的知识资源（如报纸、教材）已经得到普及，学习者对于教师的依赖性逐渐减弱，教学资源也不再是教师专有的稀缺物品。特别是随着媒体形式的增多，教学资源呈现明显的多样化趋势。

（3）教学实施的标准化。工业文明时代的显著特征是工业生产的标准化，这种标准化催生了教学的标准化，从而产生了各种各样的教学标准，包括专业教学标准、课程教学标准、课堂教学标准等。教学实施的标准化为规模化教学提供了基础和条件。

（4）教学手段的先进化。随着电的发现和使用，电话、电视的普及，工业文明时代的教育手段也日益先进。各种先进的教育手段与教学方式大大提高了教育教学的效率，教材的普及使得学习者能够实现随时随地的线下学习。

（5）教学关系的职业化。在工业文明时代，因为规模化的教学，一位教师往往需要面对大量的学习者，教师难以全面了解每位学习者的知识基础、学习状态及学习需求，学习者也难以有大量的机会与教师交流，从而使得教与学、师与生的关系逐步疏远。但是，教师与学习者仍然可以通过课堂教学实现师生交流与互动，师生之间的关系虽然有所疏离，却能够保持一种基于职业规则的关系。也就是说，在工业文明时代，师生之间的教学关系变成了一种职业化的关系。

总的来说，相对于农业文明时代，工业文明时代的教学实现了教学的规模化与标准化，提高了教学效率与教学质量。但也因为教学的规模化与标准化，使得教学难以实现个性化，教师难以兼顾各类不同基础的学习者实施因材施教，使得教与学出现了一定程度的脱节。尽管课堂教学缩小了师生之间的物理距离，但是教师与学习者个体之间沟通的减少，导致师生之间的心理距离越来越远。因此，提高课堂教学效果的关键在于缩短师生之间的心理距离。

（三）信息文明时代的教学

信息技术的高速发展将我们带到了信息文明时代。在信息文明时代，社会生产力得到极大提升，数字化、智能化的工业生产解放了大批劳动者，同时也对劳动者的技术技能提出了新的要求。在信息文明时代，信息化教学成为教育教学的主流方向，信息文明时代的教学具有教学对象的规模化、教学资源的海量化、教学实施的开放化、教学手段的智慧化、教学关系的时空化五个特征。

（1）教学对象的规模化。信息化教学跨越了教学时空，突破了课室的空间限制。通过信息化教学，一门课程可以面向几千、几万甚至几十万的学习者，真正实现了规模化教学。

（2）教学资源的海量化。随着国家资源开放行动的快速推进，资源存储与容量的极大扩充，网络带宽的普及与速度的极大提升，资源制作门槛的极大降低，教学资源的制作、传播与获取已经变得非常容易，教学资源也呈现海量化趋势。

（3）教学实施的开放化。慕课和小规模限制性在线课程（SPOC）的出现，大大推进了面向社会的开放式教学的发展。这种开放式的教学，能够让教育机构主动面向大规模的学习者，促进教育机构开放自身的优势资源，同时共享社会上的优质资源，从而实现教学收益的最大化、教学成本的最小化。

（4）教学手段的智慧化。人工智能技术、5G、物联网、云计算、大数据挖掘与分析技术大大推进了教学的智慧化。先进的教学手段不仅能够满足面向大规模学习者的教学需求，还能够通过大数据的挖掘与分析了解学习者的行为特征，从而向学习者智能推送学习资源、提供学习服务。

（5）教学关系的时空化。信息化教学中，师生关系仍然具有职业化的特征。教师基于职业的职责为学习者提供服务，学习者基于学习的需求与教师交流，获取教师提供的服务。但是，信息时代的教学关系表现出更为明显的时空化特点，即教师与学习者处于时空的分离状态，师生之间通过信息化的手段实现教学交流。信息化教学突破了时空的局限性，实现了教学的规模化，因而教师需要面对一个更为巨大的群体，一位教师面向成百上千的学习者已经变得平常。但是，在这种时空化的教学关系中，教师也会因为学习者群体过大而难以与学习者个体进行深度交流，教师也因此难以了解每位学习者的学习需求，容易出现教学供给与需求之间的偏离，使得师生关系变得疏远。

（四）在线教学的演进路径

总的来说，相对于农业文明时代和工业文明时代的教学，信息文明时代的教学具有规模化的教学特点，教师拥有更为丰富的教学资源，学习者的学习也更为自由自主。但是，信息化教学跨越时空的特点使得师生之间的心理与物理距离更远，需要充分利用现代信息技术扬长避短，以实现师生之间的无隔阂交互。三个文明时代的教学演进特征可用图1-1表示。

图 1-1 三个文明时代的教学演进特征

二、在线教学之内涵

在线教学作为信息文明时代发展的产物，首先是作为一种教学方式出现的，后逐渐发展为一种教学模式。因此，在线教学可分为狭义的在线教学与广义的在线教学。

狭义的在线教学是指凡是利用网络教学资源实施的教学，包括基于互联网的各类网络教学，如网络授课、网络交互、网上学习活动等，也包括传统课堂中利用网络教学资源实施的教学。

广义的在线教学，是以在线课程为核心的教学相关要素与环境的集合，其包含但超出了狭义在线教学的内涵，包括在线课程的设计、开发、教学、评价与研究等。广义的在线教学是一项系统工程，体现了在线课程建设与实施的完整过程。

本书将在线教学定位于广义的在线教学。

三、在线教学之特征

2020年新冠肺炎疫情期间的"停课不停学"行动，极大地推动了在线教学的普及与发展。那么，相对于传统教学，在线教学有哪些特征呢？总的来说，在线教学的特征主要体现在"变"与"不变"上。

（一）在线教学之"变"

（1）教学距离之"变"。这是在线教学最显著的"变"。传统教学主要发生在线下课堂，是一种面对面的教学，一种师生近距离交互的教学，师生之间近乎零距离；在线教学则是一种远距离的教学，一种师生远距离交互的教学，师生之间的教学距离较远。

（2）教学时空之"变"。在传统的课堂教学中，教与学同时发生，教师的教学过程也是学习者的学习过程，教与学没有时空的隔离；在在线教学中，教师的教与学习者的学是异步的，教师需要将提前录制好的授课内容放在学习平台上，属于"先教"，学习者在学习平台上学习教师的授课内容，属于"后学"。"先教"与"后学"的不同步，出现了教与学的隔离，学习者的问题难以像传统课堂一样得到教师面对面的即时解答。

（3）师生关系之"变"。在传统教学中，教师与学习者有很多面对面交流的机会，教师所面对的学习者人数相对较少，师生交流机会多，师生关系也更为紧密；在在线教学中，教师与学习者主要通过视频、音频、文本的方式进行交流，很少有面对面交流的机会。这种师生面对面通过情感与肢体语言交流机会的缺乏，使得师生之间的关系变得相对疏远。特别是当在线教学的学习者人数众多时，教师更加难以对学习者有更多的了解。

（4）教学分工之"变"。在传统教学中，一门课程通常由一位教师负责到底，该教师需要负责课程建设与教学的实施工作，包括课程的设计、开发、教学与评价等；而在线教学促进了在线教师的专业化分工。在线教学通常由教学团队协作开展，教学团队中有责任教师、主讲教师、辅导教师、导修教师等，其中，责任教师负责整门课程的建设与教学实施，主讲教师负责授课内容建设，辅导教师负责为学习者提供学术性学习支持服务，导修教师负责为学习者提供非学术性学习支持服务，督促学习者的学习。在线教师的专业化分工是由在线教学的规模化教学特征所决定的，比如一门慕课，有时会有多达几千、几万甚至几十万学习者同时学习，大规模的学习者必然要求有一个较大的教学团队各司其职、分工协作。

（二）在线教学之"不变"

信息技术的发展，使得在线教学方式复杂多样，但是，在线教学与传统教学仍然有很多共同之处，这些共同之处就是在线教学的"不变"之处。

（1）教学本原不变。不论是传统教学还是在线教学，其根本任务都是立德树人，都是为了培养德智体美劳全面发展的社会主义建设者与接班人。为此，在线教学与传统教学均应立足于"全员育人、全过程育人、全方位育人"，实现知识传授、能力培养与价值塑造的三位一体。

（2）教学关系不变。不论是传统教学还是在线教学，教与学的关系均应是教师主导、学习者为主体的关系。教师需要充分发挥自身在教学中的主导作用，实施传道、授业、解惑的教学职能；学习者需要充分发挥自身的主体作用，积极主动地进行学习、深造。

（3）角色定位不变。不论是传统教学还是在线教学，教师均应是教学服务的提供者，学习者是教学服务的接受者。教师均应以学习者为中心开展教学工作，为学习者提供教学服务。

四、在线教学之优劣

相对于传统教学，在线教学作为新生的教学方式的代表，既有其优势，也有其不足。

（一）在线教学的优势

（1）教学实施的规模性。在线教学基于互联网实施教学，突破了传统课室空间的限制，学习者只需在各类学习终端登录在线课程，通过点播网络课件就能进行自助式学习。从理论上说，只要网络带宽足够，在线课程就可以供无穷多的学习者同时在线学习。比如，中国大学 MOOC 上的 Python 语言程序设计课程，2020 年 9 月第 13 次开课时，学习者人数就高达 24 万余人。（见图 1-2）

（2）学习资源的丰富性。在线教学丰富的学习资源，不仅体现在教师自身能够轻易制作大量的学习资源，而且也体现在互联网上的海量学习资源。同时，网络学习资源还具有可复用性的特点。在传统的课堂授课中，教师授课完后学习者只能通过回忆的方式重现教师授课场景和内容，而在在线教学中，学习者可以随时随地在学习平台上点播（回放）教师的授课内容，实现重复多次的学习。

图 1-2 中国大学 MOOC 上的 Python 语言程序设计

（3）教学实施的泛在性。在线教师主要通过网络实施教学，学习者也主要通过网络进行学习。因此，只要在网络所及之处，教师就可以实施时时处处的"教"，学习者就可以进行时时处处的"学"，这种泛在化的教学实施，是传统教学所无法比拟的。也正因为教学实施的泛在性，在线教学必将成为终身教育的主要教学方式。

（4）教学时空的跨越性。由于在线教学实现了教学时空的跨越，学习者不必在规定的时间到规定的地点去学习，而可以利用工作之余的闲暇时间进行学习，从而实现工作学习两不误，较好地缓解了工学矛盾。因此，在线教学特别适合在职学习者。

（二）在线教学之不足

尽管在线教学有诸多优势，但是相对于传统教学方式，也存在一些不足。

（1）在线教学的孤独感问题。在线教学的时空分离，使得教学行为可时时处处发生，这就极大地拓展了教学的时空领域，但同时也带来了教学的孤独感，表现为"教"的孤独感与"学"的孤独感。学习者因为缺乏课堂的集体学习氛围，缺乏师生之间以及学习者之间的面对面交流而产生"学"的孤独感。同时，对于在线教师来说，因为缺乏现场的学习者，缺乏教学的现场感以及面向学习者的成就感，也容易引发教师"教"的孤独感。

（2）学习过程的监管问题。在在线教学中，教师主要通过互联网实施"教"，学习者主要通过互联网进行"学"，教与学的行为是异步发生的，教师对学习者学习进程的把控及监管都相对比较困难。

（3）技能教学的实现问题。尽管当前以 VR、AR 技术为技能型的在线教学带来了利好，但由于虚拟实验实训的高成本与高难度，技能型在线教学在短期内难以普及，因而也限制了技能型教学在在线教学中的广泛实施。

第二节 在线教师之职业

一、在线教师之内涵

"师者,所以传道授业解惑也。"教师作为人类社会最古老的职业之一,对于人类社会的发展起着积极的推动作用。教师的教学既是"成人之美",也是"成己之美",更是"成社会之美"。教师通过培养学习者,使其成为德智体美劳全面发展的社会主义建设者与接班人,教师成就学习者,是"成人之美";教师通过投身教育事业,实现自身的事业成长,成就自身的一番事业,是"成己之美";教师通过投身教育事业,培养对社会有用的人才,促进社会经济的发展,成就社会发展之大事,是"成社会之美"。

在线教师是随着在线教学发展而产生的全新职业。在线教师是指以线上教学为工作主体的教师。在线教师虽然也会承担线下教学工作,但是以线上教学为主要工作内容和工作职责。对于从事网络教育与开放教育的教师,因为其主要工作是在网络上进行的,故而他们也应属于在线教师。对于以在线培训为主体的培训机构,如果教师主要承担线上教学任务,则应属于在线教师。对于从事普通教育的教师,如果其教学以线下教学为主,线上教学为辅,则仍属于开展在线教学的传统教师;而如果该教师以线上教学为主,线下教学为辅,则该教师在职能上属于在线教师,比如开展慕课教学的教师。

二、在线教师之分类

教与学的时空分离,使在线教学变得更为复杂。在线教学通常采取体系化教学,比如开放教育的在线教学就是由开放大学总部的教师与基层开放大学的教师协同一体开展教学工作的。因此,在线教学通常以团队作业的形式开展,教学团队成员之间分工明确,相互协作。在线教师一般可分为四种类型:责任教师、主讲教师、辅导教师和导修教师。

（一）责任教师

责任教师相当于项目负责人，对在线课程负总责。其工作职责，一是组建在线教学团队，进行专业化分工，明确各类教师职责，建立促进各方参与的协作机制，负责组织面向团队的业务培训；二是负责课程教学的总体规划，课程教学标准的制订，课程教学设计与教学实施方案的制订；三是负责组织建设在线课程资源，开展线上、线下教学活动，提供学习支持服务，完成课程考核的命题、阅卷、试卷分析工作；四是参与在线课程的教学检查和教学评估；五是负责与在线课程相关的教研教改工作的组织与引领。

（二）主讲教师

主讲教师以讲授在线课程的教学内容为主要工作。其工作职责一是参与在线课程的规划与设计；二是参与在线课程教学内容体系的建设，负责授课视频、音频资源的录制；三是帮助辅导教师熟悉教学内容，引领辅导教师开展教学辅导工作；四是参与课程教学辅导，解答学习者遇到的各种学习问题。

（三）辅导教师

辅导教师主要负责为学习者提供学术性的学习支持服务，包括线上的学习支持服务和线下的学习支持服务。线上学习支持服务包括面向学习者的网络答疑、网络辅导、组织网络学习活动、布置与评阅作业等。线下学习支持服务包括线下的课堂面授辅导、开展学习活动等。

（四）导修教师

导修教师主要负责为学习者的学习提供非学术性的学习支持服务，类似于课程助理或班主任的角色，主要发挥督促学习者学习、解答学习者非学术性问题的作用。比如，在学习者没有及时完成课程学习任务时，导修教师需要通过微信、QQ、电话等交互媒体督促学习者完成课程学习任务；当学习者遇到在线课程教学教务相关问题时，可以为学习者答疑，并能将相关资讯发给学习者群体或个人。如果在线课程的学习者群体较大，比较适合配备专门的课程导修教师；如果课程的学习者群体较小，则可以以专业为单位配备课程导修教师。

在各类在线教师在实际工作中，往往会根据实际情况，互为一体，相互"串场"。比如，课程责任教师可以同时担任课程主讲教师，当辅导教师不足时，也可以作为辅导教师承担教学辅导任务；主讲教师可以承担教学辅导任务；优秀的辅导教师也可以作为主讲教师，建设在线课程的教学内容。同时，各类在线教师作为一个教学团队，工作上也是协同一体的。比如，当辅导教师有难以解答的课程问题时，可以通过与相关主讲教师沟通交流获得问题的解答；导修教师遇到难以解答的非学术性问题，如学籍、考试等时，不仅可以咨询课程责任教师，还可以咨询学校相关的教学教务管理人员。

三、在线教师之角色

在线教学是近二十年来逐渐兴起的一种教学模式，相对于已有几千年历史的传统教学来说，在线教学只不过是一个"新生儿"，还有很多领域需要在线教师去熟悉和探索。从在线教学的职能看，在线教师集在线课程的设计者、开发者、教学者、评价者、研究者等角色为一体；同时，为了适应在线教学需要，在线教师还应是信息技术的应用者与终身学习者。对在线教师而言，每一种角色都是新的挑战。如果我们将传统的教师比喻成蜡烛的话，那么，对于在线教师来说，其更应该像灯泡，需要教师以更大的能量发出更强的光亮，照亮更大范围的学习者。（见图1-3）

图1-3 在线教师之角色

（一）在线课程设计者

在线教师首先是在线课程的设计者，需要综合在线课程的各个因素开展全方位的在线课程设计，包括对在线课程的目标、内容、媒体、模式、服务、评价等方面的设计。由于在线教学与传统教学有着不同的教学模式与教学流程，熟悉传统教学的教师不一定能胜任在线课程设计。在在线教学中，以学习者自主学习为主，学习者来到台前，教师退居幕后，传统的课堂授课变成了学习者的网络点播学习，教学实施过程变成了教学辅导过程，在线教师主要为学习者提供学习支持服务。为此，在线教师开展在线课程设计，需要熟悉在线教学的规律、流程、模式与服务等。基于这样的变化，传统教师在转变为在线教师的过程中会面临诸多挑战。

（二）在线课程开发者

学习者主要利用在线课程资源进行学习。在线教师的核心任务之一就是开发在线课程资源，建构满足学习者的自助式学习环境。在线课程开发不仅包括在线课程资源建设，还包括基于学习平台的在线课程教与学的环境建构。

在资源建设方面，在线教师需要充分利用现代信息技术，基于教学内容建设在线课程资源。在线课程资源建设不是单纯地提供电子版的文字材料或者教学用的PPT，而是需要将授课内容用最合适的媒体制作和呈现出来，这就要求在线教师熟悉在线课程的内容，熟悉各类媒体技术的应用，掌握内容与媒体有机结合的方法。

在环境建构方面，在线教师需要依托在线学习平台，建构满足教师在线教学、学习者自助式学习的网络环境。这就要求在线教师熟悉学习平台功能，并能结合在线课程的资源与教学特点，进行教与学环境的建构。这种全新的虚拟学习环境的建构，需要教师拥有熟练的虚拟学习环境建构技能与技巧、方法与策略。

（三）在线课程教学者

不同于传统教学以讲授为主的教学模式，在线课程的教学实施主要是为学习者的自助式学习提供导学、助学、促学和督学服务。在线教师通过辅导答疑、学习活动、教学交互、线下面授等方式，帮助学习者巩固、消化、吸收教学内容。在线课程的教学实施，其关键是要充分利用网络信息技术，建构多样化的交互桥梁，为学习者提供各类学术与非学术的学习支持服务。为此，在线教师需要熟练掌握在线教学的流程与方法，向学习者传授在线学习的方法与技术，以不断增强学习者的自助

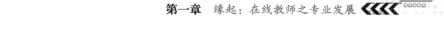

式学习能力。

随着网络学习资源的日益丰富，教师直接传授知识与技能的功能将逐渐被弱化。教师更多地是起到解惑与引领的作用，帮助学习者实现个性化、自主化学习。为此，在线教师的职能将逐渐从单一的学业导师向职业导师发展，最终成长为学习者的人生导师，为学习者的职业发展助力。

（四）在线课程评价者

相对于传统课程，在线课程的评价环节与评价方式更多。从评价环节看，在线课程评价不仅包括在线课程的教学实施评价，还包括在线课程的资源建设评价、在线课程平台部署评价等。从评价方式看，在线课程评价更多是"数说"评价，可以充分利用数据挖掘技术、智能分析技术、数据画像技术开展在线课程评价，包括线上评价、线下评价以及混合式评价等。为此，在线教师不仅需要掌握传统的教学评价方法，更需要掌握基于信息技术的各类数据化的评价方法。

（五）在线教学研究者

在线教学作为一种新生事物，我们对其规律、方法与技术的认识和把握还远远不足。在线教师不仅要研究一般性的教学规律，更要研究在线教学的规律；不仅要研究学习者的特征，更要研究学习者的在线学习行为；不仅要研究如何让学习者进行自助式学习，更需要研究如何让学习者的学习真正发生。

在教学对象方面，基于在线教学师生分离的特点，需要研究如何去教；由于存在教学的孤独感和学习的孤独感，还需要研究如何能够消除这种孤独感以实施高质量的在线教学。

在技术应用方面，在线教学的手段多样，如何对这些手段进行选择应用？信息技术不断推陈出新，我们应如何选择合适的教学方式？比如现在我们有微信、QQ、课程 BBS 等多种交互方式，是否需要都推荐给学习者，学习者又是否会感到应接不暇呢？

在教学模式方面，在线教学的模式很新，而且种类也不少，包括线上教学模式、线上线下相结合的混合式教学模式、直播教学模式、面授辅导教学模式等，那么如何基于在线课程进行合理选择和整合，形成适合自身课程特点的教学模式？

在在线教学理论方面，当前专属于在线教学的理论不多，如何进行深入的研究与探索？传统教育中的行为主义、建构主义、联通主义，如何应用到在线教学中？能否发挥它们预期的效果？在线教师进行网络授课时，没有师生的教学场景，没有师生的交流互动，如何才能更好展示教师风采，提升教学效果？

在教学实践方面，在线教学的问题不少，我们如何破解？比如慕课这种开放式的在线教学适应了规模化教学的需要，但学习者的在线学习过程难以监控，那么慕课的教学质量如何保障？这些问题，都需要在线教师进行深入的研究。

（六）信息技术应用者

在线教师需要有敏锐的信息技术嗅觉，能够将最新的网络信息技术应用于在线教学，提升在线教学的效率与效果。传统教学也需要应用现代信息技术，比如当下流行的智慧课堂建设，就是现代信息技术在传统课堂教学中的先进应用。然而，对于视信息技术应用为生命的在线教学来说，在线教师应掌握和应用更多更好的信息技术来改善和改造在线教学，因此，对在线教师信息技术应用水平的要求普遍高于传统教师。随着时间的推移，在线教师可能会在教学经历、经验上成为在线教学的"老人"，但是，由于信息技术的日新月异，在信息技术的应用上，在线教师永远只能是信息技术应用的"新兵"。

（七）终身学习者

我们身处终身教育时代，每一位社会成员都是终身学习者，都需要进行终身学习。对于在线教师来说，终身学习具有更为重要的意义。随着网络学习资源的日益丰富，学习者已经变成了终身学习者，其不仅可以从在线教师那里获取知识与技能，而且也可以很轻易地从互联网上获取与课程相关的知识与技能，这对于在线教师是一个巨大的挑战。知识已经不再是专属于教师的稀有产品，如果在线教师不是终身学习者，不进行加倍的终身学习，那么，在线教师所传授的知识技能很可能是学习者已经掌握了的或者很容易从互联网上获取的资源。在线教师不仅需要不断学习新的知识与技能，更需要将知识与技能进行提炼与升华，给学习者传授互联网上难以获得的高阶性的知识与技能、理论与方法，培养学习者高阶思维模式。有一句教育界流行的话"要给学习者一碗水，教师须有一桶水"，那么在终身学习时代，对于在线教师来说，应该是"要给学习者一碗水，教师须有一缸水"。

不同类型的在线教师在在线教学中扮演不同的角色，比如责任教师是各类教学职能的集大成者，涵盖在线教师的七种角色，即在线课程设计者、在线课程开发者、在线课程教学者、在线课程评价者、在线教学研究者、信息技术应用者与终身学习者角色。主讲教师主要扮演在线课程设计者、在线课程开发者、信息技术应用者、在线教学研究者与终身学习者的角色。辅导教师则主要扮演在线课程教学者、在线教学评价者、在线教学研究者、信息技术应用者与终身学习者的角色。

第三节 在线教师之能力

在线教师能否胜任在线教学，关键在于其在线教学的能力素养。在线教师的能力素养可以概括为"六力"，即设计力、开发力、教学力、研究力、信息力以及学习力。"六力"中，学习力是核心，是在线教师其他能力形成的前提。信息力是基础，是在线教学整体能力形成的保障。在线教师的"六力"可用图1-4表示。

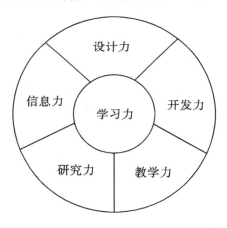

图1-4 在线教师能力结构

一、在线教师之设计力

在线教师的设计力是指在线教师对在线课程进行系统规划与设计的能力，包括在线课程的调研能力，对在线课程的资源建设、在线课程平台部署、教学组织实施、教学评价以及教研教改等进行体系化规划与设计的能力。

（一）课程调研能力

在线教师的调研能力是指在线教师开展在线课程调查研究的能力，包括调研策划能力和组织实施能力。

1. 调研策划能力

在线教师的调研策划能力是指基于在线课程的调研目标、利用合适的调研方法达到调研结果的能力。

（1）凝练调研目标。在线课程团队为了实施在线教学，需要获得在线教学相关的各种信息，比如需要了解学习者群体或个体差异性、学习者的学习动机、学习风格及知识基础等情况，也需要了解同类在线课程的资源与教学实施情况、现有学习平台的功能情况，以及社会上其他移动学习平台的可用情况，等等。在线教师需要基于在线课程的各类调研需求，分层、分类整理，凝练形成在线课程的调研目标。

（2）转换调研问题。即如何将调研目标转换为调研问题。当确定了在线课程的调研目标后，如果需要开展面向学习者的调研，则需要明确调研内容，哪些是最重要的调研内容，哪些是一般性的调研内容，等等。基于对这些调研内容的分解和排序，明确面向学习者的调研内容，并将这些调研内容转换成为需要调研的问题。

（3）选用调研方法。即如何基于调研内容与问题选择最合适的调研方法进行调研，以获得相对精准的调研结果。为此，在线教师首先应了解常规的在线教学调研方法，如文献调研法、问卷调查法、专家访谈法、会议研讨法、数据分析法等。然后，基于调研问题选择最合适的调研方法。仍然以面向学习者的调研为例，如果想了解一般性的学习者的特征与需求、学习者学习风格与学习动机等，可以采取文献调研法，通过在文献数据库（如中国知网、维普数据库）上搜索相关文献来了解学习者的特征及需求等。如果在线课程是新课程，则可以采取访谈法或问卷调查法等方法对潜在学习者进行调研，了解学习者的学习情况及学习需求。如果是对在线课程的优化设计，则可以采取数据分析法，基于学习者的学习轨迹与学习成效进行分析评价，也可以采取会议研讨法面向学习者进行调研。

2. 组织实施能力

在线课程调研组织的好坏直接关系到调研对象的配合度、调研数据的精准度、调研目标的完成度。调研的组织实施需要做到准备充分（如充足的调研资料与调研人员）、过程严谨与结果可靠。在线教师需要针对不同的调研方式采取不同的组织形式。以面向学习者的网上问卷调查法为例。该调研方法比较适合调研对象群体较大且比较分散的情况，因此，对于网上问卷调查的组织，关键在于如何让分散的调研对象能够主动进入既定的网址参加网上调研。这就需要在线教师能够通过合适的渠道通知到每一位调研对象，同时，还需要采取措施促进调研对象主动参与网上的问卷调查。在通知学习者参与方面，可以通过在学习平台上普发网络通知，通过普发微信或短信，或者通过教学点，通知到每位学习者。在促进学习者参与方面，可以通过刚性的要求规定学习者参与网络问卷调研，如计入成绩等，这种方式能够保证学习者的参与人数，但是当学习者被动参与时，往往又会影响调研结果。因此，最好能够激励学习者主动参与。另外，网上调查问卷设计的好坏也影响调研的结果，如果调查问卷中的问题太多或者问题太难，调研对象可能无法完成，容易导致大量无效问卷的产生，因此，简洁、易填的调查问卷更容易获得较好的调研结果。

（二）调研分析能力

对调研结果进行研究分析，考量在线教师的分析、凝练能力，主要包括两个方面。

一是考量对调研数据统计分析的能力。这不仅考量在线教师对统计工具的使用能力，更考量在线教师对调研数据的敏感性，即能够基于调研数据从不同的维度和视角对问题进行比较分析。虽然能否从不同维度与视角进行数据统计分析的关键在于调查问卷的多维度设计，但是基于调研结果，通过数据之间的关联，往往也能发现新的统计分析维度。比如面向学习者的调研，如果有学习者所在教学点的数据，不仅可以统计分析教学点的学习者群体特征，还可以将学习者群体做进一步的细分，研究各个小群体的特征，从而为学习者的学习分组提供依据。

二是考量对调研结果总结凝练的能力。即对调研结果进行梳理，对问题进行总结，对观点进行凝练，形成新的方法、观点的能力。比如，通过对数据的统计分析，发现学习者主要利用周末和晚上进行学习，就可以在此基础上提出全天候学习支持服务的观点，等等。

（三）课程设计能力

在线教师的设计能力是指在线教师结合在线课程调研结果，对在线课程进行系统规划与设计的能力。在线课程的设计需要结合教育教学，以及在线教学的相关理论，比如教学设计理论、教育学理论、远程教育理论、成人学习理论、在线教学理论等。

在线教师的设计能力主要包括在线教师的规划设计能力、理论融入能力、教学创新能力三个方面。

1. 规划设计能力

在线课程是一个复杂的系统，在线教师进行在线课程设计，需要熟悉在线课程的各个要素、环节与流程。特别是要对在线课程的八大要素：课程目标、课程内容、课程思政、课程模式、课程服务、课程环境、课程评价、课程特色有深入的了解和认识。比如，在线教师应了解课程目标从哪里来，由哪些方面构成；课程内容从哪里来，如何服务课程目标；课程模式有哪些，应如何选择在线课程模式；课程思政如何融入与贯彻；课程服务如何开展，课程评价如何实施；等等。这就要求在线教师具有系统性掌控能力，只有这样，才能够对在线课程进行系统的规划与设计。

2. 理论融入能力

在线课程设计的过程，同时也是将教育教学理论以及在线教学的理论和理念融入在线教学的过程。比如，行为主义、认知主义以及建构主义理论如何融入在线教学，以学习者为中心的理论如何应用于在线教学，生态思维如何贯穿在线课程的环境设计，等等。理论融入能力的关键在于在线教师能够真正领会教学理论的内涵。

3. 教学创新能力

当前，高校专业与课程的同质化严重，特别是社会需求大、招生范围广的专业，如会计学、行政管理等专业，几乎每所高校都会开设。比如在中国大学MOOC，以"数据结构"为关键词进行搜索，可以获得484门与数据结构相关的课程（见图1-5）。因此，在线教师的教学创新能力显得尤为重要。在线教师只有通过对教学内容、教学模式、教学方法、支持服务、教学评价、技术应用等方面进行创新，才能建设有特色的、精品的在线课程，才能在提升教学效果的同时，保持在同类课程中的竞争优势。

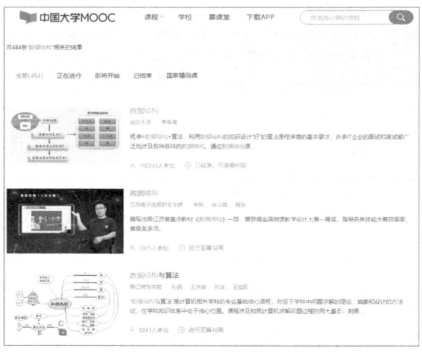

图1-5 中国大学MOOC上与数据结构相关的课程

综上所述,在线教师的设计力可用图1-6表示。

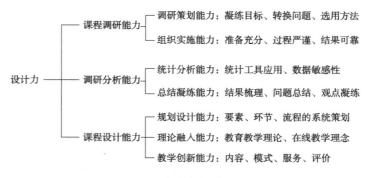

图1-6 在线教师的设计力

二、在线教师之开发力

在线教师的开发力是基于在线课程设计方案进行在线课程开发的能力。在线课程开发能力包括资源建设能力与平台部署能力两方面。

(一)资源建设能力

资源建设能力体现在资源建设组织能力、媒体技术应用能力、学习资源制作能力三个方面。

(1)资源建设组织能力是指在线教师(主要是责任教师)组织教学团队进行资源建设的能力,包括资源建设任务的分工、资源建设任务的监管与落实、资源建设团队(含媒体技术人员)的沟通协调等。

(2)媒体技术应用能力是指能够基于建设内容选择合适的媒体技术建设并呈现教学资源的能力。比如,对于理论型的教学内容,在线教师可以选择高清视频、虚拟演播等形式录制授课内容;对于实操型的教学内容(如某个计算机软件的操作),可以采取动画演示或虚拟实验等媒体资源制作方式;对于现场实验实训,则可以选择直接摄录的方式制作媒体资源;等等。

(3)学习资源制作能力是指在线教师利用各种媒体技术制作学习资源的能力。比如,在线教师应能够利用PowerPoint、Prezi等软件制作授课用的电子教案;能够在没有学习者在现场、只面对摄像机的情况下自如地进行网络授课;能够进行视频资源的编辑、剪辑,能够利用一些视音频软件,如Focusky、Camtasia Studio等,自主制作教学资源;等等。

（二）平台部署能力

然而，在线课程设计得再好，在线教学资源建设得再好，如果不能在学习平台上充分展示和呈现，其最终的效果也将大打折扣。因此，在线教师将在线课程部署在学习平台上，使其成为一门真正可实施的课程是非常关键的。在线教师的平台部署能力主要体现在两个方面。

一是平台功能掌控能力。在线教师需要熟悉学习平台功能，并能基于在线课程的实际需要对学习平台功能进行评价和选择；可以基于"拿来主义"的理念，判断哪些功能可以为我所用，哪些功能可以舍弃，哪些功能存在不足，哪些功能需要从外部系统引入；等等。

二是在线课程部署能力。在熟悉学习平台功能的基础上，立足在线教学与在线学习环境的建构，将在线课程的内容有序建构在学习平台上，包括要在在线学习平台上建构哪些功能区，哪些内容需要在首页呈现以方便学习者最快捷获取，哪些内容在次级页面呈现，以及如何在学习平台上进行教学内容与教学功能分区。比如，可以将在线课程布局为课程信息区、教学内容区、学生活动区、拓展资源区等。（见图1-7）

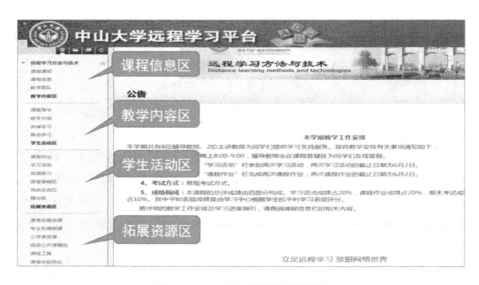

图1-7 有分区布局的课程界面

在线教师的开发力可用图1-8表示。

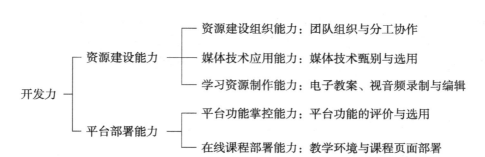

图 1-8　在线教师的开发力

三、在线教师之教学力

在线教师的教学力是在线教师基于在线课程资源实施在线教学的能力，包括在线教学的组织能力、实施能力、评价能力。

（一）教学组织能力

在线课程教学的组织能力包括团队组织能力、资源组织能力与学习组织能力。其中，团队组织能力很重要，因为在线课程教学通常是一个教学团队在实施。比如开放教育，其在线教学不仅需要有开放大学总部的责任教师、主讲教师参与，更需要基层开放大学分部的辅导教师和导修教师参与。团队作业要求在线教师，特别是课程责任教师具有较强的组织能力，能够通过团队建设、制度建设等方式组织教学团队的每一位成员积极投入在线教学，形成在线教学共同体。资源组织能力，即能够对在线课程教学实施所需要的各类资源、要素、环境进行充分准备的能力，如学习资源、学习任务、学习平台、设施设备的准备等等。学习组织能力，即能够按照教学实施方案，组织学习者参与各种教学辅导、学习活动，完成各项学习任务，实现学习者高质、高效学习的能力。

（二）教学实施能力

在线课程教学是基于网络学习资源的教学，主讲教师已经将授课内容建设成为学习资源供学习者自主学习，在线课程的教学实施本质上是为学习者提供学习支持服务。在线课程教学实施能力包括导学、助学、促学和督学能力。导学能力，即能够为学习者的自助式学习提供基于课程或章节的学习指引与学习帮助的能力；助学能力，即能够通过教学辅导、教学交互等方式为学习者的自助式学习提供答疑解惑服务的能力；促学能力，即能够通过学习活动、学习评测的开展促进学习者的学习，帮助学习者消化、巩固所学知识的能力；督学能力，即能够基于学习者在学习平台上的表现，分析学习者的学习行为，监督学习者的学习进程并督促其完成学习任务，促进学习者持续学习的能力。

（三）教学评价能力

在线教师的教学评价能力是指对学习者的学习成效评价能力，包括形成性评价与终结性评价能力。在形成性评价方面，表现在能否设计涵盖关键学习环节的教学评价，如资源学习评价、课程作业评价、学习活动评价、交互表现评价等；在终结性评价方面，表现在能否基于在线课程特点设计合适的终结性评价方式，包括科学选择开卷考试、闭卷考试、实操性考核、课程论文等评价方式。

在线教师的教学力可用图 1-9 表示。

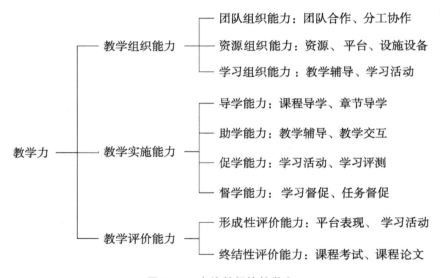

图 1-9 在线教师的教学力

四、在线教师之研究力

在线教师的研究力，是指在线教师围绕在线课程开展教学研究与教学改革的能力，包括在线教师的研究策划能力、研究实施能力、成果凝练能力等。在线教师的研究力能够帮助其发现和解决在线教学中的问题，并能在在线教学的过程中促进在线教师对在线教学规律的把握，通过提升自身的教学水平，在教师队伍中获得相对优势。

（一）研究策划能力

研究策划能力是指在线教师基于在线课程教学，从教学研究与教学改革的角度进行策划与设计教学研究的能力。教学研究的策划能力体现在三个方面。一是发现问题的能力，即能够基于在线教学实践，发现在线教学中既真实存在又具有普遍性的问题；二是分析问题的能力，即能够结合文献调研、数据分析等手段，对存在的各类教学问题进行分析，找到问题的症结与关键点；三是方案设计能力，即能够基于在线教学所存在问题的症结和关键点，充分利用现代信息技术等手段进行教学研究的方案设计，并能对方案的可行性进行自我论证。

（二）研究实施能力

研究实施能力是在线教师研究力的核心和关键，具体包括四个方面。一是方案的落地，在线教师需要将教学研究方案变成可实施的计划，并能按计划推行；二是过程的组织，即能科学、有序地组织教学研究的开展；三是资料收集和整理，即能够在研究过程中不断调整优化研究方案，确保数据收集与整理的科学性；四是数据的统计分析，能够对研究数据进行分析统计，得出真实的研究结论。教学研究的真实结论并非一定是设计方案所预计的，也可能恰恰相反，然而对于教学研究来说，只要是真实的结果，都是有效的。

（三）成果凝练能力

成果凝练能力是指通过统计分析与总结凝练，将教学研究结果转化成教学研究成果的能力。统计分析是对教学研究结果进行成果凝练的基础，成果凝练能力关键考量在线教师的在线教学知识的广度与深度，以及在线教学视野的格局与高度。教学研究论文是呈现教学研究成果的重要载体，而教学研究论文的撰写过程也是对教学研究成果总结凝练的过程。

在线教师的研究力可用图 1-10 表示。

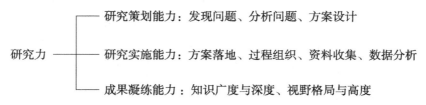

图 1-10　在线教师的研究力

五、在线教师之信息力

在线教师的信息力是指在线教师应用信息技术服务在线教学的能力，具体来说，分为信息技术的甄选能力、信息技术的应用能力与信息技术的评价能力。

（一）信息技术甄选能力

信息技术的甄选能力是指在线教师对信息技术的判别与选择能力。在线教师以信息技术立身，掌握并运用信息技术是在线教师的基本能力要求。在信息技术快速发展的今天，信息技术层出不穷。对于新出现的信息技术，哪些技术适用于教育领域的教学应用，哪些技术适用于在线课程的教学应用，需要在线教师对于信息技术具有较强的甄选能力。适合的才是最好的，应基于"拿来主义"、实用主义的原则，选择最适合自身需要的信息技术。甄选的方式形式多样。一是在文献层面，可以通过文献调研，了解信息技术应用于教育领域，特别是在线教学领域的情况，以此为基础，可以甄别与评判哪些信息技术已经开始或者可以应用于在线教学领域。二是通过教育相关技术服务公司的宣传推广活动，了解信息技术应用于教育教学的情况。教育相关的技术服务公司往往是信息技术应用于教育教学领域的先行者，在一些大型的在线教育教学相关的全国性会议上（比如中国国际远程教育大会），通常会有一些技术服务公司展示他们的信息技术产品，这是一个很好的了解信息技术应用于教育教学领域的机会。三是通过自身的在线教学的实践探索，去发现哪些信息技术可以应用在在线教学中，哪些信息技术有利于提高在线课程的教学效率与效果。

（二）信息技术应用能力

通过对信息技术的甄选，基本可以确定哪些信息技术可以应用于在线教学。对于能够应用于在线教学，特别是能够应用于自身在线课程的信息技术，在线教师就需要熟悉它们，并能将其熟练应用于在线教学中。信息技术的应用包括利用学习平台建构在线课程，利用PowerPoint、Prezi等软件制作电子教案，利用Focusky、Camsasia等软件制作微课，利用网络直播软件开展网络直播教学，利用微信小程序开发在线课程，利用数据挖掘与分析技术对教学行为和学习成效进行分析，利用AR、VR技术辅助在线教学，等等。

信息技术应用能力的提升需要在线教师自身对信息技术的应用感兴趣，并能主动地在教学过程中应用这些技术。

(三)信息技术评价能力

信息技术评价是指对在线教学过程中所使用的信息技术进行评价;通过优胜劣汰,选择最适合在线课程的信息技术。比如,促进教学交互的技术很多,有课程BBS、微信群、QQ群、邮件等,这就需要对各类能够应用于教学的交互技术进行评价,选择学习者最喜欢的、最适合进行本课程教学交互的技术。评价的维度可以是信息技术应用的便捷度、难易度与契合度等。

在线教师的信息力可用图1-11表示。

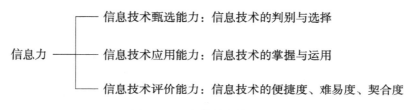

图1-11 在线教师的信息力

六、在线教师之学习力

在线教师的学习力主要是指在线教师的终身学习能力,这是终身学习时代对在线教师的内在要求。朱熹的经典名句"无一事而不学,无一时而不学,无一处而不学,成功之路也"体现了事事时时处处的终身学习精神。在线教师的学习力包括以下三个方面。

(一)持续驱动能力

在线教师的持续驱动能力是促进自身持续学习的关键能力,包括外在的持续驱动力与内在的持续驱动力。持续驱动能力的形成关键在于促进学习者乐学。乐学属于学习动机层面,是一种在线教师乐于学习、沉浸其中的境界。一方面,培养外在驱动力,促进在线教师的乐学。比如,自身事业发展、职称提升的外在驱动力能够引发在线教师的学习行为,而在线教师一旦真正将时间与精力投入其中,便能进入乐学的状态,感受到学习的快乐。又比如,教师为了掌握新技术而对人工智能技术等进行探索,刚开始是陌生的,甚至可能感觉辛苦,不一定乐于学习,但是,一旦发现该技术对于教学开展和提升教学效率的帮助很大,而且也能出教研成果时,教师就能够进入乐学的状态,主动地深究该技术。另一方面,培养内在驱动力,促进在线教师的乐学。外因是条件，内因是根本，外因通过内因起作用。内在的驱动力是促进在线教师乐学的根本因素，当学习变成在线教师的内在需求，变成自身的一种习惯的时候，在线教师的学习就变成一种自然而然的行为。达到乐学境界的关键在于在线教师能够在获取新知的过程中感受到快乐，这就需要在线教师培养自身的学习兴趣。

（二）资源运用能力

资源运用能力是学习方法层面的能力，是指在线教师能够充分利用身边的资源进行在线学习的能力，这里的资源包括人化的资源和物化的资源。运用人化的资源体现在学习者是否能充分利用身边的朋友为自己的学习提供帮助。运用物化的资源体现在学习者能利用网络学习资源或学习工具促进自己的学习，如具有高效的网络搜索、高效的阅读、高效的思考以及高效的数据分析等技巧；同时，还需要有敏锐的眼光，能够从知识海洋中去粗取精、取优去劣，获得高质量的新知识、新技能。

（三）自我管控能力

自我管控能力体现在自身管理层面，要求在线教师熟练掌握时间管理、情绪管理与知识管理的方法，使自身在繁忙的工作、生活之余，科学安排学习时间，持之以恒地进行学习；通过对自身的情绪管理，能够实现工作、学习、生活场景的情景与情绪切换，让自己尽快进入学习状态，实现自主、专注地学习；通过对自身的知识管理，使得新旧知识能够建立逻辑性关联，并能将自身所掌握的知识体系化。

在线教师的学习力可用图 1-12 表示。

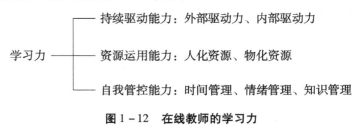

图 1-12　在线教师的学习力

第四节 在线教师之专业发展

一、专业发展之内涵

教师专业发展是当代教师教育研究领域中的一个国际流行的概念,既是学术界研究的热点领域,又是实践中的现实对象。没有一个领域像教师专业发展这样全方位地触及学术、实践和政策领域。

对于教师专业发展,朱旭东强调教师精神在教师专业发展中的重要作用,认为教师专业发展的基础是教师精神、教师知识、教师能力。其中,教师精神是指教师的专业意识、专业思维活动和一般专业心理状态,中国的教师精神应具有中国精神的内涵,也需要有民族精神和时代精神,具有爱国主义精神、改革创新的精神。① 崔允漷和王少非强调专业实践在教师专业发展中的重要作用,认为教师专业发展即教师专业实践的改善。教师专业发展或许可以从不同的路径,借助于不同的内容来切入,但最终必须指向专业实践的改善。② 孙宽宁立足"互联网+"时代的教师发展,认为教师的专业发展本质上是一种朝向主体完善的活动,越是在教育资源丰富的情况下,越需要教师以强烈的主体意识和鲜明的主体立场来引导和规约自我的实践,成为信息海洋的弄潮儿。③ 杨骞则基于教师专业发展的实践,将教师专业发展归纳为"五步曲":学习教育理论,在理性认识中丰富自己;反思教学实践,在总结经验中提升自己;尊重同行教师,在借鉴他人经验中完善自己;投身教育研究,在把握规律中超越自己;坚持教学相长,在师生交往中发展自己。④ 总的说来,教师专业发展应注重教师精神与主体意识的培养、专业知识的丰富、教学能力的提升以及在教学实践中的历练。

---

① 朱旭东:《论教师专业发展的理论模型建构》,载《教育研究》2014年第6期,第81-90页。
② 崔允漷、王少非:《教师专业发展即专业实践的改善》,载《教育研究》2014年第9期,第77-82页。
③ 孙宽宁:《"互联网+"时代教师专业发展的危机与应对》,载《教育研究》2016年第6期,第16-17页。
④ 杨骞:《教师专业发展"五步曲"》,载《教育研究》2006年第4期,第80-84页。

在线教师的专业发展是教师专业发展在在线教学领域的延伸，是对教师专业发展的传承与创新，是在线教师专业化的必由之路。在线教师的专业发展需要在线教师注重教师精神与主体意识的培养、专业知识的丰富、教学能力的提升。同时，更需要在线教师立足在线教学实践，树立在线教学价值观、了解在线教学趋势、掌握在线教学规律、熟悉在线教学的方法与技术。

二、专业发展之进阶

在线教师专业发展是在线教师价值发展、知识发展与能力发展的三位一体。在线教师的价值发展是指在线教师基于在线教学形成新的价值观，如基于在线教学的特点形成开放共享的在线教学理念等；在线教师的知识发展是基于在线教学形成全新的在线教学知识体系，包括在线教学基础知识、基本规律、发展趋势等；在线教师的能力发展是基于在线教学形成专门的在线教学方法与技术。在线教师专业发展是一个循序渐进的过程，而"正心、取势、明道、优术、化生"是在线教学的基本逻辑，也是在线教师专业发展的渐进路径。（见图1-13）

图1-13 在线教师专业发展之渐进路径

（一）正心

"正心"即正确的心态、良好的境界，其重在"正"。"正心"旨在培养在线教师正确的心态与高尚的境界，引领在线教师树立"立德树人之初心、律己立己之决心、开放共享之公心、桃李天下之爱心"，帮助在线教师理解和热爱在线教学，促进在线教师全身心地投入在线教学，投入到立德树人根本任务的实现中。学习者如果不想学习，不愿意学习，那么学习者的学习成绩一定不会好。同样，对于教师来说，如果教师不想教，不想提升自己，甚至对在线教学产生抗拒感，那么教师一定难以胜任在线教学。为此，在线教师首先需要"正心"，通过摆正心态，提升境界，乐于将自身奉献给在线教学。

（二）取势

"取势"即获取在线教学之趋势，其重在"取"。我们身处"互联网+"时代，在社会经济与信息技术的快速发展下，万事万物各有其趋势，有大的趋势，也有小的趋势；有有形的趋势，也有无形的趋势。因此，"取势"关键在于"取"，即获取在线教学的大趋势、正确的趋势。"取势"旨在培养在线教师的大局意识，拓展在线教师的在线教学视域。作为在线教师，不仅要了解在线教学发展之势，还需要了解在线教育发展之势、信息技术发展之势。了解在线教育的蓬勃发展之势，就能对自身的职业更有信心；了解在线教学发展之势，就能顺应在线教学发展之潮流，采取最合适的教学模式开展在线教学，比如，在当下直播教学流行的今天，应用网络直播实施在线教学或许更适合学习者的学习；了解信息技术发展之势，就可以应用最新的信息技术实施在线教学，也可以引导和帮助学习者掌握最新的在线学习技术，提高学习者的学习效率与效果。

（三）明道

"明道"即明白在线教学之规律，其重在"明"。"明道"的关键是要在线教师真正明白在线教学规律并能将其应用于在线教学的实践之中。为此，"明道"旨在帮助在线教师明白在线教学的规律、丰富在线教学的理论，指导在线教学的实践。在线教师只有掌握了在线教学的基本规律，才有可能在教学实践中遵循这些规律，顺利实施在线教学。然而，明道并不容易。就如"以学习者为中心"这一理念，绝大多数的在线教师都知道，但是真正能够将该理论融入骨子里、融入在线教学的实践中却并非易事。在线教学属于新生事物，对于在线教师来说，不仅要明白在线教学的现有规律，更要自身去研究和探索尚未发现的规律。

（四）优术

"优术"即优化方法与技术，其重在"优"。"优术"旨在引领在线教师扎根在线教学实践，提升在线教学能力。

人与生俱来就有各种"术"，如攀爬之术、觅食之术、学习之术、亲昵之术、咿呀之术等。身为在线教师，通常已经通过了专门的师范教育训练，已经掌握了基本的在线教学技能，既已为人师，自不会教学无"术"。但是，由于在线教学是一种新生事物，在线教师仍需要基于已有的教学经历经验，进行优化提升，所以叫作"优术"。"优术"之"术"不仅指技术，更是指方法。对于在线教师来说，"优术"就是要立足教师现有的教学方法与技术，结合在线教学规律与信息技术发展成果，形成自身的在线教学方法与技术。从在线教学的流程看，在线教师的"优术"包括在线课程设计之术、在线课程开发之术、在线课程教学之术、在线课程评价之术等。

当然，"优术"并非易事，因为"术"难以顿悟，只能渐修。"优术"考量在线教师的耐力。"优术"是消耗时间和精力最多的累活、苦活，因而需要时间的沉淀。由于在线教学涉及面广，在线教师要熟练掌握在线课程的设计、开发、教学、评价的方法与技术并不容易。比如，悟"以学习者为中心"之道易，融该理论于在线教学中则难。

（五）化生

"化生"即化而生之，其重在"化"。"化生"是对"正心、取势、明道、优术"过程与成果的消化与吸收、凝练与升华。"化生"的手段是研究。在线教师通过对在线教学研究的开展，提升自身的修养与境界、能力与水平，使得自身真正成为一名专业化的在线教师。"化生"是理实一体、教学一体的实现过程，也是从实践到理论再到实践的升华过程，是在线教师专业发展的必由之路。

三、专业发展之修炼

在线教师的专业发展，关键在于在线教师自身的修炼。修炼，也可视作修练，是"修"与"练"行为的融合。其中，"修"即修炼、研习，是通过"修"来获取、领悟事物发展的规律，掌握工作、实践的方法；"练"即践行、行动，是"知行合一""学以致用"，是利用"修"的成果以及所掌握的事物发展规律与工作方法进行实践。

在线教师的修炼，是指通过在线教师依据专业发展路径进行"修"与"练"，促进自身对在线教学的理念、规律、方法、技术的掌握，促进自身在线教学修养与境界、知识与能力的提升，最终成为一名专业的在线教师。在线教师修养与境界的养成、知识与能力的提升蕴含于"正心、取势、明道、优术、化生"的专业发展路径中。

在"正心"环节，需要在线教师修习"立德树人之初心、律己立己之决心、开放共享之公心、桃李天下之爱心"，形成在线教学的正确心态与高尚的在线教学境界。

在"取势"环节，需要在线教师获取与分析信息技术、在线教育与在线教学的发展趋势，拓宽在线教学的视域，提升在线教学的格局。

在"明道"环节，需要在线教师研习在线教学规律，明白在线教学本质与本原，将其内化于心、外化于行，以指导在线教学实践。

在"优术"环节，需要在线教师在开展在线课程的设计、开发、教学与评价工作中提升自身的专业能力。通过在线课程设计实践，提升自身的设计力；通过在线课程的开发、教学与评价，提升自身的教学力；通过在线教学过程中的媒体应用，提升自身的信息力。

在"化生"环节，需要在线教师开展在线教学研究，提升自身的研究力，通过对"正心、取势、明道、优术"过程与成果的消化与吸收、凝练与升华，促使自身真正成为一名专业的在线教师。

在线教师专业发展的过程，也是在线教师自身修炼的过程，两者合二为一，方能促进在线教师的价值发展、知识发展与能力发展。

本章小结

在线教学是对教学的传承与发展，是教学演替与进化的产物。农业文明时代的教学具有教学对象的稀有性、教学资源的稀缺性、教学实施的个体性、教学手段的原始性以及教学关系的紧密性等特征。在农业文明时代，由于学习者群体小，师生之间的物理与心理距离最小，教师最容易提供个性化教学服务。工业文明时代的教学具有教学对象的群体化、教学资源的多样化、教学实施的标准化、教学手段的先进化、教学关系的职业化等特征。相对于农业文明时代，工业文明时代的教学实现了教学的规模化与标准化，提高了教学效率与教学质量。然而，正因为教学的规模化与标准化，使得教学的个性化难以实现，且师生之间的物理与心理距离相对较远。信息文明时代的教学具有教学对象的规模化、教学资源的海量化、教学实施的开放化、教学手段的智慧化、教学关系的时空化等特征。相对于农业文明时代和工业文明时代的教学，信息文明时代的教学具有规模化的教学特点，拥有更为丰富的学习资源，学习者的学习也更为自由自主，但是，师生之间的物理与心理距离最远，需要充分利用现代信息技术手段进行弥补。

在线教学是信息文明时代最典型、最先进的教学形式。狭义的在线教学是指教学方式，凡是利用网络学习资源实施的教学都可称之为在线教学。广义的在线教学则是指教学模式，是以在线课程为核心的教学相关因素与环境的集合，其包含并超出狭义的在线教学的内涵，包括在线课程的设计、开发、教学、评价与研究等方面。广义的在线教学是一项系统工程，体现了在线课程建设与实施的完整过程。本书所讲的在线教学为广义的在线教学。

相对于传统教学，在线教学之"变"体现在在线教学距离之变、时空之变、关系之变、分工之变；其"不变"在于两者具有相同的教学之"根"，即两者的教学本原、教学关系、角色定位"不变"。在线教学之优势体现在教学实施的规模性、学习资源的丰富性、教学实施的泛在性，以及教学时空的跨越性等；其不足体现在在线教学的孤独感、监管学习过程困难以及技能教学能力不足等方面。

教学既是"成人之美"，也是"成己之美"，更是"成社会之美"。在线教学的专业化促进了在线教师的专业化分工。在线教师可分为责任教师、主讲教师、辅导教师和导修教师四种类型，四者相互协作，共同完成在线教学工作。在线教师具有多重职能和角色，其角色集在线课程的设计者、开发者、教学者、评价者、研究者为一体，同时，在线教师还是信息技术应用者与终身学习者。对于在线教师来说，每一种职能与角色都会带来诸多挑战。

专业化的在线教师需要具有设计力、开发力、教学力、研究力、信息力以及学习力，其中设计力是关键。在线教师的设计力主要包括在线课程的调研、分析与设计能力；开发力包括资源建设能力与平台部署能力；教学力包括教学组织能力、教学实施能力与教学评价能力；研究力包括研究项目的策划能力、实施能力与成果凝练能力；信息力包括信息技术的甄选能力、应用能力与评价能力；学习力则包括在线教师自身的持续驱动能力、资源运用能力以及自我管控能力。

在线教师的专业发展的关键是提升在线教师的价值、知识与能力。专业教师的专业发展路径为"正心、取势、明道、优术、化生"，该过程既是在线教学实践的基本路径，也是在线教师专业发展的渐进途径。在线教师专业发展的实现，关键在于在线教师的自我修炼提升自身的修为。"正心、取势、明道、优术、化生"既是在线教师自我修炼的过程，也是在线教师价值、知识、能力全面提升的过程。

第二章
正心：在线教学之境界

《礼记·大学》有云："古之欲明明德于天下者，先治其国；欲治其国者，先齐其家；欲齐其家者，先修其身；欲修其身者，先正其心；欲正其心者，先诚其意；欲诚其意者，先致其知，致知在格物。"对于在线教师来说，要进入在线教学领域、熟悉在线教学，首先需要"正心"。也就是需要将自身摆正在在线教师的位置上，将自己作为真正的在线教师去充实自己、完善自己，以达到在线教师应有的境界。要做到"正心"，就需要"格物""致知""诚意"。其中，"格物"是接触和了解在线教学的环节，"致知"是熟悉在线教学的过程，二者可以通过在线教师的自主学习和接受专门的培训获得；"诚意"是在线教师接受在线教学、决心投身在线教学的心态。

"正心"还需"立心"。北宋大家张载的横渠四句"为天地立心，为生民立命，为往圣继绝学，为万世开太平"彰显了儒家的广阔胸怀，其"立"的是为世界文化价值做出贡献的高尚之"心"。对于在线教师来说，"立心"就是要投身在线教学，致力于做好一名在线教师。在线教师之境界养成包括四个方面，即养成立德树人之初心、律己立己之决心、开放共享之公心以及桃李天下之爱心。

第一节　立德树人之初心

一、德与才，德为先

关于德与才的内涵及相互关系，《周纪·周纪一》给出了很好的诠释："夫聪察强毅之谓才，正直中和之谓德。才者，德之资也；德者，才之帅也……德胜才谓之君子，才胜德谓之小人……君子挟才以为善，小人挟才以为恶。"所谓才，是指聪明、明察、坚强、果毅；所谓德，是指正直、公道、平和待人。才，是德的辅助；德，是才的统帅。德胜过才称之为君子，才胜过德称之为小人。君子持有才干把它用到善事上；而小人持有才干用来作恶。在现实社会中，有德无才的人可以将就用之，而有才无德的人，一旦用在重要岗位，则可能会对单位或社会造成较大的危害。

对于在线教师而言，首先要清楚认识到德与才的关系，以德为先，坚持廉洁自律，培养良好的思想品德。良好的思想品德是在线教师开展在线教学、实施人才培养的关键。而在线教师在人才培养过程中，也绝不能只重视对"才"的培养，而忽视对"德"的培养。教育部在《高等学校课程思政建设指导纲要》（教高〔2020〕3号）中提出，"全面推进课程思政建设，就是要寓价值观引导于知识传授和能力培养之中，帮助学生塑造正确的世界观、人生观、价值观"。这既是面向学生的培养要求，也是对教师自身素质、能力的要求。

二、立德树人之内涵

2012年11月，党的十八大报告提出"把立德树人作为教育的根本任务"。2016年12月，全国高校思想政治工作会提出"高校思想政治工作关系高校培养什么样的人、如何培养人以及为谁培养人这个根本问题。要坚持把立德树人作为中心环节，把思想政治工作贯穿教育教学全过程，实现全程育人、全方位育人，努力开创我国高等教育事业发展新局面"。2017年12月，中共中央、国务院印发的《关于加强和改进新形势下高校思想政治工作的意见》进一步提出要"全员育人、全过程育人、全方位育人"。2018年9月，全国教育大会提出要"培养德智体美劳全面发展的社会主义建设者和接班人"。

基于上述文件和精神，我们可以认识到践行立德树人的根本任务，一方面，需要明确"为谁培养人""培养什么人""如何培养人"的问题，也就是在线教师一定要明确人才培养的政治取向、人才培养的目标与价值、人才培养的方法与路径。另一方面，需要落实"全员育人""全程育人""全方位育人"，实现人才培养的全员参与性、人才培养的全程性以及人才培养的多维度性。对于立德树人根本任务的落实，可以用图2-1表示。

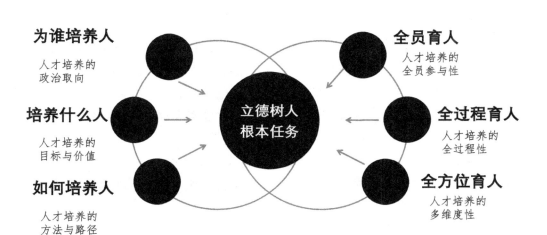

图 2-1 践行立德树人根本任务

为了践行立德树人的根本任务，在线教师需要对立德树人有深刻的理解与认识，自身需要有立德树人之初心。

那么，什么是"立德树人"呢？关于立德树人的内涵，张弛给予了比较全面的解释。他指出，"立德"就是要明大德、守公德、严私德，具体来说，就是要明国家发展、民族复兴之"大德"，守社会文明、风清气正之"公德"，严慎思笃行、严于律己之"私德"。"树人"就是要"树能认清自我、德法兼修又有浩然正气的中国人；树有真才实学、民族精神又有全球视野的文明社会人；树能全面发展、艰苦奋斗又勇担大任的时代新人"。[①]

三、坚守立德树人之初心

大学的本质特点是什么？我国现在普遍的看法是，教学、科研与社会服务的统一，即教育性、学术性与服务性的三位一体，是对传统教育性与学术性相统一的新发展，并且，统一在"立德树人"这个核心任务上，具体指向德智体美劳社会主义建设者和接班人的培养。如果没有了立德树人这个核心，教学、科研、社会服务可能就会成为"三张皮"，出现科研与育人脱节、社会服务与育人脱节，甚至出现科研职能、社会服务职能压倒了育人职能的现象，"立德树人"本身被边缘化、虚化

---

① 张弛：《高等教育立德树人的内涵实质与实现路径》，载《思想理论教育》2019 年第 8 期，第 100-105 页。

和口号化。①

在《论学者的使命》中,费希特(Fichte, G. J.)将学者誉为世界上道德最好的人。他说:"你们都是最优秀的分子;如果最优秀的分子丧失了自己的力量,那又用什么去感召呢?如果出类拔萃的人都腐化了,那还到哪里去寻找道德善良呢?"② 教师只有在积极的理性精神的引领下,才能实现教学的个人主义与社会主义的一致。

对于在线教师而言,将立德树人根本任务作为在线教学的初心是应然之举,只有将立德树人贯穿于整个在线教学中,通过在线教师全员、全过程和全方位的参与,才能实现立德树人的根本任务。

在在线教学中践行立德树人具有非常重要的意义。从在线教学的范围看,在线教学已经逐渐普及到各级各类教育机构,特别是在防控新冠肺炎疫情的过程中,在线教学更是得到了极大程度的发展。从在线教学的对象看,学习者数量庞大,仅2019 年网络教育(含开放教育)的在校生人数就达 857.8 万人,占普通本科、专科在校生的 28.3%。网络教育与开放教育以在线教学为主体,在当前普通教育逐渐普及在线教学的情况下,学习者的群体更为庞大。从在线教学的组织看,在线教学存在师生准永久性分离的问题,教学组织相对松散,教学监管更为困难。在线教师将立德树人的根本任务作为在线教学的初心,有助于在更大范围内和更大程度上,培养出更多的德智体美劳全面发展的社会主义建设者与接班人。

四、掌握立德树人之方法

(一)以课程思政为抓手

践行立德树人,需要以课程思政为抓手。2020 年 5 月,《高等学校课程思政建设指导纲要》提出"立德树人成效是检验高校一切工作的根本标准。落实立德树人根本任务,必须将价值塑造、知识传授和能力培养三者融为一体、不可割裂。全面推进课程思政建设,就是要寓价值观引导于知识传授和能力培养之中,帮助学习者塑造正确的世界观、价值观、人生观"。

---

① 石中英:《回归教育本体——当前我国教育评价体系改革刍议》,载《教育研究》2020 年第 9 期,第 4 - 15 页。
② 转引自车丽娜《论教师的社会理性及其培育》,载《教育研究》2019 年第 11 期,第 143 - 150 页。

关于课程思政的内涵，王学俭和石岩认为，课程思政是将思想政治教育元素，包括思想政治教育的理论知识、价值理念以及精神追求等融入各门课程中去，潜移默化地对学习者的思想意识、行为举止产生影响。课程思政的本质是立德树人，理念是协同育人，结构是立体多元，方法是显隐结合。① 课程思政是在线教学不可分割的一部分，将思政元素融入在线教学是一种应然回归。

知识传授与能力培养，对于绝大多数教师来说是轻车熟路，而对于价值塑造，则需要教师自身首先具有正确的世界观、价值观、人生观。以课程思政为抓手，一方面，可以夯实在线教师自身的价值观，另一方面，在线教师可以在在线教学过程中传递正确的世界观、价值观、人生观，实现育德与育才的一体化。

（二）践行在线教学"三全育人"

（1）全员育人。在线教学的全员育人，是指在线课程教学团队的全体成员参与育人，包括责任教师、主讲教师、辅导教师、导修教师的协同育人，育人方式可以是线上育人，也可以是线下育人，还可以是线上线下协同育人。

（2）全方位育人。在线教学的全方位育人就是要实现课程思政覆盖在线课程的所有环节，包括在线课程的学习资源育人、支持服务育人、教学管理育人等。

（3）全过程育人。在线教学的全过程育人就是要实现课程思政贯穿在线课程教学全过程，包括在线教学的导学过程、助学过程、促学过程与督学过程等。

（三）实施在线教学"三融合"

（1）将课程思政目标与人才培养目标相融合，就是将课程的价值塑造目标与知识传授目标、能力培养目标相融合，实现三者的三位一体。

（2）将课程思政内容和课程教学内容相融合，就是将思政元素润物细无声地融入线课程的教学内容中。课程的思政元素包括政治认同与家国情怀、品德修养与人格养成、科学精神与职业操守等方面。

（3）将教书与育人、显性与隐性教育相融合，就是将教书过程中对"才"的培养与育人过程中对"德"的培养相融合。同时，在教学方式上，基于思政元素特点，选择合适的显性或隐性教育方式。

---

① 王学俭、石岩：《新时代课程思政的内涵、特点、难点及应对策略》，载《新疆师范大学学报》（哲学社会科学版）2020年第2期，第1-9页。

第二节 律己立己之决心

作为一种以在线教学为主要教学方式的全新职业,在线教师面临很多新的挑战,包括对在线教学规律的把握、在线教学方法与技术的运用,以及现代信息技术的应用等。要给学习者一碗水,在线教师就得有一缸水。为此,在线教师需要让自己不论在专业知识与专业技能上,还是在在线教学的方法与技术上,抑或是信息技术的选择与应用上,都要有丰富的积累和沉淀。为此,律己立己是在线教师提升自身的必由之路。

一、律己立己之必要性

相对于传统教学的教师,在线教师更需要律己立己,其原因主要有三个方面。

(1) 在线教学面向的对象广,影响的范围大。特别是慕课,学习者动辄几千,多则几万甚至几十万,教师在在线教学中的一言一行都可能影响一大批的学习者。正向的激励作用,可以帮助学习者塑造正确的世界观、价值观与人生观。而负向的不当言论,则会影响大批学习者世界观、价值观与人生观的形成。负面的观念通过互联网的传播,甚至可能变成社会的不稳定因素。

(2) 在线教学因为时空的隔离、师生的准永久性分离,故而教师受到的约束相对较少。一方面,不像在传统课堂教学中,教师直面学习者,有着无形的教学压力,教师也会在不自觉中约束自己的言行。而在在线教学中,特别是在直播教学中,如果在线教师对自身的约束力不够,教育机构也疏于提醒与监管的话,在线教师则容易缺乏对自身言语与行为的控制。但另一方面,自律性过强的教师会因为考虑到网络的快速传播性,而出于自我保护,过度约束自身的言行举止,出现放不开的情况。

(3) 在线教学是一种以学习者自主学习为主的教学方式。在线教师在建设好在线课程资源后,其工作任务和工作压力就变得相对轻松,而教育机构对在线教师的监管监控主要通过网络实施,不像传统教学经常会有教学督导巡视课堂,监督教师的教学行为。在线教师是否及时回复学习者的问题,是否及时布置课程作业,是否及时组织学习活动,以及在线教师教学是否投入等主要依赖教师的自律性。为此,在线教师更需要律己，对自身进行严格的约束。

然而，律己立己并不容易，它是一个需要在线教师长期修炼的过程。而长期持续的努力，需要在线教师拥有坚定的决心和毅力。

二、在线教师律己之法

"学高为师，身正为范"是著名教育家陶行知先生的名言。作为教师，不仅要"学高"，即自身要有较高的学术修养，同时更要"身正"，即自身要有良好的教师形象。这就要求教师时时处处以一个教师的身份严格要求自己，做到时时处处严于律己。我国著名教育家、书法家启功先生为北京师范大学所题写的校训"学为人师，行为世范"，充分体现了教师的行动、行为对社会的示范作用，特别是对学习者的示范作用。

教师是灵魂的塑造者、成长的引路人。当代社会，每个人都要受教育，都要受到教师的影响。无论教师本人自觉还是不自觉、自愿还是不自愿，都会在学生的灵魂上留下痕迹。①

律己对于每一个人都很重要，是每个人成长的必要条件，而律己对于教师更为重要，因为教师的行为会影响一大批的学习者，他们都是社会主义的建设者与接班人。近年来，我们在新闻中经常可以看到关于高校教师言语不当遭到处罚的信息。如重庆一高校曾有一名教师因在课堂上发表不当言论，被撤销教师资格。

律人先律己。那么，在线教师何以律己？在线教师的律己行为可以分为自律与他律两种类型。

（一）自律之法

自律是指在线教师通过情绪管理、时间管理和行为管理等约束自身的行为。自律是内因，是发自内心的约束。激发教师内在的自律是根本。在线教师自律的形成在于内在驱动力的形成，这种内在驱动力来自事业的驱动，来自教师自身对在线教学事业的热爱。当在线教师的专业、兴趣、事业都聚焦于在线教学，并能融为一体时，则在线教师就会形成强大的内在驱动力，其自身也就能自然而然地做到自律。由此可见，培养在线教师对自身专业、对在线教学、对信息技术应用的兴趣就显得

---

① 田国秀、刘海芳：《习近平总书记关于教师的论述的理论内涵与思想特征》，载《教育研究》2019年第8期，第8-12页。

更为重要了。以在线课程的教学实施为基点,在线教师的自律可分为课前自律、课堂自律、课后自律三个方面。

1. 课前自律

课前自律是指在线教师在进行在线教学前能够自我控制,能够全心全意地做好在线教学的准备工作。

(1) 充裕的内容准备。在线教师在教学实施前应主动熟悉或温习在线教学资源,特别是当在线教学资源不是自己建设的时候,这一环节更加重要。然后,基于在线教学实施的需要,认真备课,做好在线教学各个环节的设计。比如,在进行在线教学直播前,需准备好直播教学用的 PPT、对学习者的课间测验、直播时的设问,以及直播期间学习者的签到、学习者问题的回复等。

(2) 周到的服务准备。服务准备是指在线课程教学前的各项服务内容的准备,如提前建立好师生交互的学习平台 BBS 论坛、微信群或 QQ 群,提前准备好学习活动所需要的活动内容、活动工具,等等。

(3) 周全的教学安排。周全的教学安排能够让学习者按部就班、有的放矢地学习。比如,制订覆盖教学全周期的教学日历,让学习者清晰了解在线课程的整体教学安排及各类学习任务的起止时间。又比如,提供课程学习进度参考表,供学习者掌控自己的学习进度,以免学习进度跟不上而影响课程作业或课程考试等。周全的教学安排对于学习者,特别是在职学习者掌控学习进度非常有用。

(4) 提前的教学周知。将各类教学通知提前告知学习者,能让学习者的学习不茫然,做到对各类教学安排心中有数。

2. 课堂自律

在线教学的课堂主要是虚拟的网络课堂,但也有实体的面授课堂。对于在线教师来说,不论是实体的面授课堂,还是虚拟的网络课堂,都需要自律。在线教学的虚拟课堂包括教师的教学辅导、师生的交流互动、师生共同开展的网络学习活动等。虽然在线教学师生分离,教学组织相对松散,但是,在线教师的教学行为同样会影响学习者的学习行为。在线教师可以从以下几方面检查自身是否做到了课堂自律。第一,是否已经按照教学安排及时布置各项教学任务?第二,在教学交互过程中是否能及时、认真回复学习者的问题?在教学过程中是否存在过激言语?第三,是否在进行教学辅导(如直播教学)时,即便不知道学习者是否在听,仍然认真地进行(直播)授课?第四,在布置课程作业、学习活动时是否存在失误、错漏?一旦出现问题,是否及时更正并告知学习者?

3. 课后自律

课后自律是指在线教师在教学工作之余,能够不松懈、不懈怠,坚持终身学习，不断提升自己的能力与水平，用不断增长的知识、能力、水平武装自己。在线教师自身的终身学习行为必将影响学习者的学习行为，知识面广、见解独到的在线教师会更受到学习者的欢迎。

（二）他律之法

他律是指通过自身之外的因素约束自己，如管理者对在线教师教学行为的监督，规章制度对在线教师教学行为的约束。在自律不足的情况下，他律能发挥较好的作用。他律的作用有激励性的，也有约束性的；有正向激励性的，也有负向惩罚性的。激励性的他律是指通过对在线教师表彰、激励等措施，激励在线教师自律。约束性的他律是指通过法律、法规、制度等的约束，引导和规范在线教师的行为，促进教师自律。比如，教育机构通过网上巡学，检查在线教师对学习者问题的回复、布置作业和组织活动的情况等，评价在线教师的行为，对积极自律者给予奖励；对未能及时完成任务者给予警告或经济上的惩罚等，促进教师自律。

他律是外因，他律对于在线教师来说是被动接受，他律的目的在于促进教师自律。因此，自律是根，自律是本。当然，他律也具有良好的规制作用。充分利用在线教师的自律和他律，能更好地促进教师养成律己的习惯，更好地做到为人师表。

三、在线教师立己之法

《论语·卫灵公》有云："己所不欲，勿施于人。"要让别人做什么时，首先自己应该喜欢。对于在线教师来说，要让学习者喜欢并掌握在线学习的方法与技术，在线教师就应该首先喜欢并掌握在线教学的方法与技术。

《论语·雍也》云："夫仁者，己欲立而立人，己欲达而达人。"如果要让学习者能"立"起来，成就一番事业，在线教师自己首先得"立"起来，先成就自己。

这两段经典表达了相同的意思，即"立人先立己"，要让学习者"立"起来，在线教师自己首先得"立"起来。教育，不仅要言教，还要身教；不仅要立己，还要立人。立人是教师之为教师"兼善天下"的特殊要求，体现教师之为教师的不平凡之处。[①] 立人先立己，那么在线教师如何立己呢？

[①] 转引自王田《立己与立人——温家宝同志对教师的期许》，载《思想政治课教学》2014年第1期，第95-96页。

（一）立己之法

在线教师只有先立己方能立人。在线教师可以通过增强自身专业能力、提高在线教学能力、提升自身育人能力、打造自身品牌四个方面实现立己，促进自身的专业与事业发展。

1. 增强自身专业能力

在知识快速迭代的今天，如果教师不及时更新自身的专业知识，增强自身的专业能力，仍然将过时的知识传授给学习者，不仅会误人子弟，还必将被学习者抛弃，被社会淘汰。在"互联网+"时代，学习者可以非常容易获取各类学习资源。特别是在我国持续的在线开放课程运动中，出现了海量的、免费的开放课程，使得学习者获得优质资源的成本几乎为零。当互联网上存在很多同类或同领域的在线课程时，如果自身的在线课程质量与慕课的质量差异太大，自身的教学水平与慕课的教师授课水平差异太大，那么学习者还会去学习在线教师自身建设的在线课程吗？同时，作为在线教师，要给学习者一碗水，自己应有一缸水。信息时代学习者的"碗"很大，则教师的"缸"应更大。为此，在线教师应该不断增强自身的专业能力，促进自身的专业发展。

教师的个人知识实质性地主导着教师的教育教学实践，是教师专业发展的根基。教师的个人知识有其特定的内涵，包括群体性显性知识、群体性隐性知识、个体性显性知识、个体性隐性知识四大构成要素。教师个人知识要素之间相互影响、彼此联系，并以"视界融合"的机制，通过联合化、内在化、外在化、社会化四种方式不断生成、转化和发展，从而整体提升教师个人知识的品质与成效。①

那么，在线教师应如何夯实自身的专业知识，增强自身的专业能力，促进自身的专业发展呢？在专业知识的积累上，在线教师需要通过自身的学习，不断获取学科的前沿知识，更新自身的知识结构，更新在线课程的教学内容，保持在线课程的科学性、时代性和前沿性。在知识的提炼与升华上，由于学习者很容易通过互联网获取记忆性的知识，他们需要学习的更多是依附于知识之上的思想。深厚的专业知识是产生这些思想的基础与前提，而对专业知识的提炼与升华，则是在线教师核心竞争力的重要体现。

2. 提高在线教学能力

在线教师提升自身的在线教学能力是立己的根本，在线教师能力的提升包括设

---

① 刘永凤：《教师个人知识的内涵、构成与发展》，载《教育研究》2017年第6期，第101—106页。

计力、开发力、教学力、研究力、信息力与学习力。总的来说，在线教师自身能力的提升是一项持久的系统工程，需要在线教师有一个长远、持续的学习计划。我们身处网络信息时代，可以尽享网络时代的知识盛宴。比如，在线教师可以在爱课程网（http://tmooc.icourses.cn）的教师教育专栏中选择学习在线教学相关的慕课来提升自身的在线教学能力。（见图2-2）

图2-2 爱课程网上的教师教学能力系列慕课

3. 提升自身育人能力

要落实立德树人根本任务，培养德智体美劳全面发展的社会主义事业建设者和接班人，在线教师的育人能力应为重中之重。

育人能力作为重要的教师能力，是教师在教育场域以适当行动指向育人目标的主体性特质。具体指教师在多元、复杂的教育场域，以自身认知、理解、思维、沟通等能力为基础，以情感、态度、意志、价值观等内在特质为关键影响因素，采取适当行动，有效引导学习者在理想信念、思想认识、社会认知、个性品质、心理健康、审美意识、素养能力等方面全面发展并获得和呈现出发展中所需的个性心理品质，是指向育人目标实现的综合性实践能力。育人能力的发挥，可令教师体验自我力量的对象化及自我实现的幸福感。"育人"是触及心灵、引导发展的活动，其融于学校的教学、管理等各项活动中，但又不局限于此。育人能力作为教师的专业能力，可时时展现，方式不尽相同。① 在线教师作为教师中的一种类型，同样应该提升自身的育人能力。

4. 打造自身品牌

打造自身品牌，是在线教师立己的关键和目标。其包括三个方面，一是在学习者心目中树立良好的教师形象，如成为风趣幽默、平易近人的在线教师，成为教学水平一流的在线教师等。二是在同侪中形成自身的比较优势，比如在校内的同事中或者专业领域内的教师中形成自身在教学水平、专业能力、学术声誉等方面的比较优势。三是打造同行中的良好口碑。在同行中建立良好口碑的关键在于自身具有创新性成果，比如，通过在某个领域的创新形成自身的独特优势，或者通过学术积淀形成自身较高的学术声誉等。

总的来说，在线教师的律己立己是慢工，而慢工才能出细活。实现律己立己是一个长期的过程，是一个不断积累的过程，也是一个需要不断坚持的过程。由此可见，在线教师的律己立己在于在线教师的决心。在线教师只要具备了律己立己的决心并付诸行动，就一定能够让自己成为专业的在线教师，也一定能促进自身的专业和事业的持续发展。

（二）立己之策

在立己的策略上，在线教师可以通过接纳"四新"实现立己。

1. 拥抱新理念

由于新理念不同于自身已有的理念，因此，容易与现有的思维格局产生冲突。然而，也正是在这种冲突中，才能够冲破固有的思维和知识格局，让自身主动去掌握新的知识。在线教师作为全新教育领域的开拓者，应该用开放之心去接纳新的理念。

新理念的形成可以来自朋友之间的交流，可以来自自身的深层次思考，也可以来自文献资料的启迪，但主要应该基于在线教学领域研究文献与研究成果所进行的学习和思考。比如，用"智慧教育""翻转课堂""SPOC"等关键词在中国知网进行搜索，可以获得大量的文献。（见图 2-3）对文献进行筛选后，可以选择相关文献进行研读，获取在线教学最前沿的研究成果，并经由自身的消化与吸收，应用于在线教学中。

---

① 刘鹏、陈晓端、李佳宁：《教师育人能力的理论逻辑与价值澄明》，载《教育研究》2020 年第 6 期，第 153-159 页。

排序　相关度　发表时间↓　被引　下载　　中文文献　外文文献　列表　摘要　　每页显示：10 20 50

已选文献：0　清除　　批量下载　导出/参考文献　计量可视化分析　　　找到 170 条结果　1/4 >

	篇名	作者	刊名	发表时间	被引	下载	阅读	收藏
1	面向智慧教育的物联网模型及其功能实现路径研究	陈金华;陈奕彬;彭倩;李易俞;谢雨丙 >	电化教育研究	2019-11-27 13:44		173	HTML	☆
2	智慧教育需要教育智慧：教师专业发展的人文选择	李树英	现代远程教育研究	2019-11-25 13:20		252	HTML	☆
3	智慧教育示范区建设的现状、内容与对策	王运武;李炎鑫;李丹	现代教育技术	2019-11-15		85	HTML	☆
4	雄安新区发展智慧教育的基线调研与政策建议	黄荣怀;刘德建;闫伟;庄榕霞;康艳丽 >	中国远程教育	2019-11-13		227	HTML	☆
5	智慧教育视域下混合式学习空间的构建与实践研究	陈明阳;阳亚平;陈明;陈展虹	中国远程教育	2019-11-13		492	HTML	☆
6	从创客到创造性公民：智慧教育视野下的创客公民及其培养	王佑镁;宛平;赵文竹;杨刚	电化教育研究	2019-11-05 09:21		368	HTML	☆
7	技术智慧：智慧教育的天命与责任——兼论人工智能发展对智慧教育的影响	薛晓阳	高等教育研究	2019-10-31		446	HTML	☆
8	智能教育的发展形态与实践路径——兼谈智能教育与智慧教育的关系	刘邦奇	现代教育技术	2019-10-15		229	HTML	☆
9	智慧教育视野中的学习分析与个性化资源推荐	刘敏;郑明月	中国电化教育	2019-09-11 13:19		1095	HTML	☆
10	技术赋能教育革新：从CAI到智慧教育——祝智庭教授的学里行间	钟志贤;易凯谕;王宏胜;陈佳娜;王双双 >	电化教育研究	2019-08-26 11:29	1	1004	HTML	☆

图 2-3　中国知网中关键词为“智慧教育”的部分 CSSCI 期刊研究文献

2. 尝试新技术

尝试新的信息技术，并将适用的信息技术引入在线教学，会获得意想不到的好效果，比如虚拟现实、大数据分析、智能推送技术等技术。那么，哪些是可以应用于教育领域的新技术呢？在线教师一方面可以通过自主探索发现，另一方面也可以通过文献调研，了解哪些信息技术可以应用于在线教学。比如，在图 2-4 所列的文献中，就有研究者对数字孪生技术、教学交互技术、深度学习技术等进行了探索。

	篇名	作者	刊名	发表时间	被引	下载	阅读	收藏
1	虚实共生：数字孪生(DT)技术及其教育应用前瞻——兼论泛在智慧学习空间的重构	褚乐阳;陈卫东;谭悦;郑思思;徐铷忆 >	远程教育杂志	2019-09-20		444	HTML	☆
2	智慧课堂学习体验：技术赋能身体图式的唤起	沈夏林;邓倩;刘勉	电化教育研究	2019-08-26 10:43		726	HTML	☆
3	智慧教室环境下大学生课堂学习投入度及影响因素研究——以“教育技术学研究方法课”为例	张屹;郝琪;陈蓓蕾;于海恩;范福兰 >	中国电化教育	2019-01-03 17:29	10	2792	HTML	☆
4	数字交互技术视域下的智慧学习元认知体验研究之一——共我体验突破交互边界	郑海昊;刘韬	中国电化教育	2018-12-05 11:51		621	HTML	☆
5	深度学习技术在智慧服务中的应用研究	刘宝瑞;王予凡	图书馆学研究	2018-03-25	6	526	HTML	☆
6	“游戏化学习与智慧教育”国际学术会议暨中国教育技术协会教育游戏专委会年会成功举办		现代教育技术	2017-12-15	2	380	HTML	☆
7	基于区块链技术的智慧学习机器人设计研究——面向大规模学习服务系统的智慧学习机器人	方海光;仝赛赛;杜婧敏;李一迪	远程教育杂志	2017-07-20	17	1912	HTML	☆
8	面向智慧教育的学习大数据分析技术	吴文峻	电化教育研究	2017-06-01	27	3459	HTML	☆

图 2-4　中国知网中与智慧学习技术相关的部分研究文献

3. 探究新方法

互联网为在线教学提供了多样的教学方法。在众多的在线教学方法中，哪些可用，哪些不可用？哪些好用，哪些不好用？均需要在线教师自身去探究，并基于在线课程的特点，选用最新、最适用的教学方法。比如网络直播软件有很多，如学堂在线的雨课堂（见图2-5）、中国大学MOOC的慕课堂（见图2-6）、超星的学习通、腾讯的腾讯课堂等，这其中哪一种更适合自身课程的在线教学呢？又比如在移动教学中，有移动学习App、微信公众平台以及微信小程序等，这其中哪一种更适合在线课程的移动教学呢？这些问题都需要在线教师去深入探究。

图2-5　学堂在线的雨课堂界面及功能

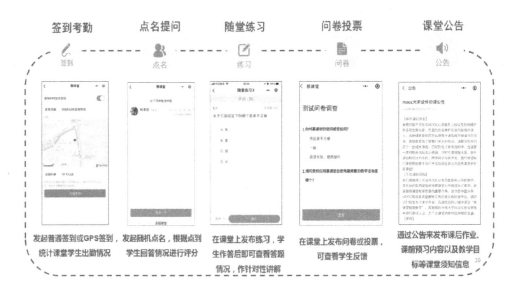

图2-6　中国大学MOOC的慕课堂界面及功能

4. 接纳新知识

接纳新知识不仅指在线教师要接纳在线教育、在线教学方面的新理论、新知识，更是指接纳专业教学领域学科前沿的新知识、实践领域的新技能。在线教师掌握这些新的知识与技能，并及时更新在线课程，才能保持在线课程的活力和生命力，才能让学习者认可在线课程，才能激励学习者的学习热情，才能让学习者获取更多、更新的知识，从而保障在线课程的教学质量。

为此，在线教师在知识的接受上、在新技术的应用上，应该永远是"新人"，即使成为经验丰富的在线教师，也仍然应该是"老人新兵"。

第三节　开放共享之公心

互联网的世界是一个开放共享的世界，在线教师以互联网为主要的教学媒介，以互联网上的开放资源为主要教学资源。因此，在线教师应该拥有一颗开放共享之公心。

一、开放共享之必要性

（一）开放共享行动

自21世纪以来，我国陆续推出新世纪网络课程、精品课程、精品资源共享课、精品在线开放课程等评审活动，彰显了国家推进教育资源开放共享之决心。在线开放课程运动大概可以分为五个阶段。

1. 新世纪网络课程阶段

2000年5月，高教司下发的《关于实施新世纪网络课程建设工程的通知》（教高司〔2000〕29号），明确了工程的目标、应遵循的原则、工程的内容（部分项目）、工程的管理四方面内容。该通知的下发标志着"新世纪网络课程建设工程"的正式启动。通过"新世纪网络课程建设工程"的实施，实际建设了319门网络课程，其中50多门课程广泛使用于中国地质大学、北京理工大学、北京语言大学等高校的网络教育学院中。①

2. 精品课程阶段

为促进优质教学资源的共享,全面提高教育教学质量,2003年4月,教育部发布《教育部关于启动高等学校教学质量与教学改革工程精品课程建设工作的通知》(教高〔2003〕1号),启动精品课程建设工作,提出建设具有"一流教师队伍、一流教学内容、一流教学方法、一流教材、一流教学管理等特点的示范性课程"。该阶段共建设国家级精品课程3910门。

3. 精品开放课程阶段

为进一步推进精品资源的开放共享,服务学习型社会建设,2011年10月,教育部发布《教育部关于国家精品开放课程建设的实施意见》(教高〔2011〕8号),开展国家精品开放课程建设工作。国家精品开放课程包括精品视频公开课与精品资源共享课,该在线课程开放行动共建设上线精品视频公开课992门、精品资源共享课2911门。

4. 在线开放课程阶段

以美国斯坦福大学等知名高等学校推出MOOC为标志,2012年被称为世界慕课元年。2013年,北京大学等多所高水平大学先行先试,陆续在国际知名慕课平台开设慕课,掀起了中国高等教育界一场"悄然的革命"②。2015年4月,教育部印发《教育部关于加强高等学校在线开放课程建设应用与管理的意见》(教高〔2015〕3号),提出采用"高校主体、政府支持、社会参与"的方式构建开放课程体系和公共服务平台。截至2019年,共评选出国家级精品在线开放课2900多门。

5. 一流本科课程阶段

2019年10月,《教育部关于一流本科课程建设的实施意见》(教高〔2019〕8号)文件要求,"从2019年到2021年,完成4000门左右国家级线上一流课程(国家精品在线开放课程)、4000门左右国家级线下一流课程、6000门左右国家级线上线下混合式一流课程、1500门左右国家虚拟仿真实验教学一流课程、1000门左右国家级社会实践一流课程认定工作"。2019年已认定线上一流课程717门,虚拟仿真实验教学一流课程327门,线下一流课程1464门,线上线下混合式一流课程868门。

互联网上不仅已经积累了丰富、海量的国家级在线课程资源,而且大量的国家

---

① 教育部高教司远程与继续教育处:《"新世纪网络课程建设工程"总体情况介绍》,载《中国远程教育》2003年第9期,第67-68页。

② 韩筠:《在线课程推动高等教育教学创新》,载《教育研究》2020年第8期,第22-26页。

级优质在线课程资源还将陆续上线。除了国家级的在线课程资源以外,还有更多的省级在线开放课程资源。可见,我国的在线开放课程运动,已经让开放共享成为一种趋势,成为一种习惯。

(二) 开放共享资源

当前,丰富的在线开放课程分布在各类开放的公共服务平台,如爱课程网、国家教育资源网站、国家职业教育职业网站等。按照教育类型可将在线开放课程分为高等教育类在线开放课程、职业教育类在线开放资源以及基础教育类在线开放资源。

1. 高等教育类在线开放课程

高等教育类的开放课程平台有很多,比较知名的有爱课程网、学堂在线、智慧树、学银在线、好大学在线、优课在线等。

(1) 爱课程网。该平台是教育部、财政部"十二五"期间启动实施的"高等学校本科教学质量与教学改革工程"支持建设的高等教育课程资源共享平台。截至2019年年底,其旗下的中国大学MOOC有慕课课程11000余门,其中国家级精品在线开放课程916门,几乎涵盖所有的学科专业,平台注册用户已超过4390万,总选课人次超过1.8亿。参与建设的高校、课程团队数量最多,课程及教学资源数量、选课人数全国第一。中国大学MOOC已经为1300多所学校、机构提供在线开放课程云平台服务,已开设SPOC课程超过15万余门次。

(2) 学堂在线。该平台是清华大学于2013年10月发起建立的慕课平台,是教育部在线教育研究中心的研究交流和成果应用平台。学堂在线一直致力于打造内容与技术双引擎,推动教育资源共享与教育质量的提升。目前,平台拥有清华大学、北京大学、麻省理工学院、斯坦福大学等国内外一流大学开设的超过3000门优质课程,获得清华大学等高校和edX等平台的慕课在中国大陆地区的独家授权。截至2020年3月31日,学堂在线主站用户数超过5800万,总选课人次超过1.6亿。2020年4月20日,学堂在线国际版正式发布。

在新冠疫情防控期间,更有大量公共服务平台开放了在线课程资源,部分平台的情况如表2-1所示。

表2-1 疫情防控期间部分在线开放课程公共服务平台

平台名称	服务内容简述	平台链接地址
智慧树网	3223门课程,涵盖92个专业大类	www.zhihuishu.com
学银在线	3464门慕课及国家级、省级精品在线开放课	xueyinonline.com

(续表2-1)

平台名称	服务内容简述	平台链接地址
超星尔雅	480余门通识课向所有师生和社会学生免费开放	erva.mooc.chaoxing.com
人卫慕课	医学专业课程173门	www.pmphmooc.com
优课联盟	高校学分慕课课程471门	www.uooc.net.cn
好大学在线	313门慕课	www.cnmooc.org
中国高校外语慕课平台	10个语种、12个课程方向99门外语慕课	moocs.unipus.cn

2. 职业教育类在线开放资源

我国的职业教育建立了丰富的在线课程资源，其中资源最集中的是国家级职业教育专业教学资源库项目管理平台（http://zyk.ouchn.cn/portal/index），其汇集了智慧职教平台与微知库平台上的职业教育开放共享资源。

截至2020年10月，该平台2020年的注册用户达到769万人，2020年度访问量为28亿人次（2019年只有9亿6千万人次）；总访问量近48亿人次，参建院校115所，其中，标准化课程6215门，教师66万人，学生1282万人，社会学习者36万人，企业用户23万个。

3. 基础教育类在线开放资源

国家中小学网络云课堂（https://ykt.eduyun.cn），面向基础教育，覆盖小学一年级至普通高中三年级各年级，根据国家课程方案和各学科课程标准，语文、政治、历史三学科使用国家统编版教材，其他学科使用全国选用人数较多的教材版本。课外内容包括防疫教育、品德教育、课程学习、生命与安全教育、心理健康教育、家庭教育、经典阅读、研学教育、影视教育、电子教材10个方面，全部资源免费开放。

截至2020年12月，该云平台浏览次数24.60亿，访问人次20.22亿，为亿万中小学生的在线学习提供了重要支撑，受到教师、学生和家长的广泛好评。2021年1月，教育部、国家发展改革委、工业和信息化部、财政部、国家广播电视总局五部委联合印发了《关于大力加强中小学线上教育教学资源建设与应用的意见》。文件提出要结合以往在线教育教学资源建设的经验和疫情期间的宝贵经验，着眼教育现代化发展，通过多部门协同工作为中小学的线上教育教学资源建设与应用提供支持与服务。

二、树立开放共享之公心

公心相对于私心而言,是大公无私之心,是为公众利益着想之心。终身学习时代,也是全民皆师、全民皆学的时代。每位社会成员都应该贡献自身的智慧和知识,为学习型社会的建设添砖加瓦,同时,每位社会成员都可以从学习型社会中获取知识和技能,实现自身的终身学习。在线教师更应该为实现"人人皆学、处处能学、时时可学"的学习型社会贡献自身的力量。

以在线教学为主的网络教育、开放教育为促进教育公平而生。在线教学具有规模化教学的效应,能够通过开放共享,让更多的人获得优质资源,让更多的地域获取优质资源。特别是当在线课程及资源的开放共享成为一种趋势、一种习惯时,在线教师更应该拥有开放共享的理念,拥有开放共享的公心。在线教师通过共享社会上的优质在线课程,让学习者享受更为优质的教育;同时,也通过开放自身的在线课程,将优质资源分享给社会公众,做出教育工作者应有的贡献。

三、掌握开放共享之方法

(一)共享优质资源

在线教师应以一种开放的心态,一种让学习者享受更优质资源的公心,大胆地引进优质在线课程。引进优质在线课程是履行学习者享受优质资源的权益的需要,也是避免在线课程资源重复建设的需要。引进优质课程并不是说在线教师自身的教学水平与能力不足,而是通过引进优质共享课程资源,教师可以腾出更多的时间和精力做好在线教学辅导与学习支持服务,能够有更多精力帮助学习者理解、掌握和运用在线课程知识解决实际问题。引进优质在线课程一般来说有两种途径:资源层面的共享和课程层面的共享。

1. 资源层面的共享

在线教师基于课程教学的需要,引进在线开放课程,将其作为在线课程资源,但在线教学仍然自主实施。资源层面的课程共享,需要在线教师全面理解所引进的在线课程的内容,并能结合自身学习者的实际,建设必要的衔接性、补充性的资源。

引进在线课程,首先应在公共服务平台(如爱课程网、学堂在线等)选择与自身在线课程相同或相近的课程，全面评价开放课程的质量以及与自身课程教学内容的契合度。对于合适的在线课程，可以与公共服务平台商洽引用事宜，通过支付一定的平台使用费用，就可以在公共服务平台建立专门的面向自身学习者的课程，实施 SPOC 教学，即利用课程资源，自主进行教学辅导、答疑及课程作业和考试等。而对于计划长期引进的在线开放课程，则可以通过建设开放课程接口的方式，将公共服务平台上的共享课程直接布局在自有的在线学习平台上，这样更方便学习者学习。将课程布局在自有学习平台上后，由于开放课程主要作为在线课程资源使用，在线教师可以在学习平台上自主开展各类教学活动，进行教学交互，布置课程作业，这些教学活动的记录都可以存留在自有学习平台上，更有利于进行长期的教学数据的分析与比较。

2. 课程层面的共享

课程层面的共享是指将在线开放课程作为一门完整的在线课程进行共享，不仅共享在线课程的资源，也共享在线课程的服务。其最典型的例子就是让学习者在公共服务平台上学习慕课。这需要让学习者注册公共服务平台上的账号，在慕课课程开放时间进入课程学习，按照该慕课的教学进度进行学习。教师除安排慕课教学外，主要提供辅助性的支持服务，如专门面向自有学习者的网络辅导、网络教学直播、BBS 讨论、微信群辅导等。在课程结束时，学习者可参与慕课教师组织的统一课程考试，或者由在线教师自行组织自己的学习者参加自主命题的课程考试。

同时，课程层面的共享也存在一定的问题。一是慕课的开课时间不固定，需取决于慕课教师的时间安排；二是在线教师难以掌控在线教学的进度，难以获取学习者的学习过程数据；三是学习者如果要获取课程合格证书，还需要支付一定的证书费。

（二）开放自建资源

将自身所建设的优质在线课程或资源共享给社会学习者，是在线教师作为教育工作者应为社会做出的贡献。在线教师通过开放共享优质资源，可以促进在线课程质量的提高和在线教学水平的提升，也促进自身主动建设出优质的资源。在线教师开放自建的在线课程主要有两种类型。一种是资源开放型，即在线教师将自身的优质在线课程资源在公共服务平台上开放共享，但不提供学习支持服务；另一种是课程开放型，即慕课型，在线教师在公共服务平台上建设开放课程，提供开放课程资源的同时也提供教学支持服务。当前，慕课型更受学习者欢迎。

开放自建课程应选择相对大型的公共服务平台（如爱课程网、学堂在线等），在所选择的公共服务平台上注册账号,并向平台主管机构申请建立开放课程,申请通过后,再按照公共服务平台的建课指引在平台上建设在线开放课程。建设完成的在线开放课程需要经过公共服务平台方的内容审核,审核完毕后,方可正式上线,面向社会提供开放课程服务。

第四节 桃李天下之爱心

用桃李比喻门生、学习者由来已久。比如,狄仁杰门生众多,累向武则天推荐将相多人,武则天谓仁杰曰:"天下桃李,悉在公门矣。"(《唐纪·唐纪二十三》)其中的桃李就是指他的门生(学生)。白居易的《奉和令公绿野堂种花》中也有"令公桃李满天下,何用堂前更种花?"对教师而言,桃李满天下是莫大的荣耀。

一、在线教师更易桃李满天下

相对于传统教育的教师,在线教师更容易桃李满天下。这是因为在线教学能够突破时空的局限,实施规模化教学。在传统课堂中,一般都是几十人或上百人的课堂(当然也会有上千人的课堂,但是这种课堂更像是演讲厅)。但对于在线教学来说,成千上万的学习者同时学习一门课程的情况比比皆是,且非常容易实现。在爱课程网、学堂在线等平台上,已有不少课程的学习者人数超过 10 万人。

比如中国大学 MOOC 上的 Python 语言程序设计慕课,其 2015—2020 年的学习人数多达 277 万人,开课人数最多的一期超过 77 万人,而且学习者来自全国各地,真正实现了桃李满天下的效果。具体见表 2-2。

表 2-2 Python 语言程序设计慕课的学生人数(2015—2020 年)

开课次数	学习人数(人)	开课时间
1	59,640	2015 年 09 月 28 日—2015 年 12 月 20 日
2	22,356	2016 年 03 月 07 日—2016 年 06 月 10 日
3	42,516	2016 年 09 月 19 日—2016 年 12 月 17 日
4	70,087	2017 年 03 月 01 日—2017 年 05 月 22 日
5	99,051	2017 年 09 月 26 日—2018 年 01 月 15 日

(续表2-1)

开课次数	学习人数（人）	开课时间
6	207,980	2018年03月13日—2018年07月10日
7	329,100	2018年09月18日—2018年12月07日
8	295,721	2019年03月11日—2019年06月17日
9	175,940	2019年07月04日—2019年08月29日
10	423,156	2019年09月17日—2019年12月09日
11	776,725	2020年02月18日—2020年05月12日
12	274,897	2020年07月07日—2020年09月08日
合计	2,777,169	

二、在线教学更需博爱之心

对教师而言，拥有信念的教育行动作为特定的精神活动，必须通过爱来完成。这也正是舍勒的理解，爱是精神活动中最为具体的行动。

（一）博爱之心乃师德之魂

"博爱之谓仁"出自韩愈《原道》，意为博爱乃仁爱。在韩愈看来，为师之道的精义即"仁"与"义"。尽管韩愈"师道"中的价值观已然不同于今日师德中的价值观，但是，韩愈的"师道"观为我们理解当代"师道"价值内涵提供了思想源泉。"子曰：有教无类"（《论语·卫灵公》），这句话体现了孔子不论出身的大教育理念，彰显了孔子的宽广心胸。

博爱是普适的爱，是大公无私的爱，是没有分别的爱，是真爱。对于在线教师来说，博爱之心是师德之魂。每一位在线教师都应该有博爱之心。博爱可分为"大爱"与"小爱"。

"大爱"是家国之爱。在线教师只有爱社会、爱祖国、爱人民，才会有家国情怀，才会有使命担当，才会于在线教学中传递正确的价值观，才能将家国情怀、勇担使命的精神融入在线教学，培养出德才兼备、德智体美劳全面发展的社会主义建设者与接班人。

"小爱"是对学习者之爱。教师只有真爱学习者，爱所有学习者，才会用心去教、用心去服务，对学习者不偏心、不溺爱。也只有爱学习者，像对待自己的亲人一样对待学习者，才会全心全意地打造精品在线课程，提供周全的学习支持服务，才会努力去满足学习者的学习需求,才会将学习者的成就当成自己的成就。

正所谓"君仁莫不仁,君义莫不义,君正莫不正"(《孟子·离娄上》),同理推及师生关系,教师有"仁",学生便会效仿而有"仁",教师有"义",学生也会效仿而有"义"。

仁爱之心是教师在教育教学中的素养。教师应以爱的方式、尊重平等的方式对待学生。爱的方式表现为尊重、平等、理解、包容,贯穿于其中的便是因材施教。"因材"即遵循每个学生的个性、背景、能力、愿望,尊重差异,包容分歧,而仁爱之心乃是因材施教的人性基础。①

(二)在线教学更需博爱之心

在线教师之所以更需要有博爱之心,主要有以下几方面的原因。

(1)在线教学师生之间处于准永久性分离状态,使得学生的学习有孤独感。因而,需要通过在线教师的主动交流,缓解学习者的学习孤独感,让学习者在虚拟的学习环境中也能感受到温暖,感受到被关照。这就需要在线教师能够感知学习者的孤独之心,能够用博爱之心关注学习者的学习状况。

(2)在线教学虽然交互便捷,但是仍然缺乏面对面的亲和感。当前的在线直播在一定程度上缩短了师生之间的距离,但缺乏面对面教学的亲和感。这需要教师充分利用信息技术手段和亲和的语言来缩短与学习者的心理距离,增强师生之间的亲和感。

(3)在线教学的学习者群体一般都较大,学习者的个性化需求往往难以得到满足。在这种情况下,教师可以选择不去满足,也可以选择尽可能地去满足。此时,在线教师是否有博爱之心就显得非常重要。在线教师可以充分利用信息技术,特别是智慧学习技术,利用数据挖掘与智能推送等技术,尽可能满足学习者的个性化学习需求。

(4)学习者的基础差异大,在线教师要适应学习者更为困难。学习者,特别是网络教育与开放教育的学习者,由于入学门槛低,学习者的知识基础差异较大。教师可以采取普适性的教学法,建设满足中等水平学习者学习需求的资源;也可以采取个性化的教学法,在满足中等水平学习者学习需求的同时,额外建设基础性的学习资源满足基础较弱学习者的学习需求,建设拓展性的学习资源满足基础更好学习者的学习需求。而教师的选择取决于教师是否有博爱之心。

---

① 田国秀、刘海芳:《习近平总书记关于教师的论述的理论内涵与思想特征》,载《教育研究》2019年第8期,第8—12页。

三、博爱学习者之法

博爱之心不是逼出来的，而是"悟"出来的，是发自内心地对学习者的爱。当然，外在因素的诱导和感染也非常重要。

（一）以生为本

以学习者的发展为导向，培养学习者的家国情怀。将"爱国、爱家"融入学习者的学习中，嵌入学习者的灵魂中，我们的国家才会有越来越强"爱国、爱家"的中坚力量，国家才会越来越强大，人民才会越来越团结，如此学习者才会有更好的发展。比如"无论到哪里都抵得上五个师"的钱学森、"人民的数学家"华罗庚都是爱国爱家的典型代表；中山大学的毕业训词"德才兼备、领袖气质、家国情怀"充分体现了中山大学对人才培养的定位，这也是教师教学的指挥棒。

对于在线教师来说，自身应该爱国、爱家、爱生，应该以生为本实施在线教学。第一，以学习者为中心，以助力学习者的成长为目标，进行在线课程整体设计。第二，立足能力本位，围绕学习者的职业发展建构教学内容，助力学习者的职业发展。第三，围绕学习者的学习习惯建构学习环境（如移动学习等），帮助学习者实现时时处处的学习。第四，基于便利学习者的方式开展在线教学（如网络直播等），提高学习者的学习效果。第五，用学习者惯用的交流方式建构交互网络（如微信、QQ等），使学习者乐用、乐学。

（二）用心服务

博爱之心体现在教学服务上，就是要尽职、尽情、尽责。"尽职"是在师德师风层面上，教师应该用心服务；"尽情"是在师生感情层面上，教师应该用博爱之心去感染学习者；"尽责"是在责任义务的层面上，教师应该履行"学为人师，行为世范"的职责，起到模范带头作用。具体来说，第一，要用心准备教学内容，做到教学内容科学、正确，内容体系适用、完善；第二，要用心建设教学资源，充分利用各种媒体技术，使得媒体呈现悦目、媒体内容精致；第三，要用心开展在线教学，做到教学流程清晰、教学环节适当、教学组织有序；第四，要用心提供教学服务，做到教学服务及时、服务形式多样、学习者对服务的满意度高；第五，要用心开展教学评价，做到评价方式多样、评价维度多元、评价结果公平。

（三）善待学习者

真正影响学习者价值观、世界观构成的教育，不是外在的说教或宣传，而是浸染于学习者对"为人之道"的体认与感悟过程之中，即贯穿于教师唤醒学习者"向学之心"与"向善之志"的行动之中。① 善待学习者，就是用善、用仁、用博爱之心对待学习者，对学习者付以真情、真心、真包容。

1. 善待学习者的时间

每一位学习者的学习时间都很宝贵，特别是在职学习者。在职学习者选择在工作之余学习深造，需要莫大的毅力和决心，需要牺牲宝贵的休息时间。因此，教师更应准备精炼、实用的教学内容，开展实际可行的学习活动，提供便捷畅通的交互渠道。不浪费学习者的时间，就是不浪费学习者的生命。

2. 善待学习者的情感

师生分离需要师生关系远距离的重建，教师应积极、及时地响应学习者提出的问题；鼓励学习者积极参与学习活动，真心对待每位学习者的请求，从而实现"学习者真诚地提问，教师真诚地回复，学习者真诚地感谢"。具体实例见图 2-7 所示。

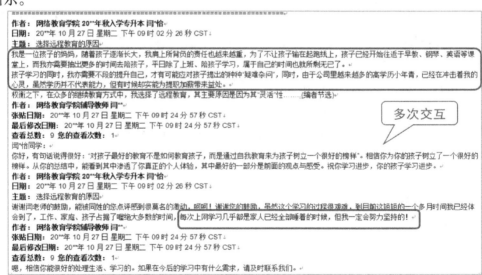

图 2-7　师生之间真诚地交互

---

① 朱晓宏：《论教师的价值引领：从志向到行动——基于舍勒的价值伦理学视域》，载《教育研究》2017 年第 10 期，第 106-113 页。

3. 善待学习者也是善待自己

在线教学具有规模效应，教师任何有利于学习者的教学改革与创新，都将使大量的学习者受益。比如，广东开放大学拥有 40 多万的开放教育学习者，如果在线教师所做的事情（比如资源开放等）能够让这些学习者都受益的话，那么，对于在线教师本人，也是一件颇有成就的事情。这个视角来看，学习者获得的成就，也就是在线教师自己的成就；善待学习者，也是善待自己。

本章小结

"正心"是在线教师开展在线教学的心境准备。"格物""致知""诚意"方能"正心"。"正心"还需"立心"，在线教师应有立志投身在线教学事业之心。

德与才，德为先。在线教师首先需要拥有立德树人之初心，将立德树人根本任务贯彻教学始终。相对于传统教学，在线教学面向的范围更广，面向的学习者群体更大，教学过程的监管更难，为此，在线教师践行立德树人的价值与意义更大。立德树人任务之贯彻需要以课程思政为抓手，以在线教学团队为核心，将在线课程的价值塑造目标与知识传授目标、能力培养目标融为一体，实现在线教学的全员、全过程、全方位育人。

互联网的开放性与传播的广泛性，使得在线教师的律己行为非常重要。自律与他律是促进在线教师律己的两种途径，其中自律是根本。在线教师的自律包括课前、课堂、课后的自律。采取激励性机制或约束性机制均能促进在线教师自律。"己欲立而立人，己欲达而达人"，立人需先立己。在线教师可以通过增强自身专业能力、提高在线教学能力、提升自身育人能力以及打造自身品牌来实现立己的目标。在"互联网+"时代，在线教师还应拥抱新理念、尝试新技术、探究新方法、接纳新知识。

我国的开放资源运动为在线教学的开放共享提供了优厚的条件与丰富的资源。在线教师作为立足互联网实施在线教学的职业，更应该拥有开放共享之公心。在线教师可通过在资源或课程层面引进社会优质资源或课程，提升自身课程的资源质量，维护学习者享受优质资源的权益；也可将自身建设的优质在线课程资源向社会共享，实现优质资源社会共享的最大化。

在线教学规模化的特点决定了在线教师更容易桃李满天下。然而，在线教学的规模化也使得在线教师需要面对更大的学习者群体，在线教学时空分离所带来的学习孤独感也需要在线教师更多地关爱学习者。在线教师只有具备桃李天下之爱心，方能以博爱之心面对所有学习者，方能以生为本、用心服务、善待所有学习者。这种博爱是真爱、普适的爱、大公无私的爱、没有分别的爱。

第三章
取势：在线教学之趋势

"势"是一种力量、惯性与趋向，也是一种环境。"势"有过去之势，也有当下之势，更有未来之势。分析过去之势，可以了解事物发展之轨迹；分析当下之势，可以知晓当下之环境；分析未来之势，可以预知未来之发展。"势"有有形之势，也有无形之势。

有形之势是可见之势，是一种具象的势，是大部分人都能看到的趋势。基于有形之势，可以在策略层面对事物发展做出分析和判断。比如，当教育部组织试点高校网络教育评估指标体系的研究时，我们就可以预见高校网络教育的质量评估就要开始了，相关试点高校就应该提前做好相应准备。又比如，《教育部关于办好开放大学的意见》（教职成〔2016〕2号）提道："到2020年，中国特色开放大学体系初步建成，现代信息技术应用更加成熟，优质教育资源更加丰富，学习条件更加先进，学习制度更加灵活，办学体系不断完善，基本满足多样化学习需求，为学习型社会提供重要支撑，为人力资源开发提供重要保障。"那么我们可以预见，教育部在2020年后应该会对开放大学进行相关的检查验收。总的来说，有形之势具有短期性、可感知性、较大的确定性，适合用来做较短时期内的发展规划或发展策略。

无形之势是尚未成形之"势"，是有形之势之上的一种"势"，是一种基于事物发展规律的大趋势、大方向。比如，我们可以基于社会发展之态势、未来大学发展之走势、信息化发展之趋势，感知未来社会、大学、信息化发展的"无形之势"。这种无形之势，是一种心中的引领，是一种无形的驱动。正是这种无形的驱动，才使得我们的社会在无形中、无感中、无意识中不断发展。也正是这种"无形之势"引领我们去思考、去创新，我们才能真正发现未来发展之路，才能在战略决策上高瞻远瞩，才能在战略层面做出正确的决策。

知晓势，方能取势，方能因时而动，顺势而为。《孟子·公孙丑上》有云："虽有智慧，不如乘势；虽有镃基，不如待时。"可见"乘势""待时"之重要性。

在线教师毋庸置疑地要对在线教学趋势有所把握。首先，需要了解信息技术发展之势，因其是在线教学的催化剂。知晓信息技术发展趋势及其在教育教学领域的应用前景，方能有的放矢地应用各种媒体技术开展在线教学。其次，需要了解在线教育的发展趋势，这是孕育在线教学的摇篮，能在更大视域中指引在线教学的发展。最后，需要知晓在线教学自身的发展趋势，掌握在线教学的发展方向。为此，本章的在线教学之势包括信息技术发展之势、在线教育发展之势、在线教学发展之势。在线教师只有感知了各个层次、各个维度的有形之势、无形之势，方能知晓在线教学发展的趋势与方向，才能有的放矢地去创新、去发展。

第一节　信息技术发展之势

在线教学因信息技术发展而生，也因信息技术的发展而得到发展与普及。信息技术是在线教学发展的第一推动力。了解信息技术的发展趋势，方能把控在线教学的发展方向。随着大数据、云计算、物联网等智能技术的发展，教育在转向智慧教育，教学在走向智慧教学，学习也在走向智慧学习。

一、信息技术演进路径

信息技术的应用不仅需要有前瞻性，也需要有开拓性。前瞻性能够帮助预测事物发展的趋势，而开拓性则是验证事物发展趋势的重要手段。只有前瞻性的预测不一定可靠，比如，1966年的《时代》杂志曾预测远程购物尽管是完全可行的，但终将遭遇失败，然而当下远程购物已成常态。又如，以太网的发明者罗伯特·梅特卡夫曾在1995年预测互联网很快将成为壮观的超新星，而到1996年就会遭遇灾难性的崩溃；然而互联网并没有崩溃，而是发展得越来越好。再比如微软CEO史蒂夫·鲍尔默曾在2007年认为iPhone根本就没有占据主流市场份额的机会，然而如今iPhone却已长期占据着主流市场。可见，只有前瞻性的预测，而没有开拓性的应用与实践，预测往往只能成为预测。

信息技术在在线教学中的应用正是在不断试错中获得发展的。

（一）资源建设技术的演进路径

1. 资源建设技术的演进方向

资源建设技术的演进方向主要有两个：专业化演进路径与平民化演进路径。

(1) 专业化的演进路径。信息技术特别是硬件技术的发展，使得资源建设经历了从单机位的视频录制到多机位的视频录制；从单一人像录制到视频与 PPT 融合性录制；从高清视频录制到虚拟演播录制；相信在不久的将来，VR、AR 技术也将在在线课程资源建设中得到普及应用。

(2) 平民化的演进路径。信息技术的发展推动了资源建设从专业化走向平民化，从专门的演播室录制到随时随地的网络直播录制，从专业录制课件到随时随地用手机制作课件。当前，只要教师有摄像头及视频、音频录制软件即可进行网络课件资源的制作。

2. 资源建设技术的演进路径

信息技术推动资源建设水平和质量的不断提升。从网络教育的角度来看，资源建设大体经历了这样的演进路径：图文类资源—三分屏课件资源—动画演示资源—高清视频资源—虚拟演播资源—虚拟现实资源。当然，这种演进路径不是绝对的，而是存在一定的交叉性。

(1) 图文类资源。本类资源是指用图片、文字所建构的网络学习资源，包括 Word、Excel、PPT 和 PDF 等资源，其中以 PPT 资源和 PDF 文档类资源为多。图文类资源具有文件体积小、占用网络带宽少的优点，在互联网初期具有很大的优势。即使在当下，图文型资源仍然是网络学习资源中不可或缺的部分。

(2) 三分屏课件资源。本类资源是 2000 年前后在线教学普遍采用的网络资源形式，实现了视频、音频与图文资源的混合和一体化。当时，也出现了一些专门的三分屏课件的制作公司和课件制作系统，如赛德康、未尔视讯等。三分屏课件融视频、音频与课件 PPT 为一体，其左上角为教师的图像视频，左下角为课件的内容目标，右边则为教师授课的 PPT，在实现了视频和文本一体化的同时，较小的视频图像使得课件的文件较小，占用带宽少，比较适合互联网带宽不足情况下的网络学习。（见图 3-1）

(3) 动画演示资源。本类资源是利用动画演示软件将教师的授课内容转变成动画。动画演示资源能够形象地展示教学内容，一直是精品课程资源的标配，但同时也存在制作难度大、制作成本高的问题。最早的动画制作软件是 Flash 软件，它是世界上第一个商用的二维矢量动画软件，用于设计和编辑 Flash 文档。现在的动画制作软件丰富多样，比较有代表性的有 MG（万彩动画大师）、Maya、Focusky、Flash 等软件。

(4) 高清视频资源。本类资源是随着高清交互屏的出现、高清摄像机的普及以及网络带宽与网络速度的提升而逐渐普及的一种网络课件。高清视频课件是一种更

第三章 取势：在线教学之趋势

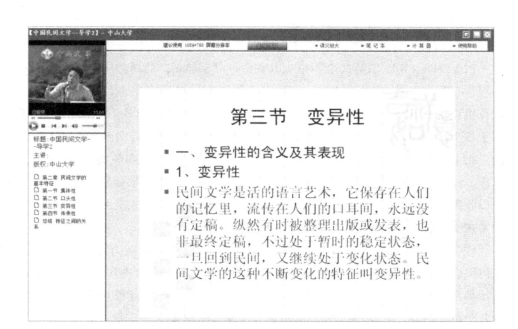

图 3-1 三分屏课件截图

接近课堂教学呈现的模式。在高清视频课件中，大型交互屏主要呈现教师的 PPT，教师一般站在交互屏的旁边，在教学过程中可以利用画笔在屏幕上圈点重点。高清视频课件的文件较大，但是教学内容的呈现效果很好。大型交互屏的尺寸一般为 60 到 100 寸，随着技术发展，也出现了尺寸更大的交互屏。高清交互屏的品牌很多，功能也日渐增多，比较有代表性的是希沃交互屏。

（5）虚拟演播资源。虚拟演播是基于虚拟抠像技术的成熟而产生的一种课件制作模式，该模式最早应用于影视拍摄。虚拟演播课件的制作可以实现教师授课影像与授课背景的随意切换。虚拟演播课件的录制一般需要有虚拟演播室，虚拟演播室的教师授课背景通常为绿幕或蓝箱。

（6）虚拟现实资源。本类资源是基于 VR、AR、3D 技术所建设的在线课程资源，通过充分利用虚拟现实可以实现虚拟与现实的融合，使得网络授课更接近现实，特别是在实验实训方面，其教学呈现的效果更接近现实。虚拟现实课件将是未来发展的趋势和方向。

（二）支持服务技术的演进路径

在线教学的学习支持服务随着信息技术的发展而发展。学习支持服务相关的信息技术的大体有这样的演进路径：BBS—wiki—微博—QQ—微信—人工智能。相应地,学习支持服务也经历了 BBS 服务—wiki 服务—QQ(群)服务—微博服务—微信(群)服务—智慧服务的演进过程。

(1) BBS。BBS 的英文全称是 bulletin board system,翻译为中文就是"电子公告板"。最早的一套 BBS 系统于 1978 年在美国芝加哥开发出来,1983 年出现个人计算机系统的 BBS。大约从 1991 年开始,国内出现了第一个 BBS 网站①,此后即应用于各个行业领域。早在 1997 年,黄宝珍就提出有必要有针对性地在全国范围内建一批 BBS 站点,聘请各类优秀教师及专家学者做顾问,从事各类学科的网上教育工作。这样,既可以形成全国范围的网上教育体系,又不需要巨额资金的投入,也可以收到较好的效果。② 在学习平台上设置 BBS 论坛进行师生交互长期以来成为一种常规支持服务模式。

(2) wiki。wiki 由沃德·坎宁安于 1995 年开发,是一种在网络上开放且可供多人协同创作的超文本系统,这种超文本系统支持面向社群的协作式写作。与博客、论坛等常见系统相比,wiki 具有以下特点。一是使用方便,能够快速创建、更改网站各个页面内容。二是格式简单,基础内容通过文本编辑方式就可以完成。三是链接方便,可以直接产生内部链接,外部链接的引用也很便捷。四是整个超文本的相互关联关系可以不断修改、优化。五是可记录页面的修订历史,页面的各个版本都可以被取得。六是社群内的成员可以任意创建、修改、或删除页面。③ 随后,出现了维基百科(Wikipedia),它是一个基于维基技术的多语言百科全书协作计划,是用多种语言编写的网络百科全书。wiki 被广泛应用于在线教学中,用于教师之间的协同备课,学生之间以及师生之间的协作性学习、探究型学习,等等。不过,wiki 的协作式文档编辑适合小组形式的、人数较少的协作学习,当同时参与 wiki 编辑的人数较多、单个文档较大时,就会出现 wiki 反应速度慢等问题。当前流行的腾讯文档、金山文档可以看成是 wiki 应用的本地化,如腾讯文档具有在线编辑、多人协作、快捷登录、实时翻译、远程演示、图片转文字、语音转文字及修订记录等功能。腾讯文档、金山文档在教育领域也正在得到普及与推广。

(3) QQ。QQ 是 1999 年 2 月由腾讯自主开发的基于互联网的即时通信网络工具,其合理的设计、良好的应用、强大的功能、稳定高效的系统运行,赢得了用户的肯定。QQ 被广泛应用于在线教学领域,特别是在学习支持服务方面,通过 QQ

---

① 参见《网络论坛》,见百度百科(https://baike.baidu.com/item/网络论坛),2021-03-15。
② 黄宝珍:《机遇与挑战并存——谈网络时代教育模式的转变》,载《机械职业教育》1997 年第 9 期,第 25-26 页。
③ 参见《wiki》,见百度百科(https://baike.baidu.com/item/wiki),2021-03-15。

视音频、QQ 直播、文本交流、文件传输等多样化的功能，实现对在线教学全方位的支持。QQ 文件的长期保存性及对大文件的包容性是其相对于后起的微信的优势。

（4）微博。2009 年 8 月，中国门户网站新浪推出新浪微博内测版，成为第一家提供微博服务的门户网站。微博作为 Web 2.0 时代有效的知识管理平台，具有去中心化和社会化的特点，提供了内容收集、创建、发布、管理、分享、合作、维护等功能，每个注册微博的个人都可以利用微博平台创建知识、管理知识和传播知识，实现信息的即时分享、传播互动。在微博中建立在线课程，可以进行基于微课程的在线教学与在线交互[1]，也可以基于微博开展实训教学[2]。

（5）微信。微信是腾讯公司于 2011 年 1 月 21 日推出的为智能终端提供即时通信服务的免费应用程序，是一种支持发送语音短信、视频、图片（包括表情）和文字的聊天软件。2012 年 3 月 29 日，在上线后第 433 天，微信用户破 1 亿；2020 年 3 月，微信及其海外版 WeChat 的合并月活跃账户数达 11.65 亿，同比增长 6.1%。在线教学中，微信及微信群被广泛应用于在线教学的师生交互、教学资讯的发布以及教学管理等方面。微信公众平台有实时交流、消息发送和素材管理等功能，可以基于微信公众平台建构微型在线课程，还可以基于微信小程序建构在线课程，开展在线教学的管理。

由此可见，信息技术在教学中的应用推动了在线教学的发展，提升了在线教学的服务能力与服务效果。随着人工智能技术的发展，将会有更多的信息技术应用于在线教学中，为在线教学服务。

（三）教学媒体技术的演进路径

信息技术的发展促进了教学媒体技术的演进。

学习平台经历了从 CAI（计算机辅助教学）软件到专门的学习平台，从功能简单的单纯用来呈现学习资源的平台到涵盖资源、交互与评价的全功能学习平台，从统计分析功能较弱的简易学习平台到智慧型学习平台的发展。在线教学工具经历了从传统的黑板到电子交互屏，再到交互式智慧屏的发展。在线学习终端经历了从 PC 电脑终端到笔记本电脑、PDA、智能手机，再到智能穿戴设备（如智能手环）、智能音箱的发展。教学交互工具经历了从传统的电话交流到 BBS 交流，再到 QQ 与

---

[1] 梁斌、李世平：《基于微博的微课程设计与开发》，载《现代教育技术》2014 年第 6 期，第 27 – 31 页。
[2] 戴军、张锋美：《微博在实训课程中的应用研究》，载《实验技术与管理》2015 年第 2 期，第 201 – 203 页。

微信交流的发展。资源存储媒体经历了从软盘存储到硬盘存储、光盘存储，再到移动存储的发展。

二、信息技术发展趋势

信息技术品类繁多，发展快速。信息技术对教育教学的促进作用在于信息技术与教育教学的结合，并推动了教育教学的发展。本节以当前主流信息技术为例，探讨信息技术发展对教育教学的促进作用。

与在线教学相关的信息技术主要有学习平台、数据分析、网络直播、ASR 与 TTS、智能感知、智能代理、自适应学习、知识图谱、虚拟现实、数字孪生等。各类信息技术之间及与在线教学的关系如图 3-2，内层技术与在线教学最为相关，在线教师也相对更为熟悉。从某种意义上讲，外层技术是内层技术的延展。从在线教学的发展视角看，外层技术将对在线教学产生更大的推动力。

图 3-2　应用于在线教学的各类信息技术

（一）学习平台技术

学习平台技术是建构在线学习系统、实现在线教学功能的各类信息技术的集合，通过实现线教学的资源呈现、教学辅导、教学交互、教学活动、教学评价等功能，实现对在线教学的全面支撑。信息技术的发展促进学习平台从简单工具型向智慧支撑型过渡。通过智能化的功能汇聚，使在线教学的实施与管理越来越便捷。

基于智能代理、数据智能分析与衔接技术，各类学习平台将不再有技术的隔阂，其数据的相互衔接也将不再存在技术障碍，各类教师的教学数据与学生的学习数据将能在各类平台中顺畅地流动。因此，在新技术的推进下，随着各类学习平台得到不断优化和整合，各类教与学的数据也将衔接为一体，逐步实现各级各类学习平台的无缝衔接，各类学习平台信息与资源的孤岛将被消除。基于数据的智能衔接、数据的智能统计与分析，教师在任何学习平台所实施的教学行为都能与其他学习平台实现数据的衔接。

（二）数据分析技术

数据分析技术的不断进步促进了在线教学的精准化、智能化，具体包括以下四个方面。

（1）精准的在线教学。采用大数据思维和方法，在对领域知识与学习者建模的基础上，通过对教学情境的精确感知以及对学习者的精细刻画，精准获取学习者的需求，再通过与学习服务的精准匹配，提供个性化的学习服务，或更高层次的智慧学习服务，比如口语测评、作文批阅、知识图谱、指尖识别等。利用人工智能对学习行为数据进行深度挖掘，帮助教师准确把握学生个体的认知特征和班级群体的共性问题。目前国内外开发的认知诊断模型有 70 多种，常见的有线性逻辑斯蒂克特质模型、多成分潜在特质模型、规则空间模型等，均能准确了解学生的认知结构和知识掌握情况。①

（2）智能的资源推送。通过建设大规模、细粒度的数字资源库，对知识内容进行特征标记，根据学生的目标、能力、个性特征等因素制订个性化的推送方案，实现学习者和学习资源的双向匹配，更好地满足学习需求。基于数据挖掘与分析技术，可以诊断学习者的学习基础和学习状态；基于大数据和平台功能提供智慧化资

---

① 马玉慧、王珠珠、王硕烁、郭炯：《面向智慧教育的学习分析与智能导学研究——基于 RSM 的个性化学习资源、推送方法》，载《电化教育研究》2018 年第 10 期，第 47 – 52 页。

源推荐，可以建设自适应的课程；基于学习者的基础、学习习惯与学习风格，可以推荐合适的学习方式与学习内容。比如，对于采取碎片化学习的学习者，可以推送移动学习资源；对于理论水平较高的学习者，可以推送更多的原理性知识，以提高其思维格局与水平；对于没有任何工作经验的学习者，则可以推荐系统的学习知识。另外，还可以面向学习者推送最适合其基础的试题，首先，可以基于学生的答题记录，利用教育数据挖掘的认知诊断分析方法获得每个学生的认知状态；然后，基于学生对知识点掌握情况，应用概率矩阵分解方法对学生的答题情况进行预测；最后，筛选出难度适合的推荐试题集。①

（3）智能的教学画像。通过整合教师、学习者、教学资源的基础数据，教师与学习者的行为过程数据以及各类教学评价数据，可以建立在线课程的大数据系统。利用大数据系统可以进行智能的数据挖掘，可以给教师和学习者画像，通过直观的图表、图像，提供智能化的评价服务。通过智能画像，可以精细刻画学习者的特征，洞察学习者的学习需求与学习取向，诊断学习者的学习行为，引导学习者的学习方向。

（4）智能的教学监管。通过学习者的学习过程与记录的智能感知，可以提供学业监测与预警，建立预测分析引擎，预测学习结果，比如预测学习者学习目标的完成速度、进度以及知识的掌握程度等。

（三）网络直播技术

网络直播技术主要包括视频、音频的采集和编码技术，视频、音频的流媒体传输技术，CDN（内容分发网络）技术，以及终端解码技术（PC终端和移动终端）等。不同技术路线和所使用的传输协议影响着网络直播的效果。随着网络直播技术的日益完善，网络直播在在线教学中的应用也得到了大范围的普及。

（四）语音识别技术与语音合成技术

语音识别技术（automatic speech recognition，ASR）是一种将人的语音转换为文本的技术。语音识别是一个多学科交叉的领域，它与声学、语音学、语言学、数字信号处理理论、信息论、计算机科学等众多学科紧密相连。随着语音识别技术的日益成熟与完善，语音识别技术可以应用在各个领域：可以利用语音识别技术测评

---

① 朱天宇、黄振亚、陈恩红、刘淇、吴润泽、吴乐、苏喻、陈志刚、胡国平：《基于认知诊断的个性化试题推荐方法》，载《计算机学报》2017年第1期，第176-191页。

学习者的听力与口语；可以将教师的授课课件中的音频资源自动转换为文字资源，使得学习者既可以点播视频、音频课件学习，也可以阅读教师授课视频、音频所转换的文字资源进行学习；可以通过将学习者的语音咨询转换为文字，再结合 TTS 等技术，即时为学习者的语音咨询提供语音回复。

语音合成技术（text to speech，TTS），是人机对话的一部分，TTS 能将文本转换为语音，让机器能够"说话"。这项技术同时运用语言学和心理学，在内置芯片的支持之下，通过神经网络的设计，把文字智能地转化为自然语音流。TTS 技术可对文本文件进行实时转换，转换时间之短可以以秒计算。在其特有的智能语音控制器的作用下，文本输出的语音音律流畅，使得听者在听取信息时感觉自然，毫无机器语音输出的冷漠感与生涩感。TTS 是语音合成应用的一种，它可将储存于电脑中的文件，如帮助文件，转换成自然语音输出，因而不仅能帮助有视觉障碍的人阅读计算机上的信息，更能增加文本文档的可读性。① TTS 技术在教学中得到了广泛应用，比如，学习者可以利用 TTS 技术将文本学习资源转换为音频学习资源，使得学习者从利用视觉学习转变为利用听觉学习。又比如，学习强国 App 上的很多文本类资源均可通过 TTS 技术进行智能化朗读，让受众在特别环境中，如驾驶过程中，也能通过听读来获得文字资源的信息。

（五）智能感知技术

智能感知技术是依托传感器实现对各类学习场景与环境的智能感知。根据国家标准《传感器通用术语》（GB/T 7665—2005）对传感器的定义，传感器是能感受被测量并按照一定的规律转换成可用输出信号的器件或装置。通过利用 ZigBee（紫蜂协议）、RFID（无线射频识别）、WSN（无线传感器网络）、IPCAM（网络摄像机）等传感器技术，可以实现学习情景的智能感知。学习情景的智能感知包括对用户类型、用户行为、学习场景、师生上线、学习进程以及学习目标达成的感知。

通过对学习终端感知，可以智能推送最适合该学习设备及配套操作系统的资源和界面，如基于学习终端的屏幕推送最合适的学习界面，基于学习终端的操作系统（如 Windows 系统、Android 系统、OS 系统等）提供相匹配的在线课程学习界面，实现最舒适的学习体验。

通过对学习地点的智能感知，可以建构相邻学习者的朋友圈、交流圈，帮助学习者获取最近的学习支持服务等。

---

① 参见《TTS》，见百度百科（https：//baike.baidu.com/item/TTS），2021-03-15。

通过对网络带宽的智能感知，还可以为学习者智能推送适合学习者网络带宽的资源格式与学习内容。如对于网络带宽较窄的边远地区，可以通过自动的视频格式转换提供文件较小、占用带宽较少的资源。

（六）智能代理技术

智能代理技术是人工智能技术的一个应用领域，它使计算机应用趋向人性化、个性化，如 Office 助手就是一种智能代理。代理软件通常会在适当的时候帮助人们完成最迫切需要完成的任务。智能代理是将代理视为在某一环境下能持续自主地发挥作用、具有生命周期的计算实体，具有自主性、社会性、反应性、主动性、合理性、学习和适应性、推理能力等特征。[①]

对于在线教学来说，可以利用智能代理技术创建教师智能助手，在教师缺席的情况下，智能助手能够利用在线课程的知识库为学习者答疑解惑，起到辅导教师的作用。

（七）自适应学习技术

自适应学习技术指学习者参加在线学习活动时，学习软件或学习平台能根据学习者的需求与学习状况进行在线学习的智能调整。自适应学习技术旨在为每位学习者定制学习体验，通过分析与学习者相关的数据，预测出学习行为的发展趋势，从而为学习者创设个性化的学习环境与学习体验。

通过各类媒体技术和智慧学习技术的应用，可以建设自适应的学习资源。这些自适应的学习资源能够适应各类学习终端，就像变形虫一样，使得学习者在任何学习终端都能获得赏心悦目的学习资源，使学习资源真正变得普适化、泛在化。

（八）知识图谱技术

知识图谱（knowledge graph），在图书情报界被称为知识域可视化或知识领域映射地图，是显示知识发展进程与结构关系的一系列不同的图形，用可视化技术描述知识资源及其载体，挖掘、分析、构建、绘制和显示知识及它们之间的相互联系。它把复杂的知识领域通过数据挖掘、信息处理、知识计量和图形绘制显示出来，揭示知识领域的动态发展规律，为学科研究提供切实的、有价值的参考。知识

---

① 参见《智能代理技术》，见百度百科（https://baike.baidu.com/item/智能代理技术），2021 - 03 - 21。

图谱的应用主要体现在智能搜索、深度问答与网络社交等方面。①

（1）知识体系的建构。基于知识图谱，可以建构基于课程、专业和学科的不同层级的知识关联体系；通过知识关联体系，可以基于学习者的知识基础，在知识图谱中定位学习者所在位置，并以此为依据，智能推送学习者需要学习的相关课程知识。

（2）智能搜索。在用户输入搜索项后，先进行语义的解析，对查询的描述进行归一化、精准化，再基于关键词进行知识库的智能匹配。查询的返回结果，是搜索引擎在知识库中检索相应的实体之后给出的完整知识体系。

（3）深度问答。问答系统是信息检索系统的一种高级形式，能够以准确简洁的自然语言为用户提供问题的解答。多数问答系统更倾向于先将给定的问题分解为多个小问题，再逐一去知识库中抽取匹配的答案，并自动检测其在时间与空间上的吻合度等，最后将答案进行合并，以直观的方式展现给用户。可见，知识图谱是在线问答智能化的基础和前提。

（4）社交网络。脸书（Facebook）于2013年推出了图谱搜索（Graph Search）功能，其核心技术就是通过知识图谱将人、地点、事情等联系在一起，并以直观的方式支持精确的自然语言查询。例如，输入查询式"我朋友喜欢的餐厅""住在纽约并且喜欢篮球和中国电影的朋友"等，知识图谱会帮助用户在庞大的社交网络中找到与自己最具相关性的人、照片、地点和兴趣等。② 如应用于在线教学，学习者则可以利用知识图谱搜索到志趣相投的学习伙伴。

（九）虚拟现实技术

虚拟现实技术极大地拓展了我们的感知手段，在虚拟的世界中，我们可以通过模拟仿真进行学习、训练、探索等。例如，可以通过虚拟现实技术训练战斗机驾驶员的操作，减少实操的危险和费用。而增强现实技术能将网络虚拟世界叠加到真实的世界，让世界按照我们需要的方式呈现。例如，将虚拟的人体构造叠加到真实的人体模型上，更加生动形象地展示人体的内部结构。

当前，在线教学的软肋是实验实训环节的网上实现。利用虚拟现实技术，特别是AR、VR技术，可以极大地促进实验实践类课程的网络化，让学习者通过虚拟的演示和操作即可感受现实的实操实训环节。一些企业已经在学科专业或课程层面开

---

① 参见《知识图谱》，见百度百科（https://baike.baidu.com/item/知识图谱），2021-03-21。
② 顾鹏：《什么是知识图谱？》，见知乎（https://zhuanlan.zhihu.com/p/71128505），2021-03-21。

发出了一些虚拟实验实训平台,实现了虚拟的网络实验实训。

虚拟现实技术不仅可用于实验实训环节,而且可以应用于教学辅导环节,通过开发 AR 教师实现智能化的机器人辅导。还可用于资源建设环节,建设基于虚拟现实的学习资源,增加学习者的学习沉浸感。

(十) 数字孪生技术

数字孪生技术是指在特定的数据闭环中,在指向性的多维异构数据驱动下,创建物理实体(系统)相对应的动态高仿真数字模型,以提供不同情境下面向特定对象的主动或响应式服务。数字孪生技术的发展,按照技术整合的层级,可以分为虚实连接、虚实融合及虚实共生三个阶段。人类社会正处在一个虚实相融的混合空间之中,数字孪生技术为当下虚拟空间与物理空间的融合,带来了一种新的可能,即虚实共生。①

对于在线教学来说,利用数字孪生技术,可以创建数字孪生课堂,实现虚拟教学场景与现实教学场景的融合与共生;可以构建师生数字孪生体,极大提升师生在虚拟教学场景中的真实存在感,学习者能真实地感觉到教师的存在,教师也能感受到学习者真实的存在;可以创建数字孪生车间,极大促进实验实训的网络化,为在线教学赋能。

第二节 在线教育发展之势

在线教育是运用互联网、人工智能等现代信息技术进行教与学活动的新型教育方式,是教育服务的重要组成部分。发展在线教育有利于构建网络化、数字化、个性化、终身化的教育体系,有利于建设"人人皆学、处处能学、时时可学"的学习型社会。② 这里的在线教育涵盖所有开展在线教学的教育类型,体现了在线教育正在从幕后走向台前。然而事实上,在线教育作为教育类型已经有了不短的发展历

---

① 褚乐阳、陈卫东、谭悦、郑思思、徐伽忆、徐浩然:《虚实共生:数字孪生(DT)技术及其教育应用前瞻——兼论泛在智慧学习空间的重构》,载《远程教育杂志》2019 年第 5 期,第 3–12 页。

② 参见《教育部等十一部门关于促进在线教育健康发展的指导意见》,见中国政府网(http://www.gov.cn/xinwen/2019-09/30/content_5435416.htm),2021-03-21。

程，其起始于 1999 年的现代远程教育试点。目前，在线教育主要以开放教育、网络教育（现代远程教育）与在线培训三种形式存在，其中，开放教育与网络教育属于学历继续教育，在线培训属于非学历继续教育。这三种教育类型代表了在线教育的主流，也能体现在线教育的主要特征。

对在线教育发展的思考，是对在线教育发展历史的回顾，也是对当下在线教育的观照，更是对在线教育未来发展的预测。在线教育的未来发展是对教育文明演进的传承，是对在线教育当下问题的突破，也是信息技术催生下的教育创新发展。在线教育发展之势，既有有形之势，也有无形之势。其有形之势在于对在线教育当下问题之突破，其无形之势在于顺应社会经济发展的教育创新。

一、在线教育发展历程

从在线教育的发展历程看，在线教育的发展可分为三个阶段：萌芽期、成长期、成熟期。

（一）萌芽期

在萌芽期，教育是主角，互联网是配角。互联网通过不断地发展，渗透进教育领域，改变了教育教学，如从最初的计算机辅助教学，到光盘型网络课件的应用。在该阶段，互联网主动向教育靠拢。但是，由于当时互联网技术尚不是很成熟，在教育中利用互联网技术有生搬硬套之嫌，最常见的做法是教材的电子化、网络化。在这个阶段，教育对于互联网是生疏的，互联网对于教育也是生疏的，两者的结合是不紧密的、相对松散的。

（二）成长期

在成长期，互联网已经渗透到社会的各个行业和领域，特别是物联网的出现，使得教育已经离不开互联网，教育开始主动向互联网靠拢。特别明显的是在新冠疫情防控期间，教育行政部门推出的"停课不停学"举措，极大地推动了普通教育应用互联网开展在线教学。这一阶段的到来，预示着互联网对教育的贡献越来越大，教育已经离不开互联网。互联网与教育的结合进入了紧密结合期。

（三）成熟期

在成熟期，信息技术已经与教育教学深度融合，互联网作为一种工具、手段、载体渗透到教育的各个领域和各个环节。教育中有互联网,互联网中有教育。两者你中有我,我中有你,不可分离。

二、在线教育发展现状

在线教育以开放教育、网络教育与在线培训为代表,这三种教育类型代表了在线教育的主流,既能够体现在线教育的主要特征,也能揭示在线教育存在的问题。

(一)开放教育

1. 开放教育之发展

开放教育是以现代信息技术为支撑、以在线教学为主体的学历继续教育类型。开放教育是基于中央广播电视体系所开展的远程教育试点,属于第三代远程教育。1999 年,为适应新一代网络技术的发展,满足社会公众更广泛的学习需求,教育部办公厅印发《"中央广播电视大学人才培养模式改革和开放教育试点"项目研究工作实施意见(试行)》(教高厅〔1999〕4 号),中央广播电视大学开始实施人才培养模式改革和开放教育试点项目。开放教育试点以后,中国广播电视大学的发展驶上了"高速路",在校学生人数从 1999 年的 3 万多人发展到 2008 年的 276.6 万人。① 广播电视大学在教育部、各级党委、政府及相关部门的正确领导和大力支持下,实现了整个办学系统的协调和快速发展,取得了巨大的办学成就。②

2012 年,教育部批准基于中央广播电视大学建立国家开放大学,还批准了 5 所地方开放大学,即广东开放大学、北京开放大学、上海开放大学、江苏开放大学、云南开放大学,形成了"5 + 1"开放大学格局。开放大学属于新型本科高校,可以自主开设学历教育专业,颁发学历教育毕业证书和学士学位证书。国家开放大学有 45 个省级分部、14 个行业学院、4000 多个学习中心。2019 年,国家开放大学有注册在学本专科学生 400 多万名,约占全国高等教育在校生总数的十分之一。其中,来自中西部基层、农村地区的学生多达 211 万名,占 50% 以上;30 岁以上学生 170 万名,约占 40%;女性学生 183.5 万名,占 45%。此外,有士官学生 13 万名,残疾学生 4 千多名,农民学生 17 万名。③

---

① 杨志坚:《中国开放大学之路》,载《中国远程教育》2019 年第 6 期,第 1 - 7,92 页。
② 参见《国家开放大学》,见百度百科(https://baike.baidu.com/item/国家开放大学),2021 - 03 - 15。
③ 杨志坚:《中国开放大学之路》,载《中国远程教育》2019 年第 6 期,第 1 - 7,92 页。

2020年9月,《教育部关于印发〈国家开放大学综合改革方案〉的通知》(教职成〔2020〕6号)提出"经过5年左右时间,通过改革和优化开放教育办学体制机制,解决定位不清晰、体系不健全、质量不高等问题,使国家开放大学成为我国终身教育的主要平台、在线教育的主要平台和灵活教育的平台、对外合作的平台,成为服务全民终身学习的重要力量和技能社会的有力支撑"。该文件的关键是推进39所尚未更名的省级广播电视大学更名为开放大学,使得国家开放大学真正成为一个全国性的开放大学体系。同时,也将在线教育平台提到了重要的位置。然而值得注意的是,本次更名的39所省级开放大学将不会像其他5所已更名的省级开放大学那样具有独立办学权。

2. 开放教育之优势

当前,开放大学是开放教育的办学主体,也是开放教育实施的载体。相对于其他形式的学历继续教育,开放教育办学主要有以下几方面的优势。

(1)体系优势。开放大学脱胎于广播电视大学,沿袭体系化办学的优势,办学网点遍布办学区域的各市、地、县。以广东开放大学为例,广东开放大学下辖19所市级开放大学、69所县级开放大学、21所行业分校、50多所社区学院、40余所老年大学,拥有覆盖全省城乡的办学网络,超过5000名的熟悉信息化教学的教师队伍,同时建立了一系列的在线教学技术规范、管理制度与质量保障体系。广东开放大学还依托体系建设了广东终身学习网,并在各市、县设立了子网。开放大学体系是全国唯一能深入社区和乡镇的教育体系,这个体系在终身教育体系、学习型社会建设中可以发挥不可替代的独特作用。

(2)教学优势。开放教育的教学采取体系协同的教学模式,实施线上线下一体的混合式教学,学习者能够通过自主的网络学习,实现教学时空的跨越,解决了工学矛盾。同时,又能够通过参加基层开放大学所提供的线下教学辅导服务,获得及时、面对面的学习支持,弥补了网上教学的不足,实现了线上教学与线下教学的优势互补。

(3)终身教育优势。开放大学是终身教育体系建构的核心力量,是名副其实的终身教育大学。开放大学所开展的开放教育,可以以学分银行为载体,以资历框架为媒介,实现与各级各类教育的融合,特别是与开放大学自身的老年教育、社区教育、培训教育等相互融合,使得开放教育更容易融入终身教育体系。各级基层开放大学作为当地教育行政部门的直属单位,是承担地方终身教育体系建设的不二选择,在学习型社区和学习型城市建设中,更能充分发挥开放教育的作用。

3. 开放教育之挑战

然而,开放教育也面临着严峻的挑战。

(1) 来自高职院校扩招的挑战。2019 年 3 月，国务院在《政府工作报告》中提出"改革完善高职院校考试招生办法，鼓励更多应届高中毕业生和退役军人、下岗职工、农民工等报考，今年大规模扩招 100 万人"。为贯彻落实《政府工作报告》，教育部等 6 部门出台了《高职扩招专项工作实施方案》，主要面向普通高中毕业生、中职（含中专、技工学校、职业高中）毕业生、退役军人、下岗失业人员、农民工和新型职业农民等报考高职院校的群体。2019 年 12 月，教育部《关于做好 2020 年普通高校招生工作的通知》（教学〔2019〕4 号）提出："各地各校要深入总结高职扩招工作经验，针对高中毕业生、退役军人和下岗失业人员、农民工、新型职业农民等不同群体的特点和受教育状况，实行分列招生计划、分类考试评价、分别选拔录取。加大高职教育资源统筹，进一步扩大高职分类招考规模。"可见，面向社会在职人员的高职教育扩招已成常态。特别是高职教育扩招面向的群体不仅与开放教育的群体基本一致，而且扩招的学生虽然采取以业余学习为主的方式，但所获得的学历文凭是高职院校全日制教育的学历文凭，其文凭的含金量显著高于开放大学的文凭含金量。因而，持续开展的高职教育扩招工作，使得原本计划报读开放教育的人士或已在读的开放教育学生更愿意转读高职教育。

(2) 来自高校网络教育放开的挑战。普通高校网络教育试点工作迄今已超过 20 年，作为教育领域难得一见的超长时间试点，68 所普通高校网络教育试点的"独食"与"垄断"也该是时候结束了。已经启动的普通高校网络教育评估指标体系的制订工作，或许是网络教育试点工作结束的一个信号。无论如何，网络教育作为教学方式对于以在职人员为主的继续教育具有非常明显的优越性。网络教育放开是一种必然趋势，它也将给开放教育办学带来严峻的挑战。

(3) 来自自身品牌与质量的挑战。尽管开放大学的开放教育具有庞大的支持服务队伍，以及体系办学和线上线下相结合的优势，然而，当开放大学直面普通高校的继续教育办学时，开放教育在学校品牌与教学质量上的弱势就凸显出来了。在同等条件下，在职学习者更愿意报读品牌与师资更好的普通高校的继续教育。同时，这也进一步激励开放大学要更加关注优质资源的建设、教学过程的监管监控和教学质量的提升。

（二）网络教育

1. 网络教育之发展

网络教育是指普通高校所开展的现代远程教育。我国的网络教育试点与开放教育试点几乎同步启动。1998 年 7 月，教育部指定清华大学、浙江大学、北京邮电大学、湖南大学4所普通高校进行现代远程教育试点。自1999年开始，教育部先后批准了68所普通高校开展现代远程教育试点。普通高校的现代远程教育试点，为普通高校的教育信息化工作的推进起到了示范作用。

普通高校网络教育的办学模式主要有三种类型。一是服务外包模式，即高校网络教育学院将技术服务、资源建设服务等技术性外包给企业，由企业提供技术支持，高校网络教育主要负责教学的组织、管理与实施；二是校内协作模式，即网络教育由高校内多个部门共同协作开展，比如中山大学的网络教育，其在线教学与资源建设由院系负责，技术支撑工作由学校的网络与信息技术中心负责，网络学院负责学习中心建设、招生、教学教务管理等工作；三是独立运作模式，即高校网络教育学院具有完整的办学功能，独立运作，自主性强，涵盖招生、教学、教务、学习中心建设与管理等一系列工作。①

2. 网络教育之优势

相对于开放教育来说，网络教育主要表现出三大优势。

（1）师资优势。主要依托高校自身教师开展的网络教育，师资中不乏教授、博导、名师、名专家。比如，中山大学网络教育的主讲教师中，本校高级职称的教师占比超过60%。

（2）资源优势。在线课程资源主要由高校自身教师建设，基于其普通教育高水平的专业资源、课程资源以及优秀的师资，网络教育学院的专业课程资源相对更为优质。尽管有些高校的教师参加网络教育不算工作量，但是，出于对其自身声誉的维护，也会认真做好在线课程资源。

（3）品牌优势。网络教育试点高校绝大部分是"985""211"高校，高校自身的品牌以及附属于其上的学历文凭，使得网络教育在招生方面有着天然的优势。

3. 网络教育之挑战

网络教育试点虽然存在不少优势，但也面临诸多挑战。

（1）网络教育试点高校退出的挑战。开办网络教育试点的普通高校都是"985"或"211"等名牌大学，总体来说，这些学校对网络教育可以说是"爱恨交加"。"爱"，是因为网络教育教育规模化办学给普通高校（特别是内地高校）带来了宝贵的办学收益，这些可自由支配的办学收益有助于普通高校的发展，普通高校自然很高兴。"恨"，是由于网络教育生源质量低、教学管理相对松散等原因，网络

---

① 曾祥跃：《远程教育学习支持服务运行体系分析》，载《高等继续教育学报》2014年第3期，第8－12页。

教育的教学质量与本校普通教育的教学质量不可同日而语，虽然毕业证书有网络教育的标识区隔，普通高校仍然担心其影响本校的声誉和品牌。这种对网络教育"爱"与"恨"交加的情感，使得普通高校在办学经费越来越充足的情况下决定停办网络教育，而不再顾及其在社会服务方面为高校、为社会所做的重要贡献。迄今，已有清华大学、北京大学、中国人民大学、北京航空航天大学、复旦大学、上海交通大学、同济大学、浙江大学、东南大学、中国科技大学、哈尔滨工业大学、华中科技大学、武汉大学、中山大学、中南大学、湖南大学、华南理工大学等高校陆续退出网络学历教育，比例超过网络教育试点高校的1/4。而普通高校网络教育的退出，也给了函授教育发展的机会。2017—2019年，出现了网络教育比例降低，函授教育比例上升的现象。网络教育作为比函授教育更先进的教育方式，函授教育的比例增长，网络教育的比例降低，可说是一种历史的倒退。比如2017年，学历继续教育在校生的比例为夜大学占比10%，函授占比30%，网络教育占比60%；到了2018年，其比例为夜大学占比11%，函授占比37%，网络教育占比52%；而在2019年，比例变为夜大占比10%，函授占比41%，网络教育占比49%。由此可以看出，网络教育的退出，给了函授教育发展的空间，然而，从信息技术的发展视角来看，这并非好事。

（2）网络教育可持续发展的挑战。随着高校扩招的持续进行，网络教育与开放教育等学历继续教育的生源市场在逐渐萎缩。近年来，成人高考的录取分数线不断降低，很多高校的成人高考招生计划数甚至大于报考人数。面对日渐萎缩的学历继续教育市场，学历继续教育的生源竞争也在日渐加剧。为适应这一变化，高校需要有较强的市场开拓能力来维持或扩大自己的市场份额。然而，长期以来网络教育的办学垄断性和学历文凭的诱惑性，使得高校即使采取"姜太公钓鱼"式的招生宣传，也能招收到学生。因此，长期的"养尊处优"以及相对薄弱的市场意识，使得网络教育的市场开拓能力有限，现有市场开拓能力难以支撑高校网络教育的可持续发展。

（3）网络教育规模与质量的挑战。2019年12月，《教育部办公厅关于服务全民终身学习 促进现代远程教育试点高校网络教育高质量发展有关工作的通知》（教职成厅〔2019〕8号）提出要"严把入口关，加强招生管理工作"；"严把过程关，规范人才培养环节"；"严把出口关，做好毕业管理工作"；"网络教育学生数将按国家规定计入各高校折合在校生规模，作为测算学校办学条件的基础数据之一"；"将把试点高校网络教育办学情况纳入质量常态监测和高校评估范围"；"高校继续教育发展年度报告作为校务公开的重要内容向社会公开"；"推动网络教育毕业生达到相当于本校全日制同类专业的水平"。可见，教育行政部门对于网络教育办学质量的要求将会越来越严格。网络教育的办学规模关系自身的生存发展，网络教育的自觉自律关系自身的责任与义务；平衡网络教育的规模与质量之间的关系，既需要网络教育的自律，也需要来自外部的他律。网络教育之自律是指通过对自身发展的规划、办学规模的控制、教学过程的完善，促进教学质量的提升。网络教育之他律是指依靠教育行政部门的政策性举措，如通过组织开展网络教育质量评估，以评促建、以评促改，促进高校网络教育的规范发展。另外，还可以通过社会的监督行为促进教育机构的规范发展，比如，社会对高校网络教育招生不规范行为或者考试作弊行为等的举报和投诉，有助于促进高校网络教育机构的规范发展。

（4）网络教育转型的挑战。从高校自身定位与发展看，网络教育向在线培训转型有其应然性。然而，网络教育的转型关键在于网络教育从业人员角色与观念的转型，网络教育的从业人员是以管理为主的"甲方"角色，而在线培训的从业人员则主要是以服务为主的"乙方"角色，网络教育从业人员从"甲方"角色转换为"乙方"角色并非易事。这也将是网络教育所面临的一大挑战。

尽管网络教育面临着一些挑战，一些名校也基于维护自身品牌的原因，逐步退出学历继续教育。然而，在学历继续教育的各类教育中，网络教育的教学方式是最为先进的教学方式，因其充分利用现代信息技术，突破了教学时空，实现了随时随地的学习，能够满足社会成员终身学习的需求。为此，高校学历继续教育只要还存在，则网络教育必然会优于当前的函授教育与夜大学，用网络教育模式替代函授教育，改造夜大学有其必要性。

（三）在线培训

信息技术促进了传统培训业务向网络延伸，促进了在线培训的发展。

1. 在线培训之发展

按照在线培训的举办主体，可以分为政府类在线培训、企业类在线培训以及高校类在线培训。

（1）政府类在线培训。这类培训主要面向党员干部，培训量巨大。如中国干部网络学院，其党校分院的注册人数19万人，访问量4亿人次；浦东分院注册人数23万人，访问量342万人次；企业分院注册人数17万人，访问量近3亿人次。[①]

（2）企业类在线培训。这类培训主要面向企业自身员工的在线培训。一般而

---

① 以上数据基于2020年1月29日该学院网站数据。

言，大型企业的在线培训的体系完善，培训量大，如中国电信网上大学、中国移动企业大学、中国工商银行网络大学、腾讯大学等。此外，还包括专门面向社会开展的在线培训，如新东方在线、正保教育等。

（3）高校类在线培训。这类培训是高校面向社会的在线培训，如北京外国语大学"北外网课"、东北财经大学"东财在线"等。

按照在线培训的媒体形式，在线培训还可分为课程类在线培训、视频类在线培训与音频类在线培训。课程类在线培训是指以培训课程为单元，采取视频、音频、文本一体化的混合式媒体实施的培训方式。视频类在线培训，主要是讲座类在线培训，以主讲者的视频授课内容为主体。音频类在线培训主要以音频形式在移动端展示各类资源，如喜马拉雅。

2. 在线培训之优势

相对于网络教育与开放教育等学历在线教育，在线培训具有鲜明的特点。

（1）更强的市场性。在线培训不像学历继续教育具有垄断性门槛，在线培训遵守市场化规则，培训机构可以根据市场需要，随时设置在线培训项目，开展在线培训。教育行政部门对在线培训的约束相对较少，在线培训的生存状态很大程度上取决于自身的生存竞争能力。

（2）更重视实用性。在线培训的学习者更希望获得"所见即所得"的效果。虽然有些资格证书类的培训项目对于学习者有一定的吸引力，但是其吸引力自然不及有教育行政部门背书的学历教育证书。因而对于在线培训，学习者更看重的是获得真实的能力、提升实用的技能。

（3）更注重"短平快"。在线培训的学习者更希望在尽可能短的时间内获得更多的学习收获，希望学习时间短，所投入的成本（含时间与经济成本）低，获得知识和技能的速度快。

（4）更强调以学习者为中心。因为在线培训的买方市场特点，在线培训的学习者，特别是基于自身兴趣的学习者，更在乎培训项目的吸引力，因而在线培训只有真正以学习者为中心，才能吸引学习者的加入。

3. 在线培训之挑战

然而，在线培训也面临着许多挑战。

（1）培训内容设计的挑战。在线培训是培训市场说了算，而不是教育机构一相情愿的"自娱自乐"。为此，需要通过专业的培训设计，设计出适需的培训项目，建构出适需的培训课程，聘请适需的培训教师，才能产生预期的收益。

（2）培训人员配备的挑战。对于在线培训，不仅需要熟悉在线教学规律的教学人员或教学团队，更需要熟悉市场策划、营销与服务的人员，而这些人员与学历教育人员有很大的差异性，需要进行专门的培训。

（3）培训体制机制的挑战。建立配套、合适的市场化运行机制是在线培训的保障，如适需的绩效考核机制，常规化的员工内训和外训机制等。

三、在线教育发展趋势

（一）教育机构职能化

教育机构职能化是指教育机构基于教育教学的职能进行分工协作，教育机构只承担教育教学环节中的特定职能。信息技术的发展，使得在线教育机构和高校都呈现职能化发展趋势。

我国的在线课程开放运动，极大程度上促进了优质资源的开放共享，特别是在新冠疫情防控期间，利用公共服务平台上的开放课程实施SPOC教学成为普遍现象。随着在线课程开放运动的持续推进，名校、名课程、名专业（特色专业）、名教师将在公共服务平台上不断富集，学习者逐渐被优质资源所吸引，公共服务平台上的同类资源将出现严重分化，赢者通吃将成为现实，互联网上的在线开放课程将出现"只有第一，难有第二"的局面。在线开放课程不仅在公共服务平台上不断分化，走向垄断，也将威胁线下课程的生存。比如，中山大学的行政管理学专业在全国首屈一指，如果将中山大学的行政管理专业课程作为慕课在网上共享，那么专业教学力量较弱的高校可以通过慕课共享这些资源，而没有必要再进行低水平的重复建设。如果教师仍然坚持用自己有限的专业知识讲授课程，学习者可能会说"老师，慕课上教师讲得比你好多了，我想听慕课课程"，这个时候，教师将何其尴尬，普通高校教师的生存危机也将由此凸显。

所谓职能化的教育分工是指基于教育教学流程进行职能分工。对于一般性的大学、没有专业优势或特色的大学，利用名校优质资源开展在线教学将成为应然选择。一般性高校的教师可以转变为辅导教师，基于名校优质资源提供学术性和技术性的支持服务，帮助学习者消化、巩固和吸收教学内容。也就是说，一般性的高校将转变成消费型或辅导型的高校。而名校可以依托自身品牌专业和优质师资，主要从事优质资源的生产，即名校将转变成以优质资源生产为主体的生产型、主讲型高校。由此可见，随着在线开放课程运动的不断推进，高校之间将出现明显的分化与分工。当然，一般性高校也会依托其特色专业或优秀教师所建设的优质资源将某些专业打造成慕课专业。

（二）教育类型融通化

教育类型融通化是指以课程为建构起点，实现对各类非学历教育项目、学历教育专业及专业群的课程建构，使得各类教育基于课程实现融通一体。教育类型的融通化既包括在线教育内部各类教育的融通一体，也包括在线教育外部各类教育的融通一体。

随着我国终身教育资历框架体系与学分银行的不断推进，各类教育将以课程为单元、以学分为载体，以资历框架为媒介，实现课程之间的有机组合。基于这种课程之间的有机组合和不断聚集，将自下而上地形成非学历教育项目、学历教育专业以及学科专业群。这种基于课程有机组合而形成不同教育类型的模式即融通型的教育建构模式。在该模式下，各级各类教育将不再有"井水不犯河水"的显著界限，各类教育将基于课程单元的有机组合而形成，各种教育类型因为课程的有机组合而实现跨越与融通。由此，课程成为构建各级各类教育的基本单元。非学历教育项目只不过是多门课程的有机组合，学历教育只不过是多个非学历教育项目的集合。学历教育与非学历教育的鸿沟将因此打破，同时，各类学历教育之间的差异也因为课程单元的有机组合而实现融通。这样，不同教育类型的相近专业，将只不过是不同类型和性质课程的有机组合而已，即两者既有相同的课程，也有不同的特色课程。这种基于课程单元的组合，一方面，将能极大程度地减少课程层面的重复建设，极大限度地实现课程资源的共享；另一方面，教育模式、教育结构、教育层次的已有边界将被打破，并将基于课程单元进行结构和模式的重构，实现各级各类教育的融通。各种教育类型只不过变成了由不同课程组建的外在结构而已。

在线教育的融通化将促进学历与非学历在线教育的一体化发展。两者的一体化发展可以实现教育成本的最小化、面向对象的最大化，打造出更高的成本效益比。融通化对于开放大学来说，是开放教育与在线培训、老年教育与社区教育的一体化发展，是资源的共建共享；对于普通高校来说，是网络教育与在线培训的一体化发展，是通过对网络教育的在线教学资源和在线教学经历经验的充分利用，促进在线培训的发展，同时也能通过一体化发展，逐步实现高校网络学历教育向在线培训的转型发展。

（三）专业区隔模糊化

在传统的专业设置中，专业与课程的关系是先有专业再有课程，可比作"先有鸡再有蛋"。而在未来，以课程为单元、以学分为载体、以资历框架为媒介的新的教育体系结构中，专业的形成将是先有课程再有专业，即"先有蛋再有鸡"。对不同的课程进行有机而灵活的组合，可以形成不同的专业，而且这种专业将会无限多样。正因为基于课程单元的专业建构，将使得专业之间的区隔模糊化。当前，国家主导的专业群建设，其目标也在于打破专业之间的区隔，实现专业之间的融合，以形成更大的学科体系。在更长远的未来，专业的概念还可能被淡化，基于课程单元组建岗位课程体系和职业岗位体系将成为趋势。

专业区隔的模糊化，为在线教育实现融通一体的办学，特别是实现专业之间教学资源的开放共享提供了良好的条件。

（四）发展方向差异化

在线教育的差异化发展，是指开放教育、网络教育以及在线培训等在线教育需要因应时代发展需求，充分利用自身优势和特点，在自身领域实现差异化、个性化发展，实现在线教育的百花齐放、百家争鸣，最终促进在线教育的可持续发展。

对于开放教育来说，需要充分利用开放大学的体系优势，彰显线上线下一体化教学优势。通过引进外在优质资源与服务，扬长避短，促进开放教育的可持续发展。开放教育在学历继续教育领域，可以在相对低端的领域布局，实现与普通高校继续教育的差异化发展。同时，利用自身在终身教育领域的优势，积极开展面向社会的非学历在线教育，包括在线培训、社区在线教育与老年在线教育。通过彰显自身体系化的办学优势，实现开放教育的终身一体化发展。

对于网络教育来说，需要充分认识到学历继续教育与普通高校学历教育存在的固有冲突以及两类学历教育质量的显著差异。在高校的战略布局下，应稳步开展网络学历教育，同时利用网络教育的资源优势、在线教学的优势大力发展在线培训，并将在线培训作为在线教育的主要方向。另外，还可以根据高校自身优势，设立在线培训的主攻方向，在在线培训领域建立可持续发展的核心竞争力。

在线培训是当前在线教育领域的蓝海。在线培训的发展首先是"圈地"，各类教育机构应基于自身领域或专业优势，布局在线培训、设计在线培训项目、建设在线培训资源、培养在线培训师资与管理队伍、建立自身领域的在线培训核心竞争力。

（五）师生关系角色化

终身教育时代是"人人皆师"的时代。社会上的每一位社会成员都可依托自身的知识、技能与经验,成为他人之师。教师已经从教育机构的专属职业变成社会化的教师角色。社会成员不管是什么职业,只要他能履行教师职责,承担教学任务,他就是教师角色。同样,终身教育时代也是"人人皆学"的时代。身处学习型社会的每一位社会成员,不论是什么职业,都拥有一个共同的角色,即终身学习者。当教师和学习者都成为一种角色时,师生之间的关系就变成角色化的关系:学习者承担教师角色时,即为教师;当教师作为学习者角色出现时,就变成了学习者。每一个人既可以是教师,也可以是学习者,师生之间已经没有显著的区别。

在线教师角色化,将使得教师的流动变得更加自由。当前,由于高校的事业单位属性、教师的编制关系,教师不得不依附于某一所高校,教师虽然可以通过调动或高层次人才引进等方式实现在高校之间的流动,但是往往只是一次性的流动。高校教师流动性不强,使得高校之间的师资难以实现共享,同时,教师在高校相对固定的发展路径,也使得教师难以激发出更大的事业热情。特别是当教师的职称达到了理想境况后,更是如此。

师生关系的角色化,需要在线教师转变观念。学习者不再是固化的学习者,当在线教学过程中需要学习者参与在线课程建设、分享其技能技术与经历经验时,可以让学习者临时转换为教师角色,将自身的知识技能与经验经历传授给其他学习者。比如,在线教师在在线教学过程中开展"我的学习我作主"之类的学习活动,让学习者变成"教师",参与并建设学习者自身学习的学习资源,从而使在线课程资源更适合学习者,更能够帮助学习者学以致用。

(六) 教育手段智慧化

国务院在《新一代人工智能发展规划》中提倡:"利用智能技术加快推动人才培养模式、教学方法改革,构建包含智能学习、交互式学习的新型教育体系。开展智能校园建设,推动人工智能在教学、管理、资源建设等全流程应用。开发立体综合教学场、基于大数据智能的在线学习教育平台。开发智能教育助理,建立智能、快速、全面的教育分析系统。"[①]

在线教育基于现代信息技术而生,自然也会随着现代信息技术的发展而发展。随着物联网、人工智能、云计算、大数据、5G、VR、AR 等人工智能技术的不断发展,"AI + 在线教育"将成为趋势,在线教育将迎来智慧教育时代,在线教育的智

---

① 《国务院关于印发〈新一代人工智能发展规划〉的通知》,见中国政府网(http://www.gov.cn/zhengce/content/2017 - 07/20/content_ 5211996. htm),2021 - 03 - 21。

慧化将无所不在，包括智慧化的学习平台支撑及数据对接、智慧化的各类学习终端、智慧化的机器人导师、智慧化的自适应教学资源、智慧化的学习内容推送、智慧化的学情分析与数据画像、智慧化的教育管理等。具体来说，有以下三个方面：一是教育决策的智慧化，即通过将决策信息数据化，利用数据挖掘、大数据分析技术等可以为在线教育决策提供依据；二是教育管理的智慧化，即通过整合在线教育的各类管理业务，建构智能化的管理平台，创新管理模式，实现管理业务与管理数据的互联互通、智能共享，提升管理效率和效果；三是在线教学的智慧化，即通过建构智能化的学习平台，利用大数据、云平台和云服务技术，实现在线教学的个性化、多样化、多元化。

教育的使命是传承人类文明，启迪人类智慧，提高人的心智、能力和素质，塑造人的灵魂。在教育的过程中，开启人的智慧是核心。在线教育的智慧化不仅仅是教育决策、教育管理、教育内容、教育手段、教育方法的智慧化，更要以开启、挖掘和培养学习者的智慧为目标，实施真正的智慧教育。简单地说，在线教育智慧化只是手段，而开启和培养学习者的智慧才是目标。

（七）办学质量优质化

网络教育试点高校纷纷退出学历继续教育，其关键原因之一在于网络教育的质量无法与普通教育的教学质量相提并论。对于开放教育，办学质量也一直是其软肋，而对于在线培训，作为相对较新的在线教育类型，其品牌与声誉的树立同样需要以质量为核心。为此，提升在线教育办学质量、实现在线教育的高质量发展是在线教育的必然与必由之路，也是在线教育的生存之道、发展之理。在线教育的高质量发展主要包括高质量学习资源的建设与优质学习支持服务的提供。一方面，我国持续推进的在线开放课程运动，已经在各级各类教育，特别是高等教育领域积累了丰富的优质资源。对于在线教育来说，首先要充分利用社会优质资源实施在线教学，在保障在线课程资源优质的前提下降低资源建设成本。在自身有着优秀教学团队的情况下，可以自主建设特色、优势、优质的学习资源，全面实现在线教育资源的优质化。另一方面，在线教育应充分利用现代信息技术，提供多元多样的在线教学服务；在媒体的选择上，应尽可能选择学习者熟悉的、便捷的学习媒体；在服务的送达上，应充分利用网络学习平台、移动学习平台、微信小程序等，为学习者提供时时处处的学习服务。

（八）教育服务终身化

在线教育作为教育类型，被定位于继续教育，而继续教育是终身教育体系的核心构成,因而在线教育服务终身教育是其应然义务,也是在线教育必然呈现终身化趋势。在线教育的终身化表现在三个方面。第一,教育对象的"无所不及"。在线教育应立足学习型社会建设,面向所有社会成员提供终身性的学习服务,不论其社会背景、文化基础、语言、种族为何。第二,学习内容的"无所不包"。基于全体社会成员类别、类型的多样性,在线教学不仅要满足不同社会成员的差异化需求,还要满足社会成员不同人生阶段的学习需求,因此,在线教育的学习内容将是广泛而近乎无所不包的。第三,学习服务的"无所不能"。在学习型社会中,每位社会成员都有个性化的学习服务需求,每个社会群体也有共性的学习服务需求,面向全体社会成员的学习服务需求也将是包罗万象的。① 因此,在线教育的学习服务也将是广泛而近乎无所不能的。

综上所述,在线教育终身化所表现的教育对象的"无所不及"性、学习内容的"无所不包"性、学习服务的"无所不能"性,将为在线教育带来广阔的发展空间。

(九)在线教育专业化

随着普通教育在线教学的普及、社会对在线教育的普遍共识,在线教育正在从边缘走向核心,从偏安一隅的继续教育类型走向各级各类的泛在化应用,在线教育专业化发展正当其时。2019年9月,《教育部等十一部门关于促进在线教育健康发展的指导意见》(教发〔2019〕11号)提出要建设优质资源,要鼓励社会机构的参与和专业化人才的培养。② 可见,国家也在政策层面推动在线教育的专业化发展。在线教育专业化发展体现在三个方面:一是在线教育队伍的专业化,包括在线教育教师队伍、管理队伍、科研队伍的专业化;二是在线教育业务的专业化,包括专业化的教学、专业化的管理与专业化的科研等;三是在线教育的标准和规范的专门化,包括在线教育的教学标准、管理标准与科研标准等。

在线教育专业化的关键是要实现在线教师的专业化。为此,需要从"正心""取势""明道""优术""化生"五个环节提升在线教师的自身素养,需要从在线教师的设计力、开发力、教学力、信息力、研究力、学习力六个维度培养在线教师的教学能力,还需要从在线课程的设计、开发、教学、评价、研究五个方面引领教

---

① 曾祥跃:《基于"全民皆师"理念的终身教育积分银行研究》,载《当代继续教育》2019年第6期,第49—55页。
② 参见《教育部等十一部门关于促进在线教育健康发展的指导意见》,见中国政府网(http://www.gov.cn/xinwen/2019-09/30/content_5435416.htm),2021-03-21。

师实践，实现理论与实践的充分结合。

（十）在线教育社会化

"社会化通常指个体在社会影响下，通过社会知识的学习和社会经验的获得，形成一定社会所认可的心理—行为模式，成为合格社会成员的过程。"[①] 在线教育社会化是因为在线教育主要面向社会成员。从在线教育的对象看，在线教育主要面向社会成员，包括需要不断适应社会发展的人和走向社会、处于社会化过程中的人。从在线教育的目标看，在线教育是培养学习者适应社会，满足其社会化生存、生活和发展的需求。从在线教育内容看，其内容源于学习者适应社会的需求，源于对社会中知识的凝练和升华。从教学空间看，学习者分散各地，社会空间即在线教育的教学空间。

为此，在开展在线教育、实施在线教学的过程中，需要充分考虑社会化的大环境，立足学习者的社会化需求来进行在线课程的设计。比如，在线教师可以创设多样化的教学交互环境，实现师生之间、生生之间多样化的交互，通过开展交互性、讨论型的学习活动，促进社会化交互的发生，实现学习者在线学习的增值。又比如，笔者在远程学习方法与技术课程中，不仅设计了专门的课程交互论坛，还设计了学生之间的社会化交互子论坛，如"张扬自我""经验分享""博客展示""生活趣事"等，以促成学习者的社会化交互的发生。（见图3－3）

 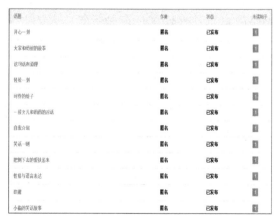

图3－3　在线课程中的社会化交互论坛

[①] 章志光、金盛华：《社会心理学》，人民教育出版社1996年版，第73－74页。

第三节　在线教学发展之势

一、在线教学发展主线

在线教学最早被称为远程教学或网络教学，是基于卫星、电视、电话、邮件等方式所开展的教学方式。在线教学肇始于 20 世纪 70 年代，随着互联网与电子邮件的发明，师生之间基于互联网通过电子邮件实施最初的在线教学。

在线教学在我国的真正兴起始于 21 世纪初的现代远程教育试点、开放教育人才培养模式试点以及新世纪网络课程建设工程项目。在线教学主要通过两条主线获得持续发展。

（1）以学历继续教育办学为主线的教学应用与探索。其起始于 1999 年启动的全国现代远程教育工程试点与中央广播电视大学人才培养模式改革和开放教育试点。其中，现代远程教育工程试点（又称"网络教育试点"）面向普通高校，开放教育试点面向中央广播电视大学体系，两者均以基于互联网的在线教学为主要教学方式。经过 20 多年的实践探索，积累了丰富的在线教学资源与在线教学经验。迄今，网络教育与开放教育一直保持着较大的办学规模，2019 年网络教育（含开放教育）在校生为 857.8 万人，占普通本专科在校生的 28.3%。[①] 可以说，网络教育与开放教育是在线教学最早、也是最主要的应用者与探索者。

（2）以在线课程建设为主线的教学应用与探索。自进入 21 世纪以来，我国陆续启动了不同形式与不同类别的在线课程建设，极大推进了在线教学在高等教育领域的应用与推广。2000 年 5 月，教育部高教司下发《关于实施新世纪网络课程建设工程的通知》（教高司〔2000〕29 号），该工程是《面向 21 世纪教育振兴行动计划》中的六大工程之一，教育部基于该工程，评选出了 363 门新世纪网络课程。[②]

[①] 参见《各级各类学历教育学生情况》，见教育部门户网站（http://www.moe.gov.cn/s78/A03/moe_560/jytjsj_2019/qg/202006/t20200611_464803.html），2021-03-15。

[②] 教育部高教司远程与继续教育处：《"新世纪网络课程建设工程"总体情况介绍》，载《中国远程教育》2003 年第 9 期，第 67-68 页。

2003年5月,我国启动国家级精品课程建设,评选出了3910门国家级精品课程。① 2013年,我国启动国家级精品资源共享课建设,基于国家级精品课程的再次遴选,评选出了2911门精品资源共享课。② 2017年,我国启动了国家精品在线开放课程的认定工作,迄今已认定2900门左右。③ 大规模的国家级精品课程以及更大规模的省级精品课程,极大推进了基于精品在线课程的在线教学的发展。

二、在线教学发展历程

从计算机和互联网的发展来看,在线教学的发展大致可分为四个阶段。

(一)网络辅助阶段

CAI是指计算机辅助教学,该阶段的在线教学主要表现为网络答疑和学习测评(如课程作业),学习者的网络课件学习主要在本地计算机上进行。2000年前后,互联网尚未真正兴起,计算机网络主要作为辅助教学手段,由于网络带宽的限制,通过互联网点播网络课件或传输学习资源的速度很慢,上网成本也很高。因此,当时普通高校的网络教育学院通常通过拷贝的方式将网络教育课件复制到校外学习中心机房的电脑中,学习者主要在校外学习中心的机房通过点播网络课件学习,而互联网主要用于师生之间的BBS答疑。

(二)光盘主体阶段

光盘主体阶段是指学习者的网络学习媒体主要是光盘。2005年前后,当时的网络课件主要是三分屏模式,资源的传播主要以光盘为媒介,在线教育机构(如普通高校网络教育学院)将网络课件刻录在光盘上发放给学习者,学习者可用网络课件光盘在自己家中学习。相对于CAI阶段,当时互联网的速度已经得到了一定程度的

---

① 参见《教育部关于启动高等学校教学质量与教学改革工程精品课程建设工作的通知》,见教育部门户网站(http://old.moe.gov.cn//publicfiles/business/htmlfiles/moe/s3843/201010/109658.html),2021-03-15。
② 参见《教育部办公厅关于公布第一批"国家级精品资源共享课"名单的通知》,见教育部门户网站(http://www.moe.gov.cn/srcsite/A08/s5664/s7209/s6872/201607/t20160715_271959.html),2021-03-15。
③ 参见《教育部办公厅关于公布2017年国家精品在线开放课程认定结果的通知》,见教育部门户网站(http://www.moe.gov.cn/srcsite/A08/s5664/moe_1623/s3843/201801/t20180112_324478.html),2021-03-15。

提升，学习者也不用再到学习中心机房点播网络课件学习了。但是，当时的互联网仍然主要用于简单的网络辅导，如完成课程作业、参加 BBS 式的讨论活动、通过网络提交课程作业等。

（三）网络化阶段

网络化阶段是指基于互联网实施完整在线教学的阶段。2007 年前后，网络带宽和速度得到了极大提升，网络学习平台的功能也已经日趋成熟，已经能够在学习平台上实现完整的在线教学，如基于互联网的网络课件学习、基于 BBS 的教学交互、基于学习平台的各种学习活动等，同时网络课程资源也以由三分屏形式为主转型为以高清视频为主的多样化的视频形式。

（四）全面普及化阶段

新冠疫情防控期间我国在线教学的大范围普及，新冠疫情对各级各类学校的正常开学和课堂教学带来了巨大影响。为应对疫情，教育部发起"停课不停学"行动。

1. 高等教育领域

2020 年 2 月印发的《关于在疫情防控期间做好普通高等学校在线教学组织与管理工作的指导意见》（教高厅〔2020〕2 号），要求免费开放包括 1291 门国家精品在线开放课程和 401 门国家虚拟仿真实验课程在内的 3.4 万余门在线课程，覆盖了本科 12 个学科门类、专科高职 18 个专业大类，供高校选择使用。

教育部高等教育司对 2020 年春季学期抗疫工作的总结用了"稳、改、赢、爱"四个关键字概括。一是"稳"。全国所有普通本科高校全部实施了在线教学，108 万教师开出 110 万门课程，合计 1719 万门次；参加在线学习的大学生达 2259 万人，合计 35 亿人次。二是"改"。在线教学实现了高等学校"教""学""管"的革命性变化：改变了教师的"教"，教师教学成就感普遍提高；改变了学生的"学"，学生学习获得感大幅度上升；改变了学校的"管"，学校管理的信息化水平得到实质性提高；改变了教育的"形态"，形成了时时、处处、人人皆可学的新的教育形态。三是"赢"。这次在线教育教学实践，不仅成功应对了危机，而且化危为机，用一场"学习革命"推动了中国高等教育的"质量革命"。四是"爱"。此次大规模的在线教学，百万高校教师倾情投入，千万大学生受益，体现了对学生的大爱。①由此可见，新冠疫情防控对策极大推动了我国在线教学的全面推广应用。

2. 基础教育领域

2019 年，全国 98.4% 的中小学（含教学点）实现网络接入，90.1% 的中小学已拥有多媒体教室，"一师一优课、一课一名师"活动的参加教师超过 1000 万人次。② 2020 年，为应对新冠疫情，国家中小学网络云平台于 2 月 17 日正式开通后，于 2 月 24 日又进行了升级，一直运行平稳顺畅，浏览人次逐步攀升，覆盖各个省份。截至 5 月 11 日，国家中小学网络云平台浏览次数达 20.73 亿，访问人次达 17.11 亿。③在教育部召开的 2020 年金秋系列发布会的第一场发布会上，教育部基础教育司表示，"中小学线上教育，要促进它更好地发挥三个作用：一是支撑好学生的自主学习，二是要服务好农村共享优质教育资源，提高教学质量，三是促进广大教师改进教育教学工作，提高课堂教学质量"④。

三、在线教学发展趋势

在当前在线教学迅猛发展之际，探讨在线教学之发展趋势，对于在线教学的开展有着积极的引领意义。基于在线教学的不同维度，在线教学有十大发展趋势，即在线教学的常态化、教学方式的开放化、知识体系的成长化、教学内容的高阶化、资源建设的平民化、教学场景的泛在化、教学服务的智慧化、教学评价的绩效化、在线学习的个性化与学习方法的专门化。

（一）在线教学常态化

在线教学常态化是指在线教学方式将在教育领域成为一种常态化的教学方式，在各级各类教育中获得常态化的普及与应用。

---

① 教育部高等教育司：《高校秋季学期教育教学工作情况》，见教育部门户网站（http://www.moe.gov.cn/fbh/live/2020/52320/sfcl/202008/t20200827_480439.html），2021 - 03 - 15。

② 教育部基础教育司：《疫情期间中小学线上教学工作情况》，见教育部门户网站（http://www.moe.gov.cn/fbh/live/2020/51987/sfcl/202005/t20200514_454112.html），2021 - 03 - 15。

③ 教育部基础教育司：《疫情期间中小学线上教学工作情况》，见教育部门户网站（http://www.moe.gov.cn/fbh/live/2020/51987/sfcl/202005/t20200514_454112.html），2021 - 03 - 15。

④ 参见《教育部：推进中小学线上教育教学工作》，见百家号（https://baijiahao.baidu.com/s?id=1676148253843996227），2021 - 03 - 15。

1. 普通本科教育领域的常态化

自 21 世纪以来，教育部不断推动新世纪网络课程工程、国家精品课程、国家级精品资源共享课程、精品在线开放课程等一系列在线课程遴选工作，带动了普通高校的在线教学，特别是慕课的发展，推进了普通高校在线课程与在线教学的建设。在新冠疫情防控期间开展的"停课不停学"行动，更是极大推动了在线教学的普及。在线教学改变了教育的"形态"，形成了时时、处处、人人皆可学的新教育形态。近年在线教育的教学实践，是用一场"学习革命"推动了中国高等教育的"质量革命"。① 除了普通高校在线教学的普及化开展，中小学也普遍在疫情期间开展了在线教学。可以说，以在线教学为特征的在线教育已成为我国教育领域的新形态。

2. 高职教育领域的常态化

从 2019 年开始，我国持续推动高职教育的扩招工作，面向的扩招群体主要是高中毕业生、退役军人和下岗失业人员、农民工、新型职业农民等人员，这批学习者主要以业余学习为主。为应对这一新的形势，很多高校纷纷尝试用在线教学的方式服务扩招群体。在可预见的未来，这批面向社会在职人员的高职教育将成为高职教育在线教学的领头羊，将逐步引领高职教育在线教学的常态化发展。

3. 基础教育领域的常态化

基础教育领域的在线课程资源建设由来已久。2020 年的新冠疫情防控工作也极大地推动了在线教学在中小学领域的普遍应用，在线教学对支撑学生的自主学习、推进面向农村的优质资源共享以及推进中小学教师的信息化应用水平起到了极大的促进作用。为此，在线教学也将成为基础教育领域常态化的辅助教学手段。

4. 继续教育领域的常态化

在线教学在继续教育领域的常态化表现在两个方面。一是在学历继续教育领域，以在线教学为主要教学手段的网络教育和开放教育已经有了超过 20 年的实践探索，积累了丰富的在线教学经验，在线教学方式运用于夜大学与函授教育是应然之事。如果教育行政部门对学历继续教育进行教学类型的整合，实现开放教育、网络教育、夜大学、函授教育一体化的话，则在线教学将会成为学历继续教育的主流教学方式。二是在非学历继续教育领域，传统的面授培训同样受到时空的局限，难以面向大规模用户开展培训。而基于在线教学的在线培训则能像网络教育、开放教育一样，突破时空局限，实现规模化的培训。因此，在线教学在继续教育领域中的

---

① 教育部高等教育司：《高校秋季学期教育教学工作情况》，见教育部门户网站（http://www.moe.gov.cn/fbh/live/2020/52320/sfcl/202008/t20200827_480439.html），2021 - 03 - 15。

常态化应该是最容易实现,也是最有必要的。

(二)教学方式开放化

教学方式的开放化是指以开放共享的理念开展在线教学。当前的慕课教学就是面向社会的开放教学。随着国家对在线开放课程的不断推进、在线教学开放观念的深入人心,将会有更多的在线课程实施开放教学。特别是在人工智能技术的支撑下,教师能够在在线课程中智能区分自有学习者与社会学习者、缴费学习者与免费学习者时,这将进一步推进在线教学的开放化。

教学方式的开放化不仅体现在教学理念的开放化,更体现在教学手段与方法的开放化。比如在教学手段上,在线教师既可以利用自有的在线课程资源开展 SPOC 形式的在线教学,也可以基于社会共享课程资源开展慕课形式的在线教学;既可以实施纯网络的在线教学,也可以实施线上线下一体化的混合式在线教学。又比如在评价方式上,在线教师可以充分利用信息技术采取线上线下相结合的评价方式,可以采取形成性与终结性相结合的评价方式,也可以采取教师评价与学生互评相结合的评价方式,还可以采取基于数据挖掘与分析的大数据评价方式,等等。

在线教师应本着开放的教学态度,将社会上同类的在线开放课程通过链接等方式共享给学习者,让学有余力的学习者获得更多的知识,从而促进学习者更好地发展。学习者也应有开放的学习理念,在学好在线课程的同时,能够放眼网络世界,充分利用丰富优质的网络学习资源进行专业化学习、拓展性学习,按需拓展自己的知识与技能。比如,笔者在远程学习方法与技术课程中,将该课程定位为"立足远程学习,放眼网络世界",目标就在于引导学习者开展基于互联网的在线学习。

(三)知识体系成长化

传统知识体系的建构,通常采取自上而下的建构模式,即从专业人才培养目标到课程教学目标再到章节教学目标。这种自上而下的知识体系建构模式,是基于已有知识的体系化建构的,是一种静态的知识建构模式,也是一种分工式的建构模式。为了完成专业人才培养目标,需要建构专业知识体系,那么专业知识体系该如何建构呢?于是按类似思路便有将专业知识体系分解成若干课程知识体系,然后再分解成知识模块、知识点的建构模式。这种模式虽然容易构建知识体系,但是难以实现知识体系的延展,也容易形成专业与课程间的知识孤岛。在知识不断迭代的今天,新的知识不断产生,就像细胞不断产生一样,因此,知识体系的建构应该模仿生命建构模式,建立生长型的知识体系建构模式。生命建构模式是从细胞到组织到器官再到人体的建构,现代知识体系的建构,也应基于不断增长的知识点建构知识模块,基于知识模块形成课程单元,再基于课程单元通过组合方式形成非学历教育项目、学历教育专业和学科知识体系等。

(四) 教学内容高阶化

师者,所以传道、授业、解惑也。教师的三大主要职能即为"传道""授业""解惑"。"传道"是传科学之道、传专业之道、传为人之道;"授业"是知识、技能的传授与价值观的塑造;"解惑"则是对学习者疑难问题的解答。当前教师的主要时间和精力用在授业与解惑上。随着在线课程开放运动的不断普及与推进,海量优质的网络学习资源使得面向学习者单纯的知识传授变得越来越不重要,因为学习者可以通过互联网轻易获得记忆性、基础性的知识与技能。为此,学习者关于知识技能的学习将走向深入,走向高阶。而学习者的学习将逐渐转向深度学习,即关于知识应用,以及依附于知识之上的思想、理念的学习。

我们知道,比知识获取更重要的是思维能力的提升,而比思维能力提升更重要的是思想的进步、更高格局的形成。为此,在线教师应该为学习者提供高阶性的教学服务,从以"授业"为主,逐渐转变为"传道"为主,实现教育的进阶。这里的"道"是指基于专业知识之上的规律、原理与方法,基础性的专业知识应更多地引导学习者自主学习,以激发学习者的灵感,提升学习者的思维能力。

对于在线教师来说,应顺应信息时代的发展,逐渐减少记忆性、基础性知识的传授,这些知识可以通过学习任务让学习者自主获得。教师应加强对学习者应用能力的培养,更多聚焦基于专业知识之上的思想、理论的提炼,在教学过程中传授高阶性的、思想性的、理念性的知识。比如,对在职学习者的技能传授,应基于在职学习者的技能基础,尽可能避免传授学习者已经拥有的、太过基础的技能性知识,而应基于学习者技能提升与技能更新的要求,传授高阶性的技能。

(五) 资源建设平民化

在线教学发展之初,在线教师的授课视频主要在专业的演播室录制。为了录制高质量的授课视频,教育机构需不遗余力地投资建设演播室,如高清演播室、虚拟演播室等,配备高清摄像机、高清交互屏幕、虚拟演播设备、非线性编辑机,购置专业的视频编辑软件,如 Adobe Premier 等。

近年来,随着视频、音频录制设备的平民化,一台普通的智能手机就能够实现高清视频录制。一大批简单、易操作的视频编辑软件(如爱剪辑、Focusky 等)使得非专业人员也能轻松进行视频、音频的编辑。特别是随着快手、抖音等短视频平台的兴起与普及，相对于视频、音频的质量，学习者对内容更感兴趣。为此，虽然资源建设的专业化制作会长期存在，但是资源建设的平民化、草根化趋势将不可逆转。只要教育机构足够开放，在线教师完全可以随时随地地自主录制授课视频，并将之用作教学内容。

（六）教学场景泛在化

随着信息技术的发展，网络课堂、直播课堂等虚拟教学场所已经走进了平常百姓家，并与传统的实体课堂协同共生共存。随着 VR、AR 等虚拟现实技术的不断成熟，虚拟课堂将变得越来越真实。而基于互联网技术、智慧学习技术的充分应用，传统实体课堂也将变得越来越智慧，不断走向智慧化和虚拟化。虚拟课堂与实体课堂的逐渐融合，将使得课堂无所不在。特别是随着物联网技术的深入应用，智能终端识别技术以及智能代理等人工智能技术的不断发展，各种信息化设备将变得越来越智能，各类智能终端都将成为学习的工具、学习的终端，包括如智能眼镜、智能手环、智能手表等穿戴设备，更不必说智能音响、智能电视等家电设备了。利用这些智能设备，学习者可以在家里、单位、公园等任何网络可及的地方进行学习，教师也可以在任何地方通过网络实施教学，只要网络可及，任何场所都可以成为学习的场景、教学的场景。

（七）教学服务智慧化

随着工业4.0时代的到来、人工智能技术的高速发展，在线教学正在走进智慧化教学的大门。智慧化教学是指能够基于人工智能、智能代理、物联网、数据挖掘与分析技术等技术为在线教学提供智慧化的支撑，包括智慧化的学习平台、智慧化的资源推送、智慧化的支持服务与智慧化的数据分析等。比如，美国的 Knewton 学习平台可针对每位学习者的个性化需求进行适配，可借助自适应引擎采集的数据分析相关教学材料和教学内容的有效性；小猿口算 App 可通过拍照检查与秒判对错等功能检查孩子数学作业；小盒课堂 App 通过"AR 老师"授课，为学生创建多场景沉浸式互动课堂体验；流利说英语 App 的人工智能老师能够利用 AI 技术智能调整教学内容；等等。

伴随着人工智能、大数据、物联网等信息技术发展，在线教学的智慧化将不断深入，主要体现在以下五个方面。第一，利用智能感知技术，可以对在线学习的课程访问进行智能感知，并能通过智能代理实现对用户的智能匹配。第二，能够基于学习者的学习状况和学习需求,利用知识图谱实现课程学习资源的智能建构。第三,能够基于学习者的课程学习,利用智能助手、AR教师为学习者提供智能服务。第四,能够利用数据挖掘与分析技术,对教学数据和学习数据进行智能分析,最终生成包括教师、学生以及教学过程在内的教学画像。第五,基于在线教学的智能画像,可以促进在线教学的智能决策,使得在线教学管理更为高效、在线教学服务更为贴心、知识的获取更为敏捷、师生的教学交互更为活跃、在线教学的评价更为精准、对在线教学结果的预判更为容易。

(八)教学评价绩效化

教学评价是评价教学成效的主要手段和方法。当前的教学评价主要以学习者课程知识的掌握和运用为评价重点,即以"学"为评价重点,其方式包括形成性评价和终结性评价,在当前评价中,学习者"学"到了,教师即算完成了教学任务。由于大学课程的设置往往存在与社会需求脱节的问题,这种以"学"为导向的评价,即使学习者圆满完成了学业,但进入社会走上工作岗位后,很多知识仍然无法直接应用,甚至需要重新学习。问题主要出在这种教学评价主要关注知识的获得和知识的习得过程,而忽视了知识的运用。

学以致用,"用"才是学习者学习的真正目标,因此,应该将学习者的教学评价转移到"用"上来,也就是采取绩效型的教学评价,绩效是"用"的效果。基于绩效的教学评价包括学习者对课程知识与技能运用的评价,学习者对课程学习的效能感的评价,学习者对课程学习所获得收益的满意度评价。特别是随着信息技术的发展以及在线课程开放运动的持续开展,学习者将越来越容易获得学习机会,学习者可挑选的课程也越来越多,教育从"卖方市场"变成"买方市场"。在这种情况下,只有能让学习者真正受益的课程才是好课程,而要让学生真正的受益,就需要有基于绩效的教学评价。

(九)在线学习个性化

"学"是知识技能的输入,"习"是知识技能的内化。学习是知识的获取与消化的过程。学习是输入、消化与输出的完整生态链。在线学习是以互联网为主的一种学习方式,是突破时空的、无拘无束的学习。学习是一种发现、一种体验,学习的动力是自内而外的。学习不是为了成为同质化的标准人才,而是要凸显个体的差异以成为多样化人才。

在线教学的智慧化促进了在线学习个性化的实现。在线教师可以基于人工智能技术、大数据分析技术等，面向学习者实现智能化的学习资源推送，为学习者提供时时处处的学习支持服务。学习者可以基于各种智慧学习技术实现从知识型、生存型的学习转变为自主型、发展型的个性化学习，能够自我控制学习节奏，实现以学定教。学习者可以选择自己喜欢的学习方式，按照自己的学习进度，学习自己喜欢的学习内容。学习者的学习内容也将不再局限于教师所传授或提供的学习资源，学习者完全可以按照自己的喜好，通过互联网学习自己想学的知识技能。

为满足学习者个性化学习，在线教师应尽可能采取富媒体手段，如用游戏化、动漫化、趣味化等方式建设在线学习资源，开展体验式、情境式的教学，为学习者带来学习的愉悦感，促使学习者乐学、易学。

（十）学习方法专门化

基于互联网的在线学习，可以实现时时处处的泛在学习，使得在线学习终身化变成了可能，也变成了有形之势，有识之士都能认识到这一发展趋势。在线学习的终身化，将使得学习没有隔阂，学习没有间断，学习可随时发生。也因为这样，学习也将从"一时一处"变为"时时处处"。学习者可以借助信息技术实现无边界的学习、泛在化的学习、社会化的学习、碎片化的学习、探究性的学习、智能辅助的学习、娱乐化的学习、群落式的学习、小组式的学习、协作式的学习以及伙伴性式的学习等。

传统的学习方法很难适应学习者的在线学习，在线学习面对复杂的在线学习环节与多样的媒体技术，专门化的在线学习方法与技术将能引领学习者高效学习。当前，开放大学与普通高校的网络教育学院普遍开设了在线学习方法一类的课程，充分说明了在线学习方法专门化的必要性，同时也说明了在线学习必将成为一门专门的学问。在线学习方法旨在引领学习者适应在线学习的环境，充分利用各种媒体技术实现高质高效的学习。在线学习方法包括在线课程的学习方法、学习资源的利用方法、学习平台的使用方法、网络资源的搜索与甄别方法以及网络支持服务的获取方法等。特别是在当前网络学习资源复杂多样的情况下，引领学习者健康学习更为重要。作为在线教师，不仅要积极探索在线教学的方法，提升自身在线教学的技能技巧，同时要注重对学习者的在线学习方法的传授与引导，引领学习者充分利用互联网进行自主学习、健康学习。①

---

① 曾祥跃、武丽志：《健康学习：网络时代的学习方式》，载《当代继续教育》2015年第1期，第36–39页。

本章小结

"势"是一种力量、惯性与趋向，也是一种环境。有形之势是可见之势，是一种具象的势。无形之势则是一种基于事物发展规律的大趋势、大方向。知晓势，方能取势，方能因时而动，顺势而为。

以在线教学为主体的在线教育，能够引领在线教学的发展方向。在线教育中的开放教育、网络教育与在线培训分别代表了学历与非学历在线教育的发展方向，各自存在诸多优势，也面临不少挑战。教育机构的职能化分工将促进教育机构分化为资源生产型与资源消费型机构；以课程为基点的教育体系建构模式将促进各类教育的相互融通，并将使得专业之间的区隔越来越模糊；差异化的发展方向、优质化的质量取向以及智慧化的教育手段将促进在线教育的可持续发展，对于开放教育、网络教育与在线培训而言尤为如此；师生关系的角色化将使得在线教育可以充分利用全社会的师资，并能将学习者放在更为平等的位置上；在线教育的终身化与社会化趋势，将为在线教育带来更大的发展空间；在线教育的专业化发展，将能逐步夯实在线教育的核心竞争力，为自身在教育领域占有一席之地奠定基础。

在线教学以两条主线并行发展，一是以学历继续教育为主线的发展路径，包括开放教育与网络教育，学历继续教育完整的教育教学实践为在线教学积累了丰富的经历经验；二是以在线开放课程运动为主线的发展路径，包括各级政府部门组织的精品课程、在线精品开放课程等的评选，为在线教学的开展积累了丰富的在线开放资源。在线教学随着信息技术的发展而日渐成熟，先后经历了网络辅助阶段、光盘主体阶段、网络化阶段、全面普及化阶段。

常态化疫情防控进一步推动了在线教学的发展。在线教学开放化是"互联网＋"时代发展的必然趋势，在线教师的开放理念不仅体现在面向社会的资源引进与开放，也体现在对各类媒体技术和教学方法的开放应用上。基于知识点的生命化的知识体系建构将使得专业与课程的知识体系更有生命力。随着网络学习资源日益丰富，学习者获取知识日益便捷，高阶化的教学内容布局已成为一种有形之势。各类虚拟现实技术在教育中的应用，将使得线上与线下教学场景走向融合，教学场景的泛在化、时时处处的教与学已近在眼前。人工智能技术已经促进了在线教学，还将促使在线教学更加智慧。这种智慧化的教学，将促进在线教学的个性化与学习者的个性化。随着学习者个性化学习的深入，学习者将更注重学习的绩效，基于绩效的教学评价将逐渐成为主流。在线教学的专业化、在线教师的职业化，将使在线学习成为一门专门的学问，并将以此为引领促进学习者进行更加高质、高效的学习。

信息技术促进了教育信息化，催生了在线教育与在线教学。随着信息技术的不断迭代升级，学习资源的制作与呈现越来越精美，学习支持服务方式也越来越便捷多样。智能感知技术能够实现对各类学习终端、用户行为、学习场景、师生上线、学习进程以及学习目标达成的智能感知，使得在线学习更为便利。智能代理技术能够催生智能助手、虚拟教师，逐步解放在线教师。虚拟现实技术不仅能够促进实验实训的在线教学，还能够促进线上与线下教学场景的无感化，实现沉浸式教学。利用数据挖掘与数据分析技术可以对教师、学习者以及教学过程进行数据画像，可以实现学习资源的智能推送，引领在线教学精准化。文本与语音的自动识别与转换技术，将现文本资源的语音化以及语音资源的文本化，极大便利学习者的在线学习。网络直播技术优势是有目共睹的，其结合了网络教学与面授教学的优势，在突破教学时空的同时，还能拉近师生之间的心理距离。知识图谱技术能够帮助成长型知识体系的建构，利用该技术，可以建构基于知识点的课程、专业或学科体系，也能助力智能搜索、深度问答与社交网络的建构。学习平台是在线教学的载体，不断进化的学习平台技术以及学习平台工具，将使得在线教学功能越来越智慧、越来越便捷。自适应学习技术能够助力自适应学习资源的建设，并能基于学习终端的特点智能化地呈现在线教学内容。利用数字孪生技术可以实现虚拟教学场景与现实教学场景的融合与共生。构建师生数字孪生体，可以提升师生在虚拟教学场景中的真实存在感。创建数字孪生车间，则能极大促进实验实训的网络化，为在线教学赋能。

第四章
明道：在线教学之规律

古人云："道为术之灵，术为道之体，以道统术，以术得道"；"有道无术，术尚可求也；有术无道，止于术"；"由术入道，以道驭术"。充分说明了"道"与"术"的关系。《易经·系辞》也有云："形而上者谓之道，形而下者谓之器。"

"道"是事物发展的规律，是形而上的学问，是对现象的归纳总结，是从有形到无形的升华。《道德经》中提道："为学日益，为道日损。损之又损，以至于无为，无为而无不为。"道的获取途径是"日损"，即通过对世界万物具象的总结与提炼，透过现象看本质，去粗取真，获得事物发展的规律。"无为无不为"是道的最高境界。

"术"是技艺、方法，是形而下的学问，是认识世界的方法与手段。没有"术"，难有"道"。同时"术"也是对"道"的演绎，是对"道"的规律的认识和实践。两者难以分离。

在线教学是一个五彩缤纷的世界。在线教学的对象千差万别，在线教学的资源极其丰富，在线教学的过程复杂多样，在线教学的技术日新月异，在线教学的方法推陈出新，如何在纷繁复杂的在线教学世界中，总结在线教学的规律，发现在线教学的"道"，并不容易。视角不同，起点不同，所看到的在线教学也会差异很大。不同学者所发现的在线教学之"道"会有差异，甚至大相径庭，但是，也正是在这种不断的探索与挖掘中，我们才能不断接近在线教学的"道"，发现在线教学的规律。我们只有掌握在线教学之规律与方法，方能有理、有利、有节地开展工作。

在线教学之道既是在线教学的规律，也是实施在线教学的方法指引。笔者基于自身多年的在线教学理论研究与实践探索，将在线教学总结为三大规律，即自助与响应之道、回归与融合之道、泛在与适需之道。

第一节 自助与响应之道

一、自助与响应之内涵

（一）自助与响应的概念

自助是指以自主选择、自主服务为主的行为方式。大家所熟悉的自助餐就是一种自助模式，顾客在自助餐厅根据自己的喜好选取食物，根据自己的食量挑选食物的多少，餐厅服务员主要做餐前准备及在必要时提供服务。

响应是指对某种诉求的回应。响应分为主动响应与被动响应。主动响应是主动地对某种诉求进行回应，被动响应则是被动地对某种诉求进行回应。以自助餐厅中的服务员为例，在顾客来到自助餐前主动准备好各种食物、餐具等属于主动响应，顾客来到自助餐厅后发现顾客不知如何用餐或不知如何选择食物时主动提供帮助也属于主动响应；而在顾客主动求助服务员时，服务员才提供帮助，则属于被动响应。

（二）自助式学习的内涵

在线教学中学习者的学习是一种自助式学习，这是由在线教学的特点所决定的。在线教师主要通过网络分散教学，这种分散式教学使得教师和学习者相互分离，教师难以像传统教学那样管控每位学习者的学习进程和学习行为，在这种情况下在线学习主要依赖于学习者的学习自主性与自觉性，需要学习者自主安排学习时间、自主选择学习场所、自主掌控学习进度、自主选择学习方式、自主选择学习内容、自主完成学习任务。因此，在线学习是一种自助式学习。

自助式学习是以学习者为中心，以自助式学习环境为支撑，通过采取"拿来主义"的方法，实施"我的学习我做主"的学习。自助式学习是一种自主学习，但又不同于自主学习。自主学习是学习者的主观、主动的学习行为；自助式学习是"自主＋帮助"的学习方式，是有帮助的自主学习，需要自助式学习环境做支撑。

(三) 响应式教学的内涵

为适应学习者的自助式学习，在线教师应提供响应式教学。响应式教学是指在线教师基于学习者的需求提供响应式教学服务。学习需求包括预置性学习需求和形成性学习需求，专业人才培养方案中对课程教学的要求，就是一种预置性学习需求；而在面向学习者调研或者学习者在学习过程中所产生的新学习需求就是形成性学习需求，同时，学习者的学习问题咨询也属于形成性学习需求。在线教学的响应方法分为主动教学响应与被动教学响应。为了学习者能够开展自助式学习，在线教师提前准备各类学习资源，建构自助式学习环境，针对课程作业问题进行作业讲评等属于主动教学响应；而在线教师在学习者提出问题后进行问题解答则属于被动教学响应。

根据响应式教学发生的时段，可以将响应式教学分为事前、事中与事后响应。事前响应是在教学实施前，基于各类教与学需求所做的教学响应，包括教师提前开展的在线课程调研、在线课程设计以及在线课程开发等。事中响应是在教学实施过程中，基于教学实施需要所进行的教学响应，包括教学辅导、课程答疑、教学交互、学习活动等。事后响应是在教学实施之后对教学所做的响应，即对学习结果的响应，包括在线教学的评价与在线教学的研究等，通过事后响应，可以进一步优化在线教学。

相对于传统教学，响应式教学对在线教师要求更高。一是学习者服务需求更为复杂。响应式教学是基于学习者的需求所提供的教学服务，由于学习者的各种需求（含诉求）千差万别，不仅需要在线教师甄别学习者的真实需求，还需要在线教师拥有更为广泛、深入的知识储备。二是学习者服务需求的泛在性。传统教学服务通常只发生在课室，而响应式教学服务是基于学习者自助式学习的服务。由于自助式学习是随时随地都可发生的，在线教师也应随时随地提供教学服务，包括服务时间的全时性、服务地点的全域性等。三是更高的信息技术素养要求。为应对学习者复杂多样的服务需要，在线教师应尽可能利用数据化、网络化、智能化的手段，将学习支持服务内容变成学习资源，以方便学习者更易获取，比如课程的常见问题集、在线课程的智能助手、基于问题库的在线客服等。这些都要求在线教师有更高的信息技术素养。

(四) 自助式学习与响应式教学的关系

在在线教学中，学习者的学习是自助式学习，教师的教学是响应式教学，学习者就像自助餐厅的顾客,教师则像自助餐厅的服务员,"学"是主体,"教"是服务。

自助式学习与响应式教学是在线教学的一体两面,不可或缺。响应式教学服务于自助式学习,是对学习者自助式学习的响应,响应式教学方案的制订需要立足学习者的自助式学习;自助式学习也依赖于响应式教学,需要响应式教学做服务支撑。缺乏响应式教学的自助式学习,将会与自学考试的自学无异,难以成为一种教学方式。

在线教学应以学习者为中心,以自助式学习为依归,通过开展响应式教学,积极探索在线教学的特有规律,推进在线教学改革,从而促进在线课程教学质量的持续提升。

二、相关理论支撑

在远程教育领域,有两大相关理论可为自助式学习与响应式教学做理论支撑。

(一)独立学习理论

该理论是由被誉为美国远程教育之父的查尔斯·魏德迈提出的。他认为独立学习系统包含四个基本要素,即教师、学生、通信系统或通信模式、教学内容,但是需要将教与学的活动分离开来,分别作为一个分离的活动进行计划。他同时提出了独立学习系统的六个特征:学生与教师分离;正常的教与学的过程是以文字或通过其他媒体进行的;教是个别化的;学习通过学生的活动发生;学习是在学生自己的环境里方便地进行的;学生对他自己的进步负责,他可以在任何时间按自己的学习节奏自由地开始和停止学习。① 该理论揭示了学习者的独立学习是在独立学习环境中的自主学习,属于自助式的学习,而教师主要进行个别化的教学辅导,即对学习者的独立学习做出响应。

(二)独立学习体系理论

该理论是迈克尔·穆尔对其导师查尔斯·魏德迈的独立学习理论的完善,穆尔将独立学习理论提升为一门新的学科,即远程教育学。他的独立学习理论体系有四个核心概念:对话、结构、自主性、交互影响距离,并提出独立学习的两个关键因素是结构和对话,结构是某个教育计划能够反馈学生个人需要的量度,对话是在任

---

① 罗琳霞、丁新:《查尔斯·魏德迈远程教育理论与实践研究》,载《中国电化教育》2005年第3期,第39-43页。

何一个教育计划中学生和教师能够彼此回应的程度。换句话说，结构指教学计划设计（或课程设计）容许变通的程度，即执行教学计划是不是有一定或较大的灵活性；而对话是指师生之间通过交流进行互动的难易程度。自主性是指与学习者控制能力有关的学习要素。交互影响距离不是简单的物理距离，而是由物理距离、社会因素等导致师生在心理传播上产生潜在误解的距离，简而言之，就是人际间关系和交互影响的距离。他认为在结构化程度高的课程里，比如纯讲座式的课程，师生之间的对话一般很少，交互影响距离最大。相反，当对话增加，结构灵活时，师生之间的交互距离也随之降到最低程度。[1] 该理论对独立学习情况下在线教师如何提供学习支持服务，提出了一个"对话、结构、自主性与交互影响距离"四位一体的服务模型，该模型同样适应于响应式教学的开展。响应式教学的开展，需要提供灵活开放的学习内容体系，需要尽可能缩短师生之间的心理与物理距离，需要尽可能通过师生交互促进学习者的自助式学习。

三、自助式学习之方法

学习者自助式学习的顺利开展，需要为学习者建构自助式学习环境、提供便捷多样的学习资源、提供必要的学习辅助工具、提供泛在的学习支持服务、提升学习者的自助式学习素养。

（一）建构自助式学习环境

自助式学习需要自助式学习环境做支撑，而自助式学习环境是一种"拿来主义"的学习环境，即学习者能够基于自身的学习需求与学习进度自主利用学习资源进行学习的环境。自助式学习环境同时还是一种生态型的功能完善的信息化学习环境。其学习环境自成体系，不仅包含了学习者自主学习所需要的各类学习要素、资源和工具，而且还包括学习者进行各类学习活动的空间，如学习资讯空间、学习资源空间、学习帮助空间、学习活动与评测空间等。

（二）提供便捷多样的学习资源

学习资源是自助式学习环境的核心构成。自助式学习资源是学习者可以即用即学的学习资源。在线教师要为学习者提供一站式的学习资源，即学习者在自助式学

---

[1] 张秀梅、丁新：《迈克尔·穆尔研究》，载《中国电化教育》2004年第3期，第71－75页。

习环境中就能获取学习所需要的各类学习资源,而不需要跳转到其他学习平台。学习者应非常便捷地获取学习资源,在线教师应将最希望学习者学习的资源,或者学习者最喜欢的学习资源呈现在学习者眼前。同时,在线教师也要为学习者提供多样的学习资源,主要是提供阶梯性的学习资源,以满足不同知识基础学习者的学习需要。

(三) 提供必要的学习辅助工具

学习辅助工具是帮助学习者获取学习资源进行资源加工、数据分析等的工具,是自助式学习环境中不可或缺的内容,比如课程资源的搜索工具、微课制作工具、文献查询工具(如中国知网)、数理类课程的统计工具,或者课程的实验实训软件等。

(四) 提供泛在的学习支持服务

自助式学习可随时随地发生,学习者在学习过程中也会随时遇到各种问题。为适应这种随时随地可发生的学习支持需求,教师需要充分利用媒体技术,为学习者提供时时处处的、泛在化的学习支持服务。

(五) 提升学习者自助式学习素养

自助式学习的开展,还需要学习者具有自助式学习的能力素养。自助式学习的素养提升,一方面依赖于学习者自身的修炼,另一方面也依赖于在线教师对学习者自学能力的培养。学习者自助式学习的素养提升主要有三个方面。

(1) 能力素养。学习者需要具有开展自助式学习的能力,包括学习者学习的自觉性与自律性、学习者自身的学习能力等。学习者对自我的约束和管理能力是学习者开展自助式学习的关键。

(2) 方法素养。恰当的方法运用有利于提升学习者的学习效果。学习者的方法素养是指学习者运用学习方法开展自助式学习的能力。自助式学习需要学习者"四自",即自主安排学习时间、自主选择学习场所、自主掌控学习进度、自主完成学习任务。为此,学习者一要掌握学习规划的方法,能够科学制订自主学习计划;二要掌握科学的时间管理方法,能够合理安排学习时间,缓解工学矛盾等;三要掌握情绪管理的方法,通过驾驭、利用自身的情绪实现高效率的学习。

(3) 信息技术素养。信息技术素养是一种对网络社会的适应能力,是利用各类信息技术服务在线教学的能力,包括对信息技术应用于在线教学的甄选、利用与评价能力。比如为了适应自助式学习，学习者需要熟悉常用的网络操作系统、网络办公软件、网络学习平台等；需要掌握基本的网络搜索技能、网络交互手段，并能够甄选网络学习资源等。

四、响应式教学之方法

响应式教学是以学习者为中心，以自助式学习为依归，以学习需求为导向的教学，需要充分发挥在线教师的自主性，提升在线教师的响应式教学素养。

（一）以学习者为中心

以教师为中心的教学方法，应用到在线教学中会放大它原本就具有的缺点。由于没有了实体的课堂环境和教师的即时监督，单一的视频授课方式更容易使学生失去学习的专注度，丧失作为学习主体的参与感。[①]

事实上，学习者作为教育教学的对象，任何教育都应围绕学习者的学习需求、学习者的成长成才实施教学，即都应该以学习者为中心组织教学。然而，对于在线教学来说，更需要树立以学习者为中心的理念，更需要将该理念融入在线教学的各个环节中。这是因为响应式教学是对学习者学习需求的响应，更需要在线教师深入了解学习者的特征与学习需求，围绕学习者的自助式学习开展教学。也只有以学习者为中心进行在线课程的设计、开发、教学与评价，在线教学才可能真正满足学习者需求，实现专业人才的培养目标。

践行以学习者为中心，关键是要让学习者参与教学决策。在在线教学中，"教"是服务，是向学习者传道、授业、解惑，是学习服务的提供者，是为了促进学习者"多、快、好、省"地学习。这里的"多、快、好、省"是指学习者的学习收获多、学习速度快、学习效果好、学习时间省。因此，在线教师不能喧宾夺主，更不能为了"炫技"而以自己为中心开展教学，将并不一定需要的教学内容"推销"给学习者。"学"是主体，学习者是教学的服务对象和学习的主体，是教学服务的接受者。在线教师要尊重学习者的学习自主性，彰显以学习者为中心的学习理念。只有让学习者参与教学决策，参与到在线课程的设计、开发、教学、评价中，才能让在线教学变成学习者"自己"的事情。

---

① 杨天啸、雷静：《在线教育的理论基础与发展趋势》，载《教育研究》2020 年第 8 期，第 30－35 页。

（二）以学习需求为导向

响应式教学是基于学习者的学习需求所开展的教学，是对学习需求的响应。响应式教学是一种需求导向的教学。需求导向的响应式教学，规定了在线教师不能以自身为中心，不能自说自话，不能自己能教什么就教给学习者什么，而是要以学定教，立足学习者需求确定教学内容与方向。

在传统教学中，由于学习者集中于课堂学习中，教师与学习者有更多面对面交流的机会，教师更容易熟悉学习者，更容易了解学习者的学习状况和学习需要。在这种情况下，因为教师熟悉学习者的各种情况，即使教师以自身为中心，按照自身对学习者的理解进行教学组织与实施，也往往能满足学习者的学习需求。然而，对于在线教学来说，由于在线教师与学习者是分离的，同时学习者的群体往往较大，因此，相对于传统教学，在线教师不容易了解学习者的学习需求和学习特征。在线教师只有坚持以需求为导向，才能主动去调研学习者的学习需求；只有了解学习者群体和个体特征，才能设计出真正适合学习者的在线课程；也只有建构出适合学习者的自助式学习环境，才能真正胜任响应式教学的开展。

为了满足学习者自助式学习的需要，需要开展面向学习者的调研。并在充分了解学习者需求后，需要将学习者的需求融入在线教学的各个环节与要素中。一是要将学习需求融入在线课程的教学目标中，使得在线课程教学目标更契合学习者需求；二是将学习需求融入内容体系的建构中，使得内容的广度、深度、难度更适合学习者的需求；三是将学习需求融入媒体选择中，让在线教学的媒体更适合学习者的自主学习；四是将学习需求融入资源建设中，使所建设的学习资源更适合学习者的知识与技能提升需求；五是将学习需求融入学习支持服务过程中，使在线教师所提供的服务方式与服务内容更贴合学习者需要。总的来说，就是要将该理念融入在线课程设计、开发、教学、评价的过程中。

当然，以学习需求为导向，并不是无限度地满足学习者的学习需求，不是学习者需要学习什么资源就提供什么资源，需要什么样的服务就提供什么样的服务。当学习者群体较大时，即便有这样的想法，也难以全面满足学习者的学习需求。首先，专业人才培养体系与在线课程的内容范畴限定了学习者学习需求的可满足程度；其次，有限的教与学时间要求在线教师优先满足学习者群体的学习需求，再根据情况尽可能满足学习者个体的个性化学习需求；最后，信息技术的发展催生了多种多样的学习支持服务方式，每一种服务方式往往只能适合特定的学习者群体。

（三）建构响应式教学环境

响应式教学环境是实施响应式教学的基础和条件。响应式教学环境是在线教师开展响应式教学所需要的各类教学要素、资源和工具的集合，包括在线教师建设学习资源的设施设备，教师进行教学交互的各类软件工具，教师组织开展学习活动的各类活动工具，教师建设题库、组织学习评测所需的题库建设功能和学习平台功能等。同时，响应式教学环境还应包括教师开展各种教学活动的教学空间，如教学资讯空间、教学准备空间、教师发展空间、教学管理空间。

同时，教师的响应式教学环境与学习者的自助式学习环境是相互联通的，其中，师生交互的功能（模块）是互通的，比如学习者在自助式学习环境中所发出的学习咨询，教师能够在响应式教学环境中及时获取，教师的回复也能及时到达自助式学习环境中的学习者端。

（四）发挥在线教师自主性

响应式在线教学围绕学习者的自助式学习开展，以帮助学习者获取、巩固和消化知识。基于学习者自助式学习的随时随地性，在线教师需要提供泛在的学习支持服务。这些时时处处的学习支持服务，要求在线教师自身有较大的自主性。因此，教育机构应在教学安排、服务时间以及服务方式上应给予教师较大的自主权。

（1）教学安排的自主性。除了教育机构规定的教学安排外，在线课程教学团队在教学安排上应有较大的自主性，即能根据学习者学习的实际情况，个性化地制订在线课程的教学安排。比如，对于自学能力较强的学习者群体，可以在课程重难点的教学辅导上做较少的教学安排，而安排更多的学习活动促进学习者的知识应用；而对于基础较弱的学习者群体，则可以安排更多的课程重难点辅导，帮助学习者掌握课程教学内容。

（2）服务时间的自主性。在线教师不能像传统教学那样，只在上班时间提供教学服务。由于在线教学的学习自主性，学习者的服务需求随时可能发生，而对于在职学习者，学习支持服务需求可能更多出现在周末或晚上。为此，教育机构应给予在线教师服务时间的自主性，对在线教师的服务时间的管理也应该尽可能宽松。

（3）服务方式的自主性。课程教学团队应基于在线课程特点，提供合适的学习支持服务方式，比如，对于实操性强的在线课程，在线教师应更多地提供线下的或虚拟场景的学习支持服务；而对于数理类有较多公式的在线课程，在线教师提供直播型或面授型的教学辅导效果可能更好。

（五）提升在线教师教学素养

在在线教学中，教师退居幕后，学习者来到台前。在线教师不再像传统教师那样，以讲授课程内容为主，而是以提供学习支持服务为主，在线教学已经变成了响应式教学。响应式教学的开展，需要在线教师熟悉在线教学规律，了解学习者，理解自助式学习特征，并能基于学习者的自助式学习提供响应式教学服务。而这种响应式的教学不是传统意义上的"教"，而是实质意义的学习支持服务。为此，需要通过专门、系统的培训提升在线教师的教学素养，帮助在线教师理解在线教学规律、熟悉自助式学习，并能通过响应式教学为学习者提供尽可能周到的学习支持服务。

第二节 回归与融合之道

一、回归与融合之需求

农业文明时代的教学具有教学对象的稀有性、教学资源的稀缺性、教学服务的个体性、教学手段的原始性以及教学关系的紧密性等特征。在农业文明时代，教与学距离最短，教师面对的学习者群体最小，因而也最容易实现教学服务的个性化。工业文明时代的教学具有教学对象的群体化、教学资源的多样化、教学实施的标准化、教学手段的先进化、教学关系的职业化等特征。在工业文明时代，教与学主要发生在课堂空间，教与学距离比较近，师生间物理距离小，教师与学习者之间存在一定的心理距离。信息文明时代的教学具有教学对象的规模化、教学资源的海量化、教学实施的开放化、教学手段的智慧化，教学关系的时空化等特征，教与学发生在无限的网络空间，教与学的距离最远，远距离的授课、交互与服务使得师生存在较大物理与心理距离。

在线教学作为信息文明时代教学的典型代表，实现了教学时空的跨越，提升了教学的规模与效率。但也存在教与学的行为分离、师与生的关系疏离、供与需的匹配脱离等问题。

（1）教与学的行为分离。在在线教学中，网络课件承载教师的主要授课内容，在学习者学习之前就已建设好并布局在学习平台上。学习者"学"的行为发生在"教"的行为之后,两者是相互分离的。不像传统课堂,教的行为与学的行为同步发生,教师能够随时掌握和监控学习者的学习状况,调整教学内容和教学进度。

(2)师与生的关系疏离。在在线教学中,师生之间在时空上是分离的,师生之间通常是隔空交互的。师生之间的交互有实时交互与非实时交互。对于实时交互(如视频会议、直播教学等),师生之间在时间上虽然实现了同步,但是在空间上是分离的;而对于非实时交互,则师生之间不论是在时间上还是空间上都是分离的。师生之间的时空分离,增加了师生之间的心理距离。由于缺乏面对面的师生交互,学习者存在学习的孤独感,教师存在教学的孤独感,同时,教师还可能因为学习者不在现场,而缺乏教学成就感。

(3)供与需的匹配脱离。教学供给来自教师端,学习需求源自学习者端。教学供给与学习需求内容的衔接,以学定教理念的实现,需要充分了解学习者的需求。在线教学中教与学的行为分离、师与生的时空分离,也使得教学供给端与学习需求端发生分离。因为在线教学的师生分离,在线教师获得学习者真实需求的难度较大,又因为学习者群体规模大,在线教师难以准确甄别和把握哪些是学习者的群体性学习需求,哪些是学习者的个性化学习需求。尽管在线教师能够通过问卷调查等方式调研学习者的学习需求,但是这种调研方式的需求获取,相对于传统教学中学习者面对面交流的学习需求获取更难把握和精准对应,在线教师的预期与学习者的预期容易产生较大偏差,导致教学内容与学习需求不匹配,甚至发生教与学的错位。在这种情况下,教师教学容易以自己为中心,这是因为教师对自身所拥有的知识更为清楚,对传授自身所拥有的知识更有信心,也更容易,自己也不用花太多时间去学习新的知识和技能。然而,这一模式会导致教师能教什么就教什么,而不是以学定教,因而容易出现供给与需求的匹配脱离问题。

二、回归与融合之内涵

在线教学的回归不是指重回农业文明时代、工业文明时代的教学情景与教学方式,而是要回归教学本原,回归教与学、师与生、供与需原有的紧密关系。

在线教学的融合是指通过教学融合、师生融合、供需融合,重现教与学、师与生、供与需的紧密关系。一方面,在线教学在现代信息技术的助力下,能够建立更为紧密的教学、师生与供需关系,实现教与学的无缝衔接、师与生的亲密无间关系、供与需的精准匹配关系;另一方面,在线教学通过对信息技术的充分利用,能够实现传统教学所没有的教学时空跨越与规模化教学。

在线教学中教与学的行为分离、师与生的关系疏离、供与需的匹配脱离，要求在线教学回归教学本原。纪伯伦在《先知》中所表达的"我们已经走得太远，以至于忘记了为什么而出发"就是要求我们要回归初心，回归本原。

在线教学中教与学、师与生、供与需的融合是对原有教学关系、师生关系、供需关系的升华，是阶梯式的前进、螺旋式的上升。

三、相关理论支撑

在远程教育领域，教与学的重新整合理论与教学交互理论能够为在线教学的回归与融合提供理论支撑。

（一）教与学的活动重新整合理论

该理论是爱尔兰的远程教育专家基更博士提出的，他认为，远程教育的主要特征是在时间上、地点上教的活动与学的活动的分离，并认为学从教中来，这个过程发生在教师与学习者主观性的相互影响中，这种教师与学习者主观性的相互影响必须被人为地重新建立起来。[①] 学习材料与学习行为的联结是教学双方相互作用重建的关键。由此可见，在线教学的教与学关系、师与生关系的重建，教学交互是最重要的手段。

（二）有指导的教学会谈理论

该理论于20世纪80年代由瑞典远程教育专家霍姆伯格提出。他认为，远程教育系统的特点在于自学，而自学并不是个人自己阅读学习材料，因为学习者不是孤立无助的，学习者可以从为其专门设计、制作的课程材料，从与指导教师之间的双向交流以及与远程教育组织机构代表之间的双向交流活动中受益。教学组织机构同学习者之间的关系被描述为一种有指导的教学会谈，在学习者和指导教师之间，用书信或电话联系而进行的双向交流是霍姆伯格主要关注的一个问题。远程学习材料设计原则包括内容呈现方式易接受，指导和任务明确且有说服力，鼓励师生之间、学生之间的个人交往，讲话方式注意使用亲切的人称。[②] 该理论用形象生动的"教

---

① 穆肃、丁新：《德斯蒙德·基更研究》，载《中国电化教育》2004年第8期，第38-42页。
② 唐燕儿、丁新：《博瑞·霍姆伯格远程教育思想研究》，载《中国电化教育》2004年第5期，第37-41页。

学会谈"描述了学习者与教师、管理者之间的交流互动关系,并在学习材料设计上提出了对现今来说也很接地气的观点。

(三)教学交互分类理论

迈克尔·穆尔于1989年首次在理论上把远程教育中的交互划分为学习者与学习内容交互、学习者与教师交互和学习者与学习者交互三种类型。[①] 安德森在其2004年主编的专著《在线学习的理论与实践》中,基于迈克尔·穆尔的三类交互理论,提出了六种交互形式理论,即学生与教师、学生与学生、学生与学习内容、教师与教师、教师与学习内容、学习内容与学习内容之间的交互。[②] 教学交互理论的发展为我们了解在线教学方式、选择与建构教学交互方式提供了参考,也为我们关注在线教学的交互维度提供了更宽广的视角。

(四)以互动为核心的网上教学原理

张伟远认为,为了促进教学交互,需要建立学生和界面互动的网络平台,激励学生和目标互动的教学设计,引发学生和内容互动的资源开发,促进师生与生生互动的教学传递,指导学生和时间互动的学习管理。[③]

(五)教学交互层次塔理论

陈丽通过研究教学交互提出了教学交互层次塔理论,她认为教学交互模型由三个层面所组成:学生与媒体的操作交互、学生与教学要素的信息交互、学生的概念和新概念的概念交互。这三个层面的教学交互在学习过程中可能同时发生,学习者的学习在这三个层面的教学交互共同作用下完成。其中信息交互包括三种形式:学生与学习资源的交互、学生与学生的交互、学生与教师的交互。这三种形式的信息交互相互补充,其层级关系表现为图4-1。[④] 教学交互层次塔理论应是国内对教学交互思考最深、最具有借鉴意义的理论,其为在线教学交互的层次建构与交互方式的规划,提供了理论与实践的参考。

[①] 张秀梅、丁新:《迈克尔·穆尔研究》,载《中国电化教育》2004年第3期,第71-75页。

[②] 丁新:《国际远程教育研究》,高等教育出版社2008年版,第90页。

[③] 张伟远:《以互动为核心的网上教学原理及应用》,载《现代远程教育研究》2009年第5期,第10-13,71页。

[④] 陈丽:《远程学习的教学交互模型和教学交互层次塔》,载《中国远程教育》2004年第5期,第24-28,78页。

图 4-1 教学交互层次塔

（六）教学交互作用属性与分离理论

笔者对教学交互属性进行过研究，认为教学交互应关注六个方面的属性，即交互对象、作用方式、交互力量、交互动力、交互距离、交互效果，各个交互属性对教学交互产生不同的影响。（见图 4-2）笔者基于教学交互属性，从生态学视野提出了远程教育新的教学交互分类方法，认为在线教学交互分为外部交互与内部交互，外部交互又包含直接交互与间接交互。其中，内部交互是核心，外部交互中的直接交互是重点。（见图 4-3）[1]

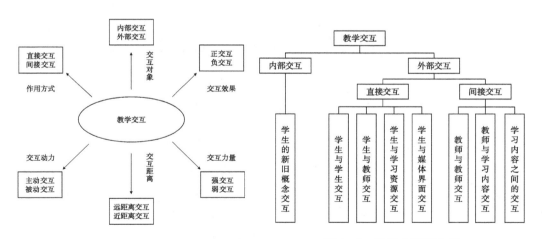

图 4-2 教学交互属性分类　　图 4-3 教学交互新分类

---

[1] 曾祥跃：《生态学视野下的远程教育教学交互分类模型》，载《中国电化教育》2012 年第 2 期，第 36-41 页。

四、回归与融合之方法

（一）实施场景化教学，促进教与学的无缝衔接

社会学家埃尔温·戈夫曼认为，场景是根据所处的环境、特定角色、特定的行为等因素构成的生活场面，注重的是人类的社会和行为。① 芝加哥大学社会学教授特里·克拉克认为，场景的构成是"生活娱乐设施"的组合，这些组合不仅蕴含了功能，也传递着文化和价值观。② 场景是相对稳定的情境，场景中事件是主线，角色是核心。场景化是以事件为核心、对各相关要素的有序安排，使得各相关要素以事件为关联形成一个整体；其关键在于能够促进各类角色与事件的一体化，促进人与环境的融合，使场景中的角色能够融入并沉浸在环境中，实现人与环境的融合。

在线教学跨越时空的特点，使得教与学分离，在线教学缺乏临场感。在线教学的场景化就是要让在线教学回归教学本原，回归师生共处的教学情景。通过在线教学场景化，建构师生一体的教学场景，再现传统课堂的教学情景，实现教中有学、学中有教、教学一体，促进学习的真正发生。这是因为，当师生同处一个教学场景，师生在一个教学场景中开展学习活动，进行互动交流时，师生之间的心理距离会缩短。VR、AR等人工智能技术的出现，实现了在线课堂的仿真化、实景化，给师生带来了教学的沉浸感。教师能够在沉浸式的教学场景中开展教学辅导，提供师生交互；学习者也可以在这种沉浸式的教学场景中进行沉浸式学习，实现教与学的无缝衔接。

（二）建构教学共同体，促进师与生亲密关系的建立

教学共同体是以教学为主线所建构的共同体。在教学共同体中，教师、学习者及相关人员围绕在线教学开展工作，共同构成一个相互作用、相互影响的有机体。教学共同体的建构旨在缩短师生间的心理距离，实现师生之间的无隔阂交互与心灵共鸣，建立师生之间的亲密关系，促进学习者的自助式学习。

教学共同体的建构以学习者为中心，以自助式学习为依托，以在线教学各类活

---

① 约书亚·梅罗维茨：《消失的地域——电子媒介对社会行为的影响》，肖志军译，清华大学出版社2002年版，第2页。
② 吴军：《城市社会学研究前沿：场景理论述评》，载《社会学评论》2014年第2期，第90-95页。

动为主线,以教学交互为重要手段。教学共同体中的教学交互包括师生之间、学习者之间以及教师之间的交互。

(1) 建构师生之间的交互。通过搭建师生之间的知识桥梁,可以实现师生知识传授与接受的无缝衔接,实现教师的知识源源不断地流向学习者,建立师生之间的紧密关系,缩短师生之间的心理距离,促进师生之间的心灵共鸣。

(2) 建立学习者之间的交互。搭建学习者之间的交互桥梁,可促进学习者之间的社会化交互,促进学习者之间的知识、技能、职业、学习、生活等交流。通过学习者之间的协作,在互帮互助中缓解学习者的学习孤独感,建立学习者之间的紧密联系。

(3) 建立教师之间的交互。这类交互可促进教师之间的知识、技能、经历、经验的共享,实现教师之间理念的共有、资源的共享、责任的共担、教学的协同。

(三) 践行以学定教,促进供与需的精准匹配

既然在线教学的目的是满足学习者的学习需求,促进学习者的专业发展,那么以学定教实属必然。在线教学由于教与学的分离,教师端的教学供给与学习者端的学习需求更容易发生偏差,因此,更应该坚持以学定教。坚持以学定教可以避免出现在线教学供给端的"一厢情愿",实现与在线教学需求端的"皆大欢喜"。在线课程教学需要基于专业人才培养目标(预置性的学习需求)与学习需求调研情况(形成性的学习需求)建设在线课程资源,开展在线课程教学,实现教学供给与学习需求的协同一体与精准匹配。

为践行以学定教,需要对在线课程进行全面的调研。首先,需要从学习者端开展面向学习者的调研,摸清学习者对学习内容与学习服务等方面的需求,以及学习者的知识基础、学习风格等情况。其次,需要从教师端开展面向教育机构与教学团队的调研,了解在线课程的教学定位、教学团队的教学供给能力,以及学习平台等教学设施设备的情况。再次,需要从市场端对社会上同类课程的市场供给情况进行调研,包括课程资源的质量、开放共享的方式等。最后,基于在线课程的调研情况,围绕学习者的学习需求满足,制订教学供给方案,实现供与需的精准匹配。

第三节 泛在与适需之道

一、泛在与适需之必要

信息技术的发展,极大丰富了在线学习资源、媒体技术手段以及学习支持服务方式,但同时,这也为在线教师的在线教学带来了一定的困难。因此,在线教学既要体现泛在化又要注意适需化。

(一)泛在化的必要性

朱熹曾提出:"无一事而不学,无一时而不学,无一处而不学,成功之路也。"他指出了随时、随地、无所不学的重要性。在线教学的泛在性需求主要包括以下几方面。

(1)学习者分散学习的需要。在线教学不要求学习者在固定的场所接受教育,不要求学习者在固定的课室上课,因此,学习者的学习是分散的,也是自主的。因为学习者分布在不同的地区,所以只有实现了教学的泛在化,才能满足不同地域学习者的学习需求。

(2)学习者时时处处学习的需要。满足学习者时时处处的学习是学习型社会建设的内在要求,学习者可以在家、在单位、在公园、在地铁里学习。学习者随时随地的自主学习,需要在任何时候、在任何地方获得学习资源和学习帮助,因此,提供泛在的学习资源,提供泛在化的学习服务是在线教学的内在要求。

(3)信息技术能够支撑在线教学的泛在化。随着互联网、5G技术的成熟与普及,网络带宽与速度的提升,网络使用费用的不断降低,充分利用现代信息技术为学习者提供随时随地的泛在化学习服务,已经不再有技术的障碍,这也使得在线教学的泛在化在技术上变得完全可行。

(二)适需化的必要性

1. 学习需求的复杂多样性

学习需求的复杂多样性,使得教师难以满足所有的学习需求。

在线课程的目标设计不仅需要自上而下的、基于专业人才培养目标的解构，更需要结合学习者自身的学习需求。然而相对于传统教学，在线教学的学习需求更为复杂多样。

一是因为在线教学的学习者群体构成复杂。传统教学的全日制学习者，其知识基础、学习动机与学习目标相对统一，而在线教学的学习者则存在较大的差异。比如，开放教育与网络教育以在职学习者为主体，由于在职学习者的工作背景、经历经验与年龄阶段差异很大，对于每一门课程的学习需求、学习预期会有较大差异。

二是因为在线教学的学习者群体相对较大。在线教学的规模化教学和较大的学习者群体，不仅使得对学习者群体学习目标的设计难以精准，而且使得满足每一位学习者的个性化学习需求更加困难。比如公共服务平台上的慕课，有些课程的学习者多达几十万，每一位学习者对于在线课程的学习都有其自身目标，如何在满足学习者群体目标的同时，满足大量学习者的个体目标，存在现实的困难与挑战。

可以说，学习者群体越大，学习者构成越复杂，学习者的学习需求也就越复杂多样，而在在线课程有限的教学时段内，不可能满足学习者复杂多样的学习需求，因此，学习需求的满足只能是适需的。

2. 学习资源的丰富多样性

学习资源的丰富多样性使得学习者难以在有限时间内消化吸收大量的学习资源。

学习资源的丰富性体现在在线教师可以从不同渠道获得丰富的学习资源。在线教师可以自建在线课程的学习资源，也可以选择使用来自各级政府部门组织建设的各类精品共享资源，如国家与省级精品课程、精品资源共享课、精品在线开放课程等。在线教师还可以从互联网上优选社会化的学习资源，如百度百科、知乎等，这些学习资源非常庞大。

学习资源的多样性体现在学习资源呈现方式的选择上，即在线教师可以选择不同的媒体形式呈现在线学习资源，如图文型、高清视频型、虚拟演播型、动画演示型、虚拟实验实训型等资源。

丰富多样的学习资源为在线教师提供了广阔的选择空间，但是，也给在线教师选用学习资源带来较大挑战。这是由于每门课程都有规定的学时和学分，这些学时和学分决定了课程学习内容的体量。在知识飞速增长、资源日益开放的今天，每门课程能够利用的资源都已远远超出课程所能承载的内容，因此，需要在线教师选择利用最合适的学习资源。当然，如何为学习者提供合适形式、合适数量、合适质量的学习资源对在线教师的水平与能力也是一种考验。

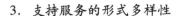

3. 支持服务的形式多样性

支持服务的形式多样性使得教师难以满足所有学习者的支持服务需求。

在师生交互方式上，有些学习者喜欢在课程 BBS 上与教师进行交流，因为课程学习发生在学习平台上，在学习平台的课程 BBS 上交流更方便；有些学习者希望通过微信与教师交流，因为这种交流更适合自己的喜好，而且更具实时性；而有些学习者更喜欢 QQ 群交流，因为 QQ 群中的文档可以长时间保存，可以随时随地进行文档资料的查阅。

在教学辅导形式上，有些学习者喜欢在线直播方式，因为可以实时收看教师的授课，也能实时向教师提问；有些学习者喜欢面授辅导方式，因为可以与教师面对面地交流；而有些学习者更喜欢学习资源型的辅导，比如将课程期末复习指导、作业讲评等内容用文本或视频的形式放在学习平台上；等等。

虽然在线教师能够提供的学习支持服务方式很多，但是教师的时间和精力是有限的，因此，有必要在众多的支持服务方式中，基于支持服务的实际需要，选择适需的支持服务方式。

二、泛在与适需之内涵

在线教学的泛在化是终身教育体系建构的必然要求，包括泛在化的教与泛在化的学。泛在的教是指教师通过各类学习终端（如电脑端、移动端）设备实现时时处处的教，从而提供泛在化的教学服务。泛在的学是指学习者利用各类学习终端实现时时处处的自助式学习。

虽然学习资源海量多样，媒体技术层出不穷，但由于学习者时间和精力有限，需要教师精选学习资源，选择最合适的媒体技术，提供最合适的学习支持服务，适量适需地满足学习者的学习需求。

在线教学是"泛在"与"适需"的统一体，既要"泛在"，也要"适需"。在线教学泛在化的实现，势必会产生形式多样的学习平台（App）、学习资源、交互方式、辅导形式。比如，在在线课程平台部署方面，为了实现泛在化教学，可以建设基于移动学习 App 的、基于微信公众平台的、基于微信小程序的在线课程，甚至可以在抖音或喜马拉雅等平台上建设在线课程。然而，在线课程部署的学习平台太多会让学习者应接不暇，难以聚焦。又比如，在教学交互方面，有些学习者可能习惯用课程 BBS 论坛交流，有些学习者习惯用微信交流，而有些学习者希望用微博交流。提供多种形式的交互方式自然更符合在线教学泛在化的需要，但这也必然让教师应接不暇,难以在诸多交互方式中做时间与精力的平衡。为此,在满足泛在化教学的同时,需要实现在线教学的适需化,为学习者提供适需的、适可而止的学习资源与支持服务。

三、相关理论支撑

(一)等效交互理论

安德森在 2003 年发表的《再论混合:一种最新的有关交互的理论定理》中提出,远程学习中的各种交互形式是可以相互转换和替代的。如学生与教师的交互可以通过教师组织学生讨论转换成学生与学生的交互,学生与学生的交互也可以通过各种形式转换成学生与学习内容的交互;只要三种基本教学交互形式(学生与教师的交互、学生与学生的交互、学生与内容交互)的任意一种处于较高的水平,那么深入的、有意义的正规学习就会得到支持。另外两种交互可以以较低水平提供,甚至空缺也不会降低教育水平。如果三种交互模式的任意两个或者三个交互能一起都达到较高的水平,那么将能提供更加高质量的教学,但实现这种教学质量的提高将花费更多的成本。教师可以依据成本、学习内容、学习对象、方便程度、技术的复杂程度和时间的限制等因素,用一种类型的交互来替代处于同一水平的另外一种或两种形式的交互,而不会对教育的有效性造成明显的损失。① 等效交互理论所提出的教学交互方式的等效性,为我们在众多教学交互方式中挑选合适的、可替代的教学交互方式提供了理论依据。

(二)持续关注的学习支持服务理论

该理论由大卫·西沃特提出,他认为持续关注学习者是质量保障的前提,远距离教育机构除了提供教学包外,还必须具有咨询和教学辅导的功能。这些功能的提供不论什么时候都是理想可用的,即必须是连续不断的,并能够适时满足学生需要的。这些功能还应是一个远程教育系统中能适应学生个人独立学习需要的丰富多彩体系的一部分。② 该理论所提出的对学习者的持续关注,对实现在线教学泛在化,

---

① 转引自郑炎顺、丁新《特里·安德森远程教育理论与实践研究》,载《中国电化教育》2005 年第 4 期,第 42-46 页。
② 武丽志、丁新:《学生支持服务:大卫·西沃特的理论与实践》,载《中国远程教育》2008 年第 1 期,第 25-29,78 页。

为学习者提供时时处处的学习支持服务提供了理论依据。

（三）健康学习理论

该理论认为，面对信息时代丰富海量但参差不齐的学习资源，教师应引导学习者采取健康的学习方法进行适需的学习。即学习者应充分利用现代信息技术，主动获取并甄选适量、优质的学习资源，合理获取、利用学习支持服务，科学分配学习时间，构建适合自己的个性化学习方式，进行持续、高效、高质的学习。[①] 该理论还从学习者的视角，提醒学习者采取健康的学习方式，甄选适需的学习资源与学习支持服务。这一理论为教育机构提供适需性学习资源与学习支持服务提供了理论依据。

四、泛在与适需之方法

（一）在线教学的泛在化

在线教学泛在化的实现，需要建设泛在化的学习平台，建构智慧化的教学场景，提供自适应的学习资源与全时性的学习支持服务。

1. 建设泛在一体的学习平台

当前，在线课程的泛在化教学往往需要多个学习平台做支撑，如网络学习平台、移动学习 App、微信小程序等。同一门课程在多个学习平台上实施教学会存在数据融通困难、教学数据难以完整等问题。建构泛在一体的学习平台，实现各类学习终端的全适应、各类终端数据的全融通，是实现泛在化在线教学的重要保障。

2. 建构智慧化的教学场景

智慧化的教学场景是指通过人工智能技术实现各类学习终端共享同一教学场景，比如，教师在电脑端利用网络学习平台组织学习活动时，学习者既可以通过网络学习平台也可以通过移动学习平台参加学习活动，从而实现不同终端之间教学的无缝衔接。智慧化教学场景的建构需要充分利用智能感知、智能代理、数据挖掘与数据分析技术，实现教学场景的智能感知与智能建构。

3. 提供自适应的学习资源

学习资源的自适应既是指面向学习者推送适应学习者知识基础、学习风格的学

---

① 曾祥跃、武丽志：《健康学习：网络时代的学习方式》，载《当代继续教育》2015 年第 1 期，第 36－39 页。

习资源，并依据其学习进展实施阶梯式的知识推送；也是指基于不同学习终端的特点，能够自动匹配最合适格式的学习资源，比如学习者用电脑端学习时，可以提供标准的1920×1080高清格式的视频资源，而当学习者用手机终端学习时，则通过码率的自动转换，匹配码率更小（如720×480）的视频资源。在线课程的网页界面和网页文字也应基于学习终端的屏幕大小进行自动优化。自适应技术的应用让学习资源在各类终端都能良好呈现，学习者能够利用各类学习终端实现时时处处的泛在学习。

4. 提供全时性的学习支持服务

既然在线教学的泛在化让学习者可以时时处处地在线学习，那么与此相适应的学习支持服务也应时时相伴。这就要求在线课程教学团队提供全时性的学习支持服务。从当前的交互手段看，微信、QQ等交互工具已经为全时性学习支持服务提供了条件。然而对于在线教师来说，全时性的学习支持服务将需要投入极其大量的时间和精力。特别是在职的学习者，其在线学习的时段往往在周末与晚上，这给在线教师的全时性学习支持服务带来很大挑战。因此，充分利用人工智能技术，建构在线教学的智能助手和AR、VR教师，将能实质性地促进在线教学的全时化，真正实现对学习者的泛在化学习提供支持服务。

（二）在线教学的适需化

在线教学的适需化是指提供适合学习者需求的在线教学，包括教学目标的适需、教学内容的适需、教学方式的适需、学习支持服务的适需、媒体技术的适需等。

1. 设定适需的教学目标

教学目标适需是指既满足学习者群体又兼顾学习者个体的知识基础与学习需求的在线课程教学目标。立足学习者的学习需求制订的在线课程教学目标，即为学习者的学习目标。设定合适易达的在线课程教学目标，能够让教学质量更有保障。

2. 提供适需的教学内容

教学内容适需是指教学内容在深度、难度、宽度、广度上的适需。教学内容太多，学习者不易消化，教学内容太少，又会让学习者"吃不饱"。所以，在教学内容的布局上，既要有基础性的教学内容，也要有拓展性的教学内容；既要考虑教学内容的高端性，也要考虑教学内容的基础性。只有这样，才能满足不同基础学习者的学习需求，让学习者的学习更为精准、高效。

3. 采用适需的教学方式

当前，在线教学方式多种多样，如翻转教学、直播教学、移动教学、网络教学、微信教学等。适需的教学方式是指基于在线教学的内容特点，选择学习者最容易接受、最认可、最能促进学习真正发生的教学方式，以保障教学效果。比如，为了让在线教学更接近课堂教学，有条件采取虚拟实践教学的就应采取虚拟实践教学，有条件实施直播教学的就应实施直播教学。

4. 提供适需的学习支持服务

基于现代信息技术的学习支持服务形式多样，但学习支持服务并非越多越好，应选择1～2种最常用的、最普适的学习支持服务方式，提供高质量、高水平的学习支持服务，使得在线教师的学习支持服务更为集中、更为聚焦。比如，将实时交互方式选定为用微信群交互的话，教师与学习者更容易集中在该微信群中进行交流讨论，微信群的交互将更为活跃、更有人气。

5. 选择适需的媒体技术

适需的媒体技术是指在在线教学的各个环节中选择合适的媒体技术、媒体呈现方式。比如，在媒体资源的制作上，可以基于制作内容，选择高清录播、虚拟演播、动画演示、虚拟现实等媒体制作技术；在媒体资源的呈现上，可以基于实际需要，选择视频、音频、文本等媒体呈现方式；在教学媒体的应用上，可以基于教学内容，选择直播、录播、多媒体教学等媒体技术。

本章小结

"道"是规律、方法，是形而上的学问，是对现象的归纳总结，是从有形到无形的升华。"明道"就是要明白在线教学之"道"，就是要掌握在线教学的规律与方法，以引领在线教学实践。

在线教学中，学习者需要自主安排学习时间、自主选择学习场所、自主掌控学习进度、自主完成学习任务，属于自助式学习。为适应学习者的自助式学习，教师应提供响应式教学，包括主动的教学响应与被动的教学响应。在线教师为学习者开展自助式学习提前准备的学习环境与学习资源、为促进学习者掌握课程知识所开展的学习活动和教学辅导都属于主动的教学响应；在线教师基于学习者的问题咨询所给予的解答则属于被动的教学响应。在线教学的自助与响应之道，要求在线教学以学习者为中心，围绕学习者的自助式学习提供教学服务。为实现自助式学习，需要为学习者建构自助式学习环境，提供便捷多样的学习资源、必要的学习辅助工具、泛在的学习支持服务以及必要的学习方法指导。响应式教学的开展，需要以学习者为中心，以"学"定"教"，建构响应式教学环境，发挥在线教师的教学自主性，提升在线教师的响应式教学素养。

在线教学实现了教学时空的跨越、提升了教学的规模与效率，但也存在教与学的行为分离、师与生的关系疏离、供与需的匹配脱离等问题。在线教学回归不是要重回农业文明时代、工业文明时代的教学情景与教学方式，而是要回归教学本原，回归教与学、师与生、供与需原有的紧密关系。在线教学的融合是对在线教学回归需求的回应。在线教学的教与学、师与生、供与需的融合是对原有教学关系、师生关系、供需关系的升华，是阶梯式的前进、螺旋式的上升。实施场景化教学能够促进教与学的无缝衔接，建构教学共同体能够促进师与生亲密关系的建立，践行以学定教能够促进供与需的精准匹配。

学习者学习的分散性以及时时处处的学习需求，需要教育机构提供泛在化的教学支持，信息技术的发展为泛在化教学提供了可能。由于学习者在学习需求、学习资源、学习支持服务方面的复杂多样性，以及在线教师时间与精力的有限性，在线教师只能为学习者提供适需的教学服务。为实现泛在化教学，需要建构泛在化的学习平台，建构智慧化的教学场景，提供自适应的学习资源与全时性的学习支持服务。在线教学的适需化包括教学目标的适需、教学内容的适需、教学方式的适需、学习支持服务的适需、媒体技术的适需。在线教学是"泛在"与"适需"的统一体，既要"泛在"，也要"适需"，缺一不可。

第五章
优术：在线课程之设计

课程是学习者能力培养的基本单元，专业能力的培养依赖于课程的教学实施。课程所涉及的内容是多方面的，教学内容与课程有关，但不是课程的全部。如果把课程看成是一种"方案"，那么教学就是实施这种"方案"的"活动"之一；如果把课程看成是对教育教学各项活动的整体"计划"，那么教学就是"执行计划的过程"；如果把课程看成是"教育性经验的总和"，那么教学就是"经验生长的重要途径"或"经验生成的过程"。[①]

在线课程是指以线上教学为主要形式的课程类型。在线课程设计是对整门课程的系统规划，是基于在线课程的调研与分析，对在线课程的目标、内容、思政、模式、服务、环境、评价、特色等要素进行有机融合、有序安排，以实现学习者高质、高效地学习最适合的知识与技能的过程。在线课程设计包括在线课程的"三端"调研、"五维"分析与"八要素"设计三个环节。

第一节 在线课程设计目标与导向

一、设计目标

在线课程设计的本质是规划，是对在线课程关键要素与环节的规划。其目标在于让在线课程成为一门有灵魂、有思想、有内涵的高品质课程。

在线课程设计要以学习者为中心，以自助式学习为导向，立足在线课程的调研

[①] 钟启泉：《课程论》，教育科学出版社2017年版，第4页。

与分析,对在线课程的目标、内容、思政、模式、服务、环境、评价、特色等进行一体化设计,使得各要素有机融合、有序安排。通过建构学习者乐学、易学的自助式学习环境,在线教师乐教、易教的响应式教学环境,形成全局、全域、开放的在线课程教育生态;通过创设宽松、圆融、开放、和谐的在线教学情境,达到师生知识互联、思想互通、情感互融的境界从而最终实现学习者"多、快、好、省"地学习效果,达成人才培养的目标。其中,"多"是指单位时间内学习者获取的知识技能多;"快"是指学习者获取知识技能的速度快,这涉及学习者获取知识的便捷性、教师讲解的精准性、内容呈现的科学性等;"好"是指学习效果好,这涉及提供在线课程的周到服务、建构在线课程的良好环境等;"省"是指学习时间省,对于在职人员来说,时间就是金钱,就是生命。因此,在线课程既要让学习者获得尽可能多的知识,也要为学习者节省时间。

二、设计导向

(一)学习者参与

学习者参与是指让学习者深度参与在线课程的设计环节。学习者作为在线教学的对象,是在线教学的"用户",学习者参与在线课程的设计是践行"以学习者为中心""我的学习我做主"的理念,其与商业领域"顾客就是上帝"的理念异曲同工。

学习者参与在线课程设计能够产出更切合学习者实际学习需求的设计方案,因为学习者最理解自身的需求"是什么""不是什么",学习者参与在线课程设计,可以避免课程的教学目标与学习需求产生偏差,更好地实现人才培养目标;还可以将自身所拥有的经历、经验和知识技能有机地融入在线课程,变成宝贵的在线课程内容。对于在职学习者占多数的开放教育与网络教育来说,将在职学习者所拥有的丰富经历、经验与知识技能转变为在线课程资源,能使在线课程资源更丰富多彩。学习者参与在线课程设计,还能够让学习者体悟到参与的成就感和获得感,从而充分发挥学习者的学习积极性与创造性。实际上,学习者不仅需要参与到在线课程的设计中,还需要参与到在线课程的建设与实施过程中,为在线课程的优化完善献计献策。

尽管在线课程设计需要学习者的积极参与,但也不能抹杀教师在课程设计中的主导地位。在线教师的专业知识、经历经验以及教学中的主体地位决定了教师在课程设计中的主导地位。在线教师应基于在线课程的目标与定位，结合学习者的需求进行综合设计，特别是在满足学习者需求方面，需要辨别哪些是学习者的群体性需求，哪些是学习者的个性化需求；哪些需求是符合课程发展目标需要的；哪些需求虽然是学习者群体的真实需求，但当这种需求与课程教学目标相距较远时，也需要适当取舍。

（二）化繁为简

奥卡姆剃刀原理由14世纪哲学家、圣方济各会修士奥卡姆的威廉（William of Occam，约1285—1349年）提出的。该原理可简述为"如无必要，勿增实体"。也就是说：如果有两个功能相等的设计，那么选择最简单的那个。奥卡姆剃刀原理并不是只肯定简单的设计就是好的，也不是否定一切复杂含蓄的设计就是不好的。其核心是强调"简单"设计比"复杂"设计更容易让人理解，传达效果更好。

在线课程设计相对于传统课程设计需要考虑更多的因素，如媒体技术的充分应用，教学与师生时空分离的教学实现等。相对来说，在线课程设计比传统课程设计更为复杂。因此，在信息技术快速发展的今天，借鉴奥卡姆剃刀原理，采取化繁为简的设计策略更为适合。化繁为简就是要简化在线课程的复杂度，建设轻量、适需的在线课程（如精简适需的内容、便捷易达的服务），建构教师乐教、易教，学生乐学、易学的环境。

在内容设计上，应做到内容的体系性与精简性兼顾。在线课程内容建设不能因为强调内容的系统性而堆叠教学内容，使得学习者难以在规定时间内完成课程学习；而应该提供适需的、精简的教学资源，让学习者在相对较短的时间内完成课程内容的体系化学习。教学内容的体系化设计，还要避免教学内容体系的固化，应具有灵活性，并体现时代性。

在服务设计上，要充分利用丰富的现代媒体技术建构多样的学习支持服务系统。多样的学习支持服务体现在服务方式的布局多样，比如，线上学习支持服务与线下学习支持服务应合理搭配，而不是学习支持服务的简单堆叠。学习支持服务宜精不宜多，应精选大众化的、普适性的学习支持服务方式。同时，还应该让学习者在学习支持服务的获取上便捷、易达。

（三）供需平衡

在线课程的供需平衡，就是要避免供给端的"一厢情愿"，实现供给端与需求端的"皆大欢喜"。具体来说，就是要避免教师闭门造车，按照自己能教什么的维度去设计和建构教学内容，要以学定教，充分考虑学习者的学习需求，在满足学习者学习需求的前提下，传授能给学习者带来"增量"的内容。总的来说，在线课程设计应以课程目标为中心，以学定教，实现在线教学的供需平衡。

（四）能力导向

信息时代的到来，知识更替日新月异，单纯以传授知识为导向的时代已经过去。学习者所拥有的知识技能也会随着时代的快速发展而需要更新换代。特别是在海量的网络学习资源面前，教师单纯地传授知识变得越来越不重要。因此，在线课程应该以能力培养为核心，以知识技能的应用为导向，培养学习者的新知获取、知识应用、专业思维以及终身学习的能力，以帮助学习者立足于学习型社会，促进学习者获得可持续发展的动力。这正是：授人以鱼，不如授人以渔。

（五）彰显特色

在线课程的特色在于彰显其信息技术特色。比如，新的媒体技术在课程教学中的应用、媒体技术所引发的课程教学改革、媒体技术应用所带来的资源建设和支持服务方式的变化等。

在线课程设计还应增强课程目标的灵活性，避免课程目标过于僵化；增强课程内容的时代性，避免课程内容落后于时代；增强教学过程的动态性，避免教学过程与流程过于死板；强化课程评价的发展性，避免课程评价拘泥于课程考试成绩的评价。

（六）教学协同

纯粹的网上教学固然具有突破教学时空、学习者可以时时处处学习的优势，但是也存在师生交互效果欠佳，学习者有较强的学习孤独感等问题。采取线上教学与线下教学协同，则既能发挥线上教学优势，又能弥补线上教学的不足。比如，开放教育采取总部线上教学、各教学点开展线下辅导的方式就是一种很好的线上线下协同教学。

三、设计路径

在线课程设计的基本路径可以分为"三端"调研、"五维"分析、"八要素"设计。首先，需要开展基于在线课程学习者端、教师端与市场端的"三端"调研，以了解在线教学的学情、教情与行情；然后，基于调研结果，进行师生、内容、方法、环境、评价的"五维"分析；最后，基于调研分析，从在线课程的目标、内容、思政模式、服务、环境、评价、特色"八要素"出发，进行在线课程的体系化设计。在线课程设计的基本流程可用图 5-1 表示。

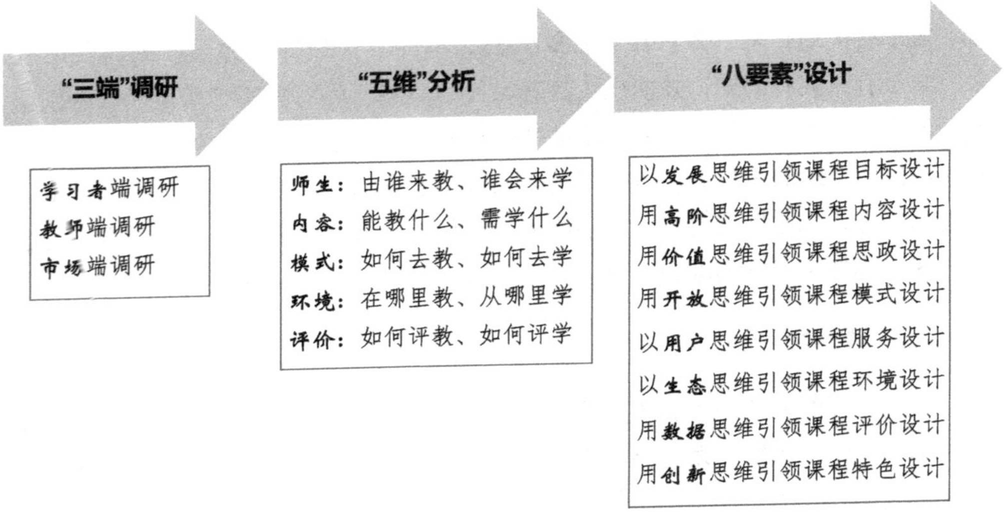

```
"三端"调研                    "五维"分析                    "八要素"设计
```

"三端"调研	"五维"分析	"八要素"设计
学习者端调研 教师端调研 市场端调研	师生：由谁来教、谁会来学 内容：能教什么、需学什么 模式：如何去教、如何去学 环境：在哪里教、从哪里学 评价：如何评教、如何评学	以**发展**思维引领课程目标设计 用**高阶**思维引领课程内容设计 用**价值**思维引领课程思政设计 用**开放**思维引领课程模式设计 以**用户**思维引领课程服务设计 以**生态**思维引领课程环境设计 用**数据**思维引领课程评价设计 用**创新**思维引领课程特色设计

图 5-1　在线课程设计路径

第二节　在线课程"三端"调研

一、调研目标与方法

（一）在线课程调研目标

在线课程调研是对在线课程的现状与问题、需求与规划的调研。通过在线课程调研与分析，方能为在线课程的设计，以及后续的在线课程的开发、教学与评价提供依据。

当前，在线课程主要为普通教育的慕课、开放教育与网络教育的专业课程，这些在线课程主要面向社会学习者。其中又以开放教育与网络教育的在线课程为主体。当前，开放教育与网络教育的在线课程的吸引力总体不足，特别是教育机构面向自身学习者的在线课程，学习者真正感兴趣、真正愿意学习的在线课程不是很多。其原因是多方面的，学历证书导向是其中一个原因，但是，在线课程的内容与学习者的实际需求脱节，没能真正满足学习者的需求才是关键的原因。因而，在线教育要真正帮助学习者解决实际问题。从当前一些实用型慕课的访问量来看，真正经过精心设计的、有吸引力的在线课程，学习者还是会喜欢的。只有当学习者真正觉得在线课程对自己有用的时候，他们才会主动、积极地学习在线课程，学习才会真正发生。比如在中国大学 MOOC 中，不乏一些吸引了几千、几万名学习者的优质慕课。

在线课程调研的目标是通过对在线课程现状与问题、需求与规划的调研，为在线课程的设计、开发、教学与评价提供依据。特别要对学习者的学习特征与学习需求进行深入调研，然后才可以基于在线课程的调研结果，设计出学习者真正需要的、能够真正帮助学习者提升知识技能、解决实际问题的在线课程，以促使学习真正发生。单纯基于专业人才培养方案、基于在线课程供给端所进行的在线课程设计，往往会变成任务完成型的在线课程，容易变成脱离实际需求的在线课程，变成"一厢情愿"型的在线课程。

（二）在线课程调研内容

可以从三个维度设计在线课程的调研内容，即可以开展针对在线课程学习者端、教师端与市场端的调研。

在线课程的学习者端调研是立足学习者的学习需求开展的调研，旨在了解在线课程的学习者特征、学习条件、学习动机、学习风格，了解学习者的学习内容与学习服务需求。

在线课程的教师端调研是立足教育机构和教师的教学供给能力开展的调研，旨在了解教育机构的在线课程教学规划以及教学供给能力，调研内容包括在线课程的规划、教学团队的构成与教学能力、教学资源的供给情况、学习平台情况、教学设施设备情况等。

在线课程的市场端调研是从同类课程的市场供给视角开展的调研，旨在了解社会上同类课程（含线上或线下课程）的教学实施情况，以明确在线课程自身的定位，挖掘自身课程的特色，产生与同类课程的比较优势。

（三）在线课程调研方法

那么应该如何开展在线课程的调研呢？在线课程的调研方法通常有文献研究

法、问卷调查法、访谈法、研讨法、实地调查法等。

1. 文献研究法

文献调研法是通过文献调研的方法,调研在线课程所在专业领域或课程教学领域的前沿研究成果、在线课程的教研教改措施及所取得的教学成效、在线课程的课程思政方法与举措等。假设要开设财务会计课程,就可以先进行该课程的文献研究,了解该课程的研究前沿、教研教改举措与成效。在中国知网以"财务会计"和"课程"为关键词搜索核心期刊和CSSCI期刊的论文篇名,可以搜索到59篇相关文献。按照被引文献排序,就能得到图5-2的结果。对这些相关文献进行调研,分析自身课程的优势和特色,就可以对症下药地进行在线课程设计,并且可以将教研教改新举措融入在线课程的设计中。

图5-2 中国知网中与财务会计课程相关的部分研究文献

2. 问卷调查法

由于在线教学的师生分离特点,教师通过问卷调查法来了解学习者的需求将更为方便。面向学习者的问卷调查法,可以调研学习者的特征、学习者的学习条件、学习者的学习内容需求与学习服务需求等。问卷调查可以在学习平台上实施,也可以在社会上的专业问卷调查网站(如问卷星)上进行,还可以通过高校的教学点,开展线下的问卷调查。以在线课程为核心的问卷调查,可以分为前置问卷调查、课中问卷调查和课后问卷调查三种形式。

前置问卷调查是在在线课程开设前,调研学习者的特征(如知识基础、学习风格、学习动机等),学习者对学习内容和支持服务的需求等。对学习内容的调研,一般可以提供一个在线课程的内容框架供学习者选择,然后基于学习者对教学内容的选择权重，布局课程中教学内容的比例。对于在职学习者来说，让学习者自己选择学习内容更为重要。对学习服务的调研，可以设计多种学习服务供学习者选择，如师生交互方式，可以提供课程 BBS、微信群、QQ 群等方式供学习者选择，然后根据学习者选择的权重，将学习者最喜欢的交互方式作为支持服务的主要形式。

课中问卷调查是指在在线课程的教学实施过程中所开展的问卷调查，课中问卷调查一般来说可以相对简单，甚至可以以课程中的学习活动的形式开展。其目的主要是为了了解在线教学实施过程中存在的问题，包括教的问题、学的问题。通过问卷调查，教师可以及时调整教学策略，并能根据学习者的需求增补学习者更为需要的学习内容。

课后问卷调查是指在在线课程教学周期结束后所进行的总结性的问卷调查，这类问卷调查往往与教学评价融为一体。课后问卷调查的目的主要是为了总结本轮在线课程教学所取得的成绩和存在的问题。课程问卷调查的设计，主要可以对在线课程的教学资源质量、教学实施、学习成效等进行调研。其调研结果可以用来优化在线课程的学习资源、学习活动、支持服务等。

3. 访谈法

访谈法可以是面向学科专家的访谈，也可以是面向兄弟院校同类课程教学团队的访谈，还可以是面向学习者的访谈。通过学科专家访谈可以了解学科专业的发展、课程的发展方向及内容布局等；通过与同行的访谈和交流，可以了解学科专业或同类课程的发展现状、发展方向与趋势等；通过面向学习者的访谈，可以了解学习者个性化的学习需求。同时再结合面向学习者的问卷调查，可以使得面向学习者的调研结果更为精准。

4. 研讨法

研讨法是指通过会议研讨的形式对在线课程的设计、开发、实施与评价进行调研，主要可用于在线课程教师端的调研。研讨方式可以是线下的，也可以是线上的。比如，利用腾讯会议进行在线课程的研讨就是一种很好的方式，特别是对于开放教育来说，由于教学团队的构成既有总部的教师，也有分布在各地的基层开放大学的教师，采用腾讯会议的形式就更为便利。

5. 实地调查法

对于网络教育或开放教育的在线课程调研，不仅需要了解高校本部的教学环境与教学条件，还需要了解各教学点的教学环境与教学条件，如对于实操性较强的课程，可能需要教学点提供实验实训的环境与条件。为此，在线课程的责任教师可以组织对教学点的实地调查，了解教学点所能提供的实验实训、支持服务的环境和条件，对症下药地布局在线课程的教学辅导。

（四）在线课程调研原则

除了了解在线课程调研的目标、内容、方法，我们在进行调研时还需要遵循在线课程调研的基本原则。总的来说，在线课程的调研，应遵循调研方法科学、调研对象全面、调研内容精准、调研结果客观四项基本原则。

（1）调研方法科学。就是要采取科学的调研方法，以获取科学、可靠的调研数据。只有调研数据科学可靠，调研结果才有意义。科学的调研方式就是要根据每一种调研方法的特点，遵循每一种调研方法的程序、章法和范式，做到调研方法有理、有利、有节。

（2）调研对象全面。就是要进行相对全面系统的在线课程调研。对于在线课程来说，首先，需要从在线课程的学习者端入手，调研学习者的特征、学习者对学习内容与学习服务的需求。其次，需要从在线课程的教师端入手，调研在线课程的教学供给能力。最后，还要从在线课程的周边入手，即从市场端入手，调研同类课程的开展情况。

（3）调研内容精准。在开展调研前，需要布局在线课程的调研内容。为了精准实现在线课程的人才培养目标，需要精准定位每一项调研的内容，而且每一项内容都有其服务的目标。因此，调研的规划显得尤为重要。

（4）调研结果客观。尊重事实才能发现真相，只要调研结果是真实情况的反映，即使调研结果与调研的预期大相径庭，也应尊重调研结果。客观真实的调研结果是保障在线课程科学设计的前提条件。

二、学习者端调研

在线课程学习者端调研是从学习对象出发所进行的调研，目的是了解学习者特征、学习者的学习内容需求与学习服务需求，以建构适需的在线学习环境，建构适需的在线学习资源，提供适需的在线学习服务，吸引学习者主动学习，促进学习真正发生，使得在线课程真正有效、有用。学习者端调研包括学习者特征调研、学习内容调研与学习服务调研三方面。

（一）学习者特征调研

对学习者特征的调研，可以以专业为单位展开，也可以以在线课程为单位展开。不管是从哪个层面开展调研,对学习者特征的调研必不可少。学习者特征可分为学习者自身特征与学习者外部环境特征、学习者个体特征与学习者群体特征,以及全日制学习者特征与在职学习者特征。

1. 学习者自身特征与学习者外部环境特征

学习者自身特征是指学习者自身内在的心理与生理特征,包括学习动机、学习风格、认知起点、知识基础、经历经验等。学习动机直接影响学习者的学习积极性,单纯以文凭为导向的学习容易让学习者只关注课程学习的结果。学习风格是学习者身上表现出的相对稳定的个别差异特征,这些特征不随时间和学习场合(如具体的学科、学校学习的场景、实际工作的场景等)而变,可以用相应的自陈量表识别出多种不同的学习风格类型。当教学的方式或方法与学习者的学习风格相一致或相匹配时,可以促进学习者的学习,提高其学习成绩,这一观点被称为"匹配假设",也是学习风格理论致力追求和展示的亮点。① 迈尔斯—布里格斯类型指标(MBTI)将学习风格分为四个维度,即个体能量流动方向维度的外倾与内倾偏好、个体获取信息感知方式维度的感觉与直觉偏好、个体处理信息决策方式维度的思维与情感偏好、个体与周围世界接触方式维度的判断与知觉偏好。② 学习风格关乎学习者的学习偏好,也直接影响学习者的学习效果。学习者的认知起点与知识基础直接影响教学内容难易程度的布局,对于在线教学来说,由于学习者群体较大,学习者知识基础差异较大,对学习者知识起点和知识基础的把握更难,折中和平衡是确定在线课程学习者群体认知起点的关键。学习者的经历经验直接关乎学习者的学习目标与价值取向。在职学习者因为已经拥有基本的专业技能,可能更希望获得更高层面的、高阶性的技能教学或弥补理论知识的不足。而如果是在校学习者或者刚刚参加工作的学习者,由于缺乏基本的专业技能,则可能希望从最基础的技能教学开始学习。

学习者外部环境特征是指学习者的外部条件与环境特征,包括学习者数量以及变动情况、学习者的地域分布、学习者的学习时间、学习者的学习环境、学习者的实践条件。第一,学习者数量以及变动情况。这一点影响在线课程教学力量的配备,特别是教学辅导力量的配备。比如,中山大学网络教育学院的远程学习方法与技术课程,因为每学期需要吸纳 3000 名新生,为适应大规模学习者的教学服务需要,该课程每学期配备了 10 位辅导教师;如果一门课程只有几十人,则可能只需

---

① 王小明:《步入困境的学习风格理论》,载《外国教育研究》2020 年第 5 期,第 93 - 102 页。
② 胡文龙:《西方工科生学习风格研究及其启示》,载《高等工程教育研究》2016 年第 4 期,第 172 - 177 页。

要一位辅导教师。第二，学习者的地域分布。学习者的地域分布影响学习者的协作学习与团队学习的开展，也关系到在线课程的面授辅导的地域布局。在线教师可以根据各教学点的学习者人数配备不同数量的辅导教师，对于学习者人数较少的教学点，需要将多个教学点的学习者整合，开展联合型的教学辅导，以分担各教学点的教学辅导成本。第三，学习者的学习时间。如果是全日制学习者，一般不存在学习时间紧张的问题，但是对于在线学习者来说，很多学习者因为一边工作一边在职学习，工学矛盾突出，学习者能够用于学习的时间很有限。这就需要在课程设计中充分考虑学习者的这一情况，通过建设微课型的教学资源，提供移动化的学习方式和周末或晚上的支持服务，满足学习者随时随地利用碎片时间的学习需求。第四，学习者的学习环境。在线学习者的学习，有别于课堂学习，其学习地点不固定，学习环境较复杂，要组织学习者集中面授，或者组织集体讨论相对困难。第五，学习者的实践条件。对于全日制学习者，实操性的教学内容可以在实验实训室等环境中进行实操训练。而对于在线学习者，则难以集中到学校固定的实验实训室进行实操训练，甚至某些远程教育机构自身就缺乏这些实验实训条件。在这种情况下，就需要在课程教学中，尽可能创造实验实训的机会，满足学习者对实验实训教学的要求，比如引进虚拟实验实训软件、利用学习者所在单位的实践场所进行实验实训等。

2. 学习者个体特征与学习者群体特征

学习者个体特征是每个学习者个体在知识基础、经历经验、学习环境、学习风格、学习动机等方面的特征。学习者群体特征是该课程学习者群体的集体特征，其主要源于学习者个体特征的综合分析，包括学习者的整体知识水平、学习动机的总体情况、学习者的地域分布与数量情况等，同时还需要分析学习者群体的个体差异度。

在线课程的设计应主要基于学习者的群体特征进行设计，同时需要兼顾学习者群体中个体差异度的大小，如果个体差异度太大，则需要增加课程内容的宽容度，满足更多学习者的学习需求。同时，要充分利用现代信息技术，在满足在线学习者群体特征需求的情况下，将满足每个学习者的个性化需求作为追求的目标。具体来说：既要立足学习者群体特征，优先满足学习者群体学习和服务需求；又要充分考虑学习者群体的个体差异性，基于个体差异性，确定在线课程的宽容度，弥补学习者的个体差异。如果学习者个体差异大，则增加在线课程的宽容度，如增加教学内容的延展性和覆盖度，使得教学内容能覆盖绝大部分学习者的学习需求；如果学习者个体差异小，则可以减少在线课程的宽容度，如将教学内容布局在某个相对较小的区域，在该区域内讲精、讲细。还要充分利用信息技术，在满足学习者群体学习与服务需求的同时，尽可能提供个性化的服务，满足学习者的个性化学习需求。如在内容布局上，提供满足少数学习者需求的个别化资源，让学习者自主学习；又如提供点对点的学习支持服务，而不是单纯提供微信群、QQ群等群体性的服务方式。

3. 全日制学习者特征与在职学习者特征

基于在线学习者的工作状况，可以分为全日制的在线学习者与非全日制的在线学习者，其中非全日制的学习者以在职学习者为主。在在线学习者中，在职学习者与全日制学习者差异显著。

全日制学习者的人生阅历较少，缺乏工作的经验经历，学习动机相对单纯；对于同一班级的学习者，其知识基础差异小，认知起点基本同步，学习时间多。但因为是全日制的在校学习者，所以不适宜进行大量的在线学习，在线学习主要作为学习的辅助手段，如用于翻转课堂前的课前学习。

在职学习者由于在职学习者人生阅历与工作经验经历比较丰富，其在线学习的动机相对复杂，有的可能是为了获得知识技能，有的可能只是为了获得学习证书（主要是学历证书），不同的学习目标导致在职学习者表现出非常明显的学习态度差异。真正想获得知识技能的在职学习者，其学习目标明确，学习动力强劲，能够主动自觉地进行在线学习；"混学历"的学习者，则因其学习动机不纯，能不学习就不学习。在职学习者群体通常构成复杂，知识基础与认知起点差异大，学习时间少且呈现碎片化，但是，其丰富的经历经验又能帮助在职学习者更好地理解和掌握知识技能，因此，基于在职学习者背景设计的在线学习资源更受学习者欢迎。

综上所述，充分结合在线课程的学习者特征设计在线课程是非常必要的。如果以全日制在校学习者为主体，则在线课程的教学不适宜采取完全的在线教学方式，而应该充分利用课堂教学优势，实施混合式教学，实现线上线下教学的优势互补与结合。如果以在职学习者为主体，则应充分结合在职学习者的经历经验实施在线教学，同时要充分考虑在职学习者的工学矛盾，制订真正适合在职学习者的在线教学实施方案。例如，基于在职学习者的特点，尽可能提供全时性的学习支持服务（如周末或晚上都提供学习支持服务）；基于在职学习者已有一定的工作经验与技能基础，应注重提升性的、高阶性的技能性知识的传授等。

王迎等将远程学习者特征总结为DSMS模型，即人口学特征（D）、支持性特征（S）、动力特征（M）、策略特征（S）。人口学特征主要包括生理特点（性别、年龄、身体健康状况）、社会特点（民族与信仰、婚姻、家庭、工作状况、经济状况、受教育情况）、经验（工作经验、接受开放教育的经验、计算机操作技能、网络学习、培训的经历）和地理特点（自然地域、城乡）。支持性特征包括学习条件（学习地点、上网条件)、求助方式(电话、网络、邮政)、学习时间(每周工作、上网学习及业余活动时间)、家校距离(所在地区的交通情况、到学习中心所需时间)、求助对象(单位、家人、朋友、教师)。动力特征包括学习动机(认知驱动力、自我提高内驱力、附属内驱力)、自我效能感(一般效能感、技能效能感)、归因(能力、努力、任务、运气、身心状态、外界环境);学习策略特征包括认知策略(利用已有工具与方法能力、信息获取、架构和利用的能力)、元认知策略(反思总结、考试策略)、资源管理策略(情绪管理、时间管理、协作交流)。①

(二) 学习内容调研

从在线课程为学习者服务的视角来看,单纯从专业人才培养方案解构、细化出在线课程目标已远远不够。只有充分融合了学习者的学习内容需求的在线课程,才是有生命力的课程,才会成为学习者有兴趣学习的、学习能够真正发生的课程。

课程教学的三大基本目标是知识传授、能力培养与价值塑造。学习者的学习需求调研也可以围绕这三大目标开展。

(1) 知识需求调研。信息时代快速的知识更新,使得每一位社会公民只有不断更新知识才能适应社会发展。只有了解学习者个体和群体的知识更新需求,将其充分融入课程内容体系,在线课程才能更好地服务学习者,更好地满足学习者的职业岗位需求。知识更新的需求调研,可以从学习者对课程知识的广度和深度两个维度进行架构,并基于学习者个体对课程知识广度和深度的综合分析,结合学习者的知识基础,设置课程知识的覆盖面以及课程知识的深度。

(2) 能力需求调研。随着工业4.0时代的到来,人工智能的发展必将引发技术的革命,也必然给在职人员带来新的岗位技能要求。基于课程目标,了解学习者的能力提升要求,才能在课程中布局学习者能力的培养,更好地促进学习者的职业发展。学习者能力提升需求包括该专业普适性岗位能力、学习者个体与群体的基本职业能力,以及课程相关的生活能力的提升需求。技能方面包括学习技能、思维技能、沟通技能、创新技能、评价技能、研究技能、解决问题的技能等。

(3) 态度与价值调研。互联网时代的自媒体获得了蓬勃发展,也为每一位社会公民提供了更多的观点与信息。然而面对良莠不齐的观点与信息,学习者需要提高判断能力。通过课程思政教学,塑造学习者正确的世界观、价值观与人生观,能够

---

① 王迎、安玉洁、黄荣怀:《运程学习者特征模型的构建研究》,载《开放教育研究》2006年第1期,第47-53页。

帮助学习者正确判断互联网上的各类信息、各种论断与观点。面向学习者的态度与价值调研，可以从基本价值维度进行设计，比如，通过调研学习者的学习态度、学习动机、人生追求了解学习者的学习态度，通过调研学习者对职业操守、社会现象、政治事件等的评价了解学习者的价值观。

（三）学习服务调研

学习服务需求是了解学习者进行在线学习需要提供的学习服务方式。学习服务需求主要用于学习支持服务的设计，包括学术性学习支持服务与非学术性学习支持服务，以便为学习者提供人性化的学习支持服务。具体来说，主要包括以下三个方面。

（1）学习方式提供。主要了解学习者在线学习的方式、方法需求。如学习者是愿意自主学习，还是更喜欢在教师的引导下进行混合式学习；学习者是喜欢面授学习，还是网上学习；学习者是希望主要通过个人电脑学习，还是更希望通过手机移动端学习；等等。

（2）媒体技术应用。主要了解学习者媒体技术的应用水平与应用习惯。通过调研，可以基于学习者对交互媒体的喜好进行教学交互设计，如利用微信、QQ等方式进行师生交互；可以基于学习者的喜好选择教学辅导方式，如利用腾讯会议、雨课堂等软件开展当下流行的网络直播教学辅导。

（3）学习活动开展。主要了解学习者所喜欢的学习活动形式与内容，如调研与学习者密切相关的知识应用性的学习活动内容；了解学习者喜欢的学习活动方式，如案例型、讨论型等。

对于开放教育与网络教育来说，其注册入学以及开放办学的特征，决定了学习者的内部特征与外部特征、学习内容与学习服务需求等方面必然存在显著差异，因此，在线课程的设计需要充分考虑学习者之间的显著差异性，适当拓展教学内容范畴，尽可能满足不同认知起点学习者的学习需求。

三、教师端调研

教师端调研是从教育机构自身的视角去调研在线课程的教学供给能力，包括教学团队教学的供给能力、在线课程自身的供给能力、教学环境与条件的供给能力等。具体来说，在线课程的教师端调研主要包括教学团队调研、自身条件调研、教学环境与条件调研三方面。

（一）教学团队调研

教学团队调研包括教学团队的结构调研与教学团队的能力调研。

1. 教学团队结构调研

教学团队结构调研主要调研以下三方面的内容。

（1）调研教学团队成员的构成。比如，在线课程是否均由独立角色的责任教师、主讲教师、辅导教师、导修教师构成？现有教学团队成员是否足够支撑课程的资源建设、在线教学工作？特别是对于学习者人数众多的课程，教学团队中的辅导教师是否足够？一般来说，100位学习者应配备1位辅导教师。

（2）调研教学团队成员的地域分布。对于开放教育，基层开放大学（教学点）负责教学辅导工作，一般由基层开放大学负责配备课程的辅导教师。这种情况下，在线课程的责任教师需要调研本课程辅导教师的地域分布，并能基于这种分散型的辅导教师统筹组织在线课程的教学辅导工作。

（3）调研教学团队的凝聚力。之所以提出在线课程教学团队的凝聚力，是因为在线课程的教学团队构成相对松散。特别是对于开放教育与网络教育，由于每学期在线课程的学习者数量变动较大，为适应不同规模的学习者，在线课程教学团队的规模也会有较大变化。教学点通常会基于自身学习者的数量配备不同数量的辅导教师。在线课程责任教师则需要基于新组建的教学团队，评估教学团队的凝聚力。如果教学团队中的教师，相互之间已经有多年的合作，那么通常会有较强的凝聚力，更容易默契地开展各项教学工作；如果各团队成员之间相互不熟悉，则在线课程责任教师需要花费更多时间培养团队精神，提升教学团队凝聚力。

2. 教学团队的能力调研

教学团队的能力调研是对在线课程教学团队的教学能力与教学水平的考察。主要考察主讲教师、辅导教师的专业背景、专业教学能力、在线教学的经历经验、信息技术的应用能力，以及整个教学团队是否能够支持在线课程的建设与运行。如果课程自身教学团队较弱，则应借助包括高校和企事业单位在内的社会化的外部教师，通过聘请、兼职等方式引进合适的教师加入课程教学团队。

在线课程教学团队的能力要求主要有以下几方面：一是设计力，即教学团队对在线课程进行系统规划、整体设计，促进教与学再度融合的能力。二是开发力，即基于在线课程设计方案进行在线课程开发的能力，包括资源建设能力与平台部署能力。三是教学力，即教学团队建设实施在线教学的能力，特别要考察教师缺乏现场学习者的网络授课能力。四是信息力，即教学团队的媒体技术应用能力，教学团队应能熟练利用流行的媒体技术建设网络学习资源实施在线教学，应能充分利用学习平台功能，对学习平台上的在线课程进行布局与美化。五是研究力，即教学团队能够围绕在线课程的设计、开发、实施与评价，开展教研教改、总结提炼教研教改成果。六是学习力，教学团队应是一个学习型组织，能够在责任教师的带领下，通过不断深造学习，提升教学团队的教学能力与水平。

通过调研和结果分析，可以建构适合课程教学需要的教学团队。如果教师队伍结构不完整，则需要补充和优化；如果教师能力不行，则需要组织培训。特别是对于开放教育与网络教育，虽然责任教师相对固定，但是辅导教师的变动性与流动性很大，因此，责任教师需要充分了解教学团队现状，通过查漏补缺，加强教学团队建设，提升在线课程的教学水平和教学质量。

（二）自身条件调研

对在线课程自身条件进行调研，也是在线课程的本地调研，这对于明确在线课程的定位与发展方向具有重要意义。主要包括三个方面的调研内容。

（1）明确在线课程自身的定位。定位指在线课程在专业人才培养方案中的地位与作用，以及在线课程的自身发展规划。明确定位即需要明确该课程是学校或学院重点扶持的示范课还是一般的课程；是专业基础课还是专业课；是核心课程还是一般课程；是选修课还是必修课。不同的课程定位直接影响学校对在线课程建设的投入、对教学团队师资力量的配备，以及对在线课程的重视程度，从而也影响该课程的教学设计导向。如果该课程是核心课程，则该课程应向精品课程建设方向发展；而如果该课程是面向多个专业的选修课，则需要权衡不同专业学习者对课程的学习需求，在课程的宽度和深度上做出平衡。

比如，中山大学网络教育学院的远程学习方法与技术课，该课程是学校网络教育中重要的引领性与示范性的课程，集启蒙课、培训课、示范课、核心课、共享课与终身学习课为一身。作为启蒙课，其面向学习者普及网络教育知识，激发学习者兴趣的课程；作为培训课，其是网络教育学院面向主讲教师、辅导教师、管理人员开展网络教育培训的课程；作为示范课，其是网络教育学院组织开展在线课程建设与在线教学的示范课程；作为核心课，其面向的学习者群体大、影响广，是值得重点投入的核心课程；作为共享课，其是面向社会开放，让社会了解在线教育的开放共享课程；作为终身学习课，其是引领学习者在互联网世界进行终身学习的课程，也因为此，在该课程中专门开设了"网络世界的知识盛宴"专题。

（2）明确在线课程的投入情况。在线课程的人力投入影响教学团队人员的配备，决定着教学团队人员的充沛程度。在线课程的经费投入影响在线课程的基本建设，较多的经费有助于利用更先进的媒体技术打造更智慧的在线课程、外聘知名专家参与课程资源建设、建设更为优质的课程资源等。

（3）明确在线课程的发展方向。如果在线课程计划面向社会开放，则需要按照开放课程的模式进行资源建设与实施在线教学，选择开放性的学习平台布局课程，并充分考虑社会学习者的学习需求。如果在线课程计划同时应用于非学历教育，则在建构体系化的课程内容架构时，需要基于非学历学习者对教学内容"短、平、快"的要求，采取灵活的课程内容设计，通过模块化、积木式的课程内容建构，实现对课程内容的灵活取舍。

（三）教学环境与条件调研

在线课程的教学环境与条件调研是为了考察在线课程的周边环境与条件对在线课程教学的支撑程度。在线课程的教学环境与条件调研主要包括学习平台调研、资源建设条件调研与教学辅导条件调研三方面。

1. 学习平台调研

学习平台是承载在线课程的载体，学习平台的功能直接影响在线课程的布局与功能实现。比如，具有直播功能的教学平台，可以利用平台上的直播功能实施在线教学，而不必外接直播网站或直播插件；具有移动教学功能的平台，能够实现网络学习与移动学习的建构，以及网络学习与移动学习数据的无缝衔接，不需要考虑学习平台与移动学习 App 或小程序之间的衔接问题；具有大数据分析功能的学习平台，能极大提升课程的数据分析与统计功能，为教学决策提供强有力的支撑。因此，在线课程建设需要对学习平台功能有充分的了解。学习平台调研内容主要包括以下四个方面。

（1）了解学习平台类型。需要了解学习平台是开放型学习平台还是封闭型学习平台。如果是开放型学习平台（如慕课平台），则需考虑自有学习者与社会学习者的区隔，采取相应的教学模式（如 SPOC）；如果是高校自用的封闭型学习平台（如基于 Moodle 开发的封闭型学习平台），则需要考虑如何通过 Moodle 平台的开放功能或者借助第三方的开放学习平台建设开放型的在线课程。

（2）了解学习平台基本功能。学习平台的基本功能包括用户管理、数据管理、移动学习功能等。用户管理功能直接影响教师对学习者的管理与面向学习者的在线服务方式。数据管理功能影响在线课程的数据分析，智慧化的数据分析功能能够为课程教学决策提供重要参考。移动学习功能则能够让学习者实现时时处处的学习，而不必另外开发移动学习 App 或移动学习小程序，也不必考虑因为另行开发移动学习 App 或小程序而产生的数据衔接问题。

（3）了解学习平台资源呈现功能。学习平台的资源呈现功能会直接影响在线课程在学习平台上的布局与美化，以及课程资源能否完美呈现等。因此，丰富而便捷的资源呈现功能将有利于在线教师在学习平台上建构美观大方的在线课程。学习平台的资源呈现功能包括文本资源的排版与编辑功能，视频、音频资源的格式支持、上传容量以及编辑与修正功能等。

（4）了解学习平台教学实施功能。学习平台的教学实施功能，包括教学交互功能、学习活动开展功能、在线测试的实施功能等，如学习平台所提供的师生交互方式是否便捷、所提供的课程测评功能是否智慧等。

不同学习平台有不同的特点，比如 MOOC 学习平台，功能简洁，适合规模化，但是难以个性化；Moodle 学习平台，功能繁多，是开放型学习平台，但也因为功能繁多，需要对功能进行挑选，使用上相对麻烦；Blackboard 学习平台的功能较多，但是属于封闭型学习平台，难以进行自主改造；而定制的学习平台，虽然功能针对性强，但是学习平台的开发难度大，开发与维护的成本也高。

2. 资源建设条件调研

建设在线课程资源是在线课程教学实施的先决条件。教育机构的资源建设条件，以及资源建设的经费充裕度直接关系到在线课程质量的高低。充足的资源建设经费有利于建设更多、更高质量的在线资源，有利于在虚拟实验实训方面做更多探索。在线教师需要了解学校自身的资源建设条件或学校委托的技术服务公司的资源建设条件是否满足课程资源建设的要求。比如，是否能够提供高清录播、虚拟演播、现场录制服务？是否具有动画类视频制作能力？如果资源建设条件能够满足在线课程资源建设的需要，教学团队可以自建在线课程资源。但是，如果资源建设条件不能满足资源建设的需要，则可以通过对同类在线课程的考察，采取共享的方式建设在线课程资源。

3. 教学辅导条件调研

在线教学辅导方式的选择基于教育机构及其教学点的媒体技术条件。如果教育机构自身有网络直播系统，则可采取网络直播方式进行在线教学辅导；如果教育机构或教学点有智慧教学课室和视频会议系统，则可采取总部与教学点协同的方式开展教学辅导；如果教育机构具有成熟的移动学习平台，则可以设计利用手机等移动端进行在线教学辅导；当然，如果教育机构有适合本课程的虚拟实验实训条件，则可以利用该条件开展网上的实践教学。

四、市场端调研

在线课程市场端调研旨在了解同类型、同领域课程的开展情况,特别是在线课程、混合式课程的开展情况。如此方能知己知彼,分析挖掘自身课程的优势与特色。

(一) 同类型课程调研

1. 调研方式

同类课程调研,主要调研其他高校相同或相近的在线课程、混合式课程以及线下课程的教学情况,其中在线课程为调研重点。

(1) 同类在线课程的调研。同类课程的调研目的在于寻找其他课程的优点,发现自身的不足,并挖掘自身在内容、媒体、技术、呈现以及教学实施等方面的特色与优势。调研对象建议选择国内大型慕课平台(如中国大学MOOC、学堂在线等)上的优质课程。(见图5-3)

(2) 同类线下课程的调研。调研方式可以是走访兄弟院校的同类课程教学团队,通过访谈方式了解兄弟院校线下课程的教学策略及教学实施情况,主要可以选择一些省级或国家级品牌专业、精品专业的课程。

2. 调研内容

在线课程市场端调研的维度可以是多方面的,而调研维度的选择主要取决于在线课程的调研目标。主要有以下几方面的调研内容。

(1) 教学团队的调研。了解同类课程的教学团队的配备情况、教学团队的师资力量、教学水平及教研开展情况等。

(2) 教学内容的调研。了解同类课程的教学目标、教学内容布局、前沿知识融入、课程思政融入方式等。

(3) 教学模式与策略的调研。了解同类课程所选择的教学模式、所采取的教学策略与方法,如是否采用翻转课堂、网络直播、网络辅助教学等。

(4) 教学活动与交互的调研。了解同类课程的教学活动开展的形式、开展的效果,课程教学交互的媒体形式及其开展效果等。

(5) 资源与媒体应用的调研。了解同类课程的媒体资源形式,如视频、音频、图文、动画、教材等资源的配备情况,以及各类媒体的技术应用,如移动学习、微信、QQ等媒体技术的应用情况等。

图 5-3　中国大学 MOOC 上的高级财务会计慕课

（6）教学组织与实施的调研。了解同类课程的教学方式，如采用的是混合式、纯网络式，还是网络直播式，以及它们各自的优缺点为何；了解同类课程的教学实施情况、学习者学习情况，以及教学评价情况等。

（二）同领域课程调研

同领域课程与自身课程不构成直接的竞争关系，但是同领域课程的教学模式、媒体技术应用方式、学习活动组织方式等对在线课程建设通常能起到很好的启示作用。同时通过对同领域课程的调研，能更加了解专业发展前沿，能以更广阔的视野布局在线课程内容，实施在线课程教学。

第三节　在线课程"五维"分析

基于在线课程调研结果，可以从五个维度进行在线课程的调研分析。这五个维度分别为师生、内容、方法、环境、评价。从师生视角，分析由谁来教、谁会来学；从内容视角，分析教师能教什么，学习者需学什么；从方法视角，分析教师如何去教，学习者如何去学；从环境视角，分析教师在哪里教，学习者从哪里学；从评价视角，分析如何评教，如何评学。（见图5-4）

评价：如何评教，如何评学

环境：在哪里教，从哪里学

方法：如何去教，如何去学

内容：能教什么，需学什么

师生：由谁来教，谁会来学

图5-4　在线课程的"五维"分析简图

一、师生：由谁来教、谁会来学

从师生维度分析"由谁来教"与"谁会来学"就是要明确教的主体和学的主体及其相互关系。

分析"由谁来教"是要明确教学主体及其责任。在线课程的教学主体是多元的，通常包括责任教师、主讲教师、辅导教师、导修教师，其共同组成课程教学团队实施教学。"由谁来教"就是要根据教学团队中每位教师的能力、优势、特点进行职责分工，将最合适的教师安排在最合适的位置上。教学水平高、表达能力强的教师可以作为主讲教师负责课程内容讲授。教学水平相对较弱，但是服务态度好，服务能力强的教师可以作为辅导教师，为学习者提供学习支持服务。如果现有课程教学团队能力不足，难以承担课程主讲任务，则可以通过外聘教师方式，聘请优秀教师承担课程主讲任务，以实现合适的内容由合适的教师来教。我们处在"人人皆师"的时代，每个人都可以依托自身的特长与优势成为他人之师，比如经验丰富的在职学习者可能在课程的技能教学方面优于教学团队的教师。由此可见，"由谁来教"的范畴就可以拓展到学习者群体。

分析"谁会来学"就是要明确课程学习的主体。这个问题看似简单，其实复杂。课程的既定学习者自然是课程的学习主体。但是，如果该课程是选修课程，则学习者是否进修取决于在线课程的质量与学习者的学习受益度。而如果该课程是跨专业的选修课，则可能有其他专业的学习者来学习，那么学习者的群体就会比较广泛，在教学内容的设计方面就需要考虑跨专业学习者的知识基础与学习能力。如果该课程还是面向社会开放的在线开放课程，那么学习者群体会更为广泛、多元、多样，更需要明确"谁会来学"的问题。如果该课程同时面向非学历教育学习者，则更需要明确"谁会来学"的问题，课程教学内容的设计不仅要考虑注重体系化学习的学历教育学习者，还要兼顾看重"短、平、快"学习收获的非学历教育的学习者。由此可见，"谁会来学"的问题，不仅是要定位学习者群体，同时还需要增强自身的课程质量，否则，即便课程有既定的学习者群体，但真正来学的、真正愿意学的学习者可能并不多，这在开放教育与网络教育领域，更为常见。

"由谁来教"与"谁会来学"体现了在线课程中的教与学关系。对于在线课程，应明确学习者主体与教师主导的关系，即应该以学习者为中心，以满足学习者的学习需要、实现专业人才培养为目标实施教学，同时应该充分发挥教师的主导作用，通过精心的课程设计与开发、教学组织与实施，尽最大努力建设高质量在线课程，使得学习者愿意来学。

二、内容：能教什么、需学什么

从内容维度分析"能教什么"与"需学什么"就是要明确教与学的内容，实现供给与需求的精准匹配。

"能教什么"体现了教学团队的教学能力与水平。分析"能教什么"就是要评估现有课程教学团队的教学水平和能力，发现"能教"与"需学"之间的差距。在线课程教学不是现有教学团队能教什么就教什么，而是要以学定教，基于课程教学目标和学习者需求确定教学内容。教学团队虽然能教，但是如果超出学习者的接受能力和水平，一般不教，否则学习者接受不了；如果超出课程教学大纲范畴，一般也不教，否则会因为过多占用教学时间而出现顾此失彼的现象。但是，对于教学团队难以胜任的教学内容，如果属于课程教学大纲范畴，属于学习者的刚性学习需求，则仍然要教，而不能偷工减料。这就要求在线课程的责任教师建立适合课程教学能力要求的教学团队，而不是"看菜下饭"，教学团队能教什么内容就在课程中布局什么内容。

"需学什么"体现了学习者的学习需求。分析"需学什么"就是要明确学习者的学习需求，需要围绕学习者需求以及专业人才培养目标明确课程教学内容。课程教学团队需要围绕课程教学内容开展在线课程的设计、开发、实施与评价。总的来说，学习者在课程中需要学知识、学技能、学价值、学思维、学方法、学沟通等，其中，最重要的是学习知识、技能与价值。

"能教什么"与"需学什么"体现了教学内容上的教与学关系。在进行课程内容的设计时，需要充分考虑到教学团队"能教什么"，但是，这种"能教什么"的评估在于发现其与"需学什么"之间的差距，并基于"需学什么"来定制"能教什么"。

三、方法：如何去教、如何去学

从方法维度分析"如何去教"与"如何去学"是在线课程设计的重点，其目标在于促进教与学的真实发生，实现学习者高质、高效地学习。

分析"如何去教"就是要明确在线课程的教学策略与方法。在线教学是一种以学习者自主学习为主的自助式在线教学，"教"是服务，"学"是主体，因此，教师的"教"应以学习者的"学"为中心。研究如何实施响应式在线教学，主要包括四个方面。一是如何建设响应式的教学环境，将"教"的内容融入学习资源；二是如何建构自助式的学习环境，实现学习者便捷、高效地自主学习；三是如何为学习者提供学习支持服务，让学习者在自助式学习环境中获得时时处处的学习帮助和学习支持；四是如何将教研教改与在线教学融合，将教学过程变成教研过程，在教研教改过程中促进教学质量的提升。

分析"如何去学"就是要基于面向学习者的调研，明确学习者的学习路径与方法。在学习路径上，应基于学习者的自主学习特点，建立在线课程的导学体系，开展课程层面与章节层面的导学，引领学习者的在线学习，同时，建立在线课程的学习活动体系，引领学习者开展探究式学习、协作式学习、活动式学习、交互式学习、移动化学习，提升学习者的学习能力，帮助学习者掌握课程教学内容。在学习方法上，需要基于学习者与在线课程的特点，帮助学习者掌握合适的课程学习方法，引领学习者充分利用在线课程的网络学习资源以及互联网上的共享资源进行自主学习。

"如何去教"与"如何去学"体现了方法层面的教与学的关系。"教"是供给，"学"是需求，两者是相互衔接、互为一体的。"教"是为了"学"，"如何去教"，其本质就是要实现学习者高质高效的学；"如何去学"，其本质也是要实现学习者高质高效的学，所以说，两者的目标是同一的。也只有两者目标同一，才能实现教与学的真正融合。

"如何去教"与"如何去学"的实现，还需要在线教师充分理解在线学习的特征。相对于传统学习方式，在线学习方式具有以下五个方面的特征。在学习资源方面，在线学习以网络学习资源为主，只要在网络可及之处，就可以便捷获取。学习者只要有一部手机，或一个平板电脑，或一台笔记本电脑就能够随时随地进行在线学习，也不用携带传统学习必备的纸质学习资料。在学习组织方面，教育机构对于线学习的组织，往往通过互联网等信息技术手段，如建立微信群、QQ 群等，在线学习组织便捷、时效性强。在学习服务方面，教育机构主要通过网络媒体提供学习服务，以网络交互为主，面对面服务较少，情感交流少，学习者有孤独感。在学习监管方面，学习者主要通过互联网学习，在线教师对学习过程的监管监控较难，学习者的学习主要靠自觉。不过，随着 5G 时代的到来，网络速度的大幅提升，通过互联网提升学习监管监控的效率将会有大幅度的提升。在学习评价方面，对学习者的形成性评价主要通过学习平台进行，由于网络监管监控较弱，人脸识别等技术尚难以在学习平台上普及，形成性评价是否为学习者本人参加难以确定，仍主要依赖于学习者的诚信。

四、环境：在哪里教、在哪里学

对于传统教学来说，绝大部分的教与学发生在课室，教与学几乎是同步的。但是对于在线教学来说，教与学是分离的，教与学通常发生在不同的时间与地点。明确"在哪里教"与"在哪里学"，对于在线教学来说很有必要。在终身学习时代，实现时时处处的泛在化的教与学是在线教学追求的目标。

分析"在哪里教"就是要建构在线课程的教学环境，明确教师应该在哪些实体或虚体空间实施教学。比如，在线课程是在网络平台上教还是在移动学习平台上教；是在自有学习平台上教，还是公共服务平台上教。"在哪里教"关系到在线教师的教学服务范畴。为此，在线课程首先要明确实施在线教学的学习平台。不同的学习平台功能差异较大，教育机构自用的学习平台通常只能面向自身学习者实施教学，而如果在线课程布局在公共服务平台，则不仅可以面向自身学习者实施 SPOC

教学，还可以面向社会学习者开展慕课教学。此外，还要明确实施教学辅导的教学场所。如果采取网络直播形式，则教师在任何网络可及之处都可以实施直播教学辅导；如果采取在教学点面授辅导形式，则教师需要到教学点进行教学辅导。

分析"在哪里学"就是要建构学习者的在线学习环境，明确学习者学习的地点与方式。学习者可以在学习平台上学习，也可以在移动端学习，还可以到教学点进行学习。"在哪里学"决定了学习者的学习模式和学习范畴。

"在哪里教"与"在哪里学"体现了教与学的时间、空间的范畴。在网络信息时代，应该建构泛在化的教学环境，实现教师时时处处的教，学习者时时处处的学；实现师生在电脑端、在移动端、在线下课室、在实践场所、在家里、在单位，甚至在旅途中的教与学。

五、评价：如何评教、如何评学

分析"如何评教"就是从在线教师"教"的视角对在线课程的教学过程与教学成效进行评价的设计。可以从五个方面评教：从学习资源维度，评价在线教师的资源建设水平与资源建设质量；从媒体技术维度，评价在线教师利用媒体技术开展在线教学的情况；从在线课程平台部署维度，评价在线教师的在线课程平台部署能力、在线教学与在线学习环境的建构能力；从学习支持服务维度，评价在线教师的服务能力、服务态度与服务质量；从教学成效维度，评价在线教师的教学目标、教研教改目标等的实现情况。

分析"如何评学"就是从学习者"学"的视角对在线课程的学习过程与学习成效进行评价设计。学习评价包括面向学习过程的形成性评价与面向学习结果的终结性评价。

"如何评教"与"如何评学"体现了教与学评价的方法与手段，分析"如何评教"与"如何评学"，能够为在线课程的评价设计提供方向指引。

第四节 在线课程"八要素"设计

在开展了在线课程的"三端"调研、进行了在线课程的"五维"分析后，就可以开始具体设计在线课程了。要成为有灵魂、有思想的课程，需要有思维、理念的引领。在线课程设计需要在发展思维、高阶思维、价值思维、开放思维、用户思维、生态思维、数据思维、创新思维"八思维"的引领下,从在线课程的"八要素"出发,即在线课程的目标、内容、思政、模式、服务、环境、评价、特色的角度开展在线课程设计,如图 5-5 所示。

图 5-5 "八思维"引领"八要素"设计

一、以发展思维引领在线课程目标设计

课程目标是专业人才培养目标在课程中的体现,是学习者预期学习结果的概括,是课程自身发展的产物,是各类教学活动的出发点和归宿。教学目标是课程目标的具体化。此外,课程目标是课程体系建构与课程在线教学的指导思想与行动准则,其规定了课程建设的方向与路径。

(一)发展思维之内涵

发展思维是从事物战略发展的视角去思考问题、去寻求问题的解决方案。我们所处的社会是动态发展的,只有以发展的眼光看待社会的变革,才能跟上社会发展的节奏,才能把握社会发展的方向与趋势,才能通过对事物的战略布局,促进事物的可持续发展。

在线课程是动态发展的生命体,在线课程目标既是当下的教学目标,也是在线课程未来的发展目标,更是在线课程团队成员的成长目标。以发展的思维开展课程目标的设计,将更具有前瞻性,更能促进在线课程的可持续发展。

(二)课程目标之构成

在线课程的目标源于三个方面。一是来自专业人才培养目标的分解。课程目标服务于专业人才培养目标,其核心目标在于完成专业人才培养目标中规定的在线课程培养任务。二是来自学习者群体性与个体性学习需求的提炼。由于不同时间、不同地域学习者群体的学习需求会存在差异,因而需要在线教师做学习需求的权衡和取舍。三是课程教学团队对课程发展的愿景,如课程教学团队可以将在线课程建设目标定位为国家精品在线开放课程、一流本科课程、线上线下一流课程等。不同的课程发展目标,关系到在线课程的未来走向和建设重点。

在线课程目标由三个维度构成,分别为需求维度、内容维度和时序维度。在需求维度上,在线课程目标由专业人才培养目标、学习者学习需求目标以及课程自身发展目标共同构成;在内容维度上,在线课程目标由知识传授目标、能力培养目标与价值塑造目标构成;在时序维度上,在线课程目标由预置性课程目标与形成性课程目标构成。(见图5-6)

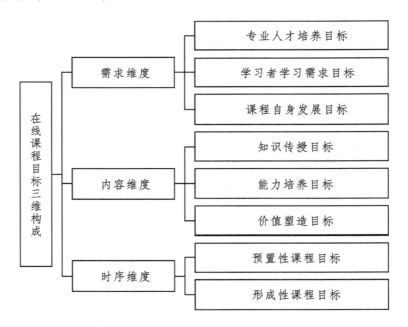

图5-6 在线课程目标的三维构成

1. 需求维度的课程目标构成

在需求维度上，在线课程目标是满足专业人才培养目标、学习者学习需求目标、课程自身发展目标三位一体的需求。如果单纯以满足学习者的学习需求为课程目标，可能会与专业人才培养目标发生偏离；而如果单纯从专业人才培养目标的分解任务制订课程目标，专业人才培养目标与学习者的实际需求容易产生偏差。比如一些会计类课程，在制订专业人才培养目标和课程教学目标时，可能依据的是旧的会计法规，但是在该课程实施教学时，新的会计法规已经启用了，则相关目标就需要进行调整，否则容易发生偏差。另外，从本质上说，专业人才培养目标也是源于学习者成长成才的学习需求，只不过专业人才培养目标更为宏观。因此，课程目标同时实现专业人才培养目标、学习者学习需求目标、课程自身发展目标是必要的。

（1）专业人才培养的目标。课程设计的目标应该符合整个专业计划对该课程的要求和设定的目标。也就是说，课程目标不是由教师随意确定的，而是专业人才培养方案的一部分，是对专业人才培养目标的解构。课程目标是专业人才培养目标的一部分，因而课程要能很好地支持专业人才培养目标的实现。专业人才培养目标是在线课程所必须遵循与服务的上位目标，是对实现专业人才培养的基本保障，也是促进各门专业课程协同一体的根本保证。

（2）学习者的学习需求目标。好的课程设计应符合学习者的学习需要和学习特征，能解决学习者的学习问题和困难，能促进学习者有效学习。教师上课犹如医生治病，教师开的"药方"应符合学习者的需要，能解决学习者的学习问题。一旦教师忽视学习者的学习需求与学习特征，学习者就容易采取应付的学习态度。在线课程如果不能满足学习者的学习需求，那么课程教学就像抓痒没抓到点子上，学习者对教师的教学就不会满意。而且，学习者的学习需求也是学习者预期的学习结果。因此，在线课程目标一定要涵盖学习者的真实学习需求，这是促进学习者主动学习的基本前提。

（3）课程自身发展的目标。课程自身在学校、学院或专业中的地位决定了课程在人力、物力方面的投入，也对最终建设成为什么样的课程起到关键作用。如果定位于学校层面的示范课，则需要在在线课程的资源建设与教学实施中有更高的服务与质量要求，课程目标也应高于普通课程；如果定位于在线开放课程，则需要面向全体社会成员开放，那么，不仅需要在课程内容上严格把关，在教学质量上严格要求，还需要在支持服务上大量投入；如果定位于专业核心课，则应比一般的课程有更高的质量与服务要求；如果将课程定位于线上线下混合型一流课程，则需要在线上线下的内容布局上充分体现两者的协同一体。

2. 内容维度的课程目标构成

在内容维度上，课程目标也是三位一体的，即在线课程目标要融知识传授、能力培养与价值塑造目标为一体。课程目标的实现以课程内容为载体，课程目标的层级化实现依赖于课程内容的体系化建构。

在知识传授目标上，需要体现本课程预期达到的学科或专业知识目标，帮助学习者掌握本课程的基础知识，培养本课程的基本素养。在能力培养目标上，需要体现本课程预期达到的职业或生活能力目标。对于以在职人员为主体的在线课程，应倾向性地促进对学习者知识应用能力的培养，基于在职学习者的基础能力，开展高阶性的能力培养。在价值塑造目标上，需要体现本课程对学习者的价值塑造，能够帮助学习者树立正确的世界观、价值观、人生观。比如，以笔者开设的、成为本著作蓝本的"在线教学方法与技术"慕课为例，在价值塑造上，以培养教师立德树人之初心、律己立己之决心、开放共享之公心、桃李天下之爱心为主旨开展教学，培养在线教师正确的价值观；在知识传授上，以自助与响应、回归与融合、适需与泛在为主线，传授在线教学的规律；在能力培养上，从在线课程的设计、开发、教学与评价维度全方位培养在线教师的教学能力。

3. 时序维度的课程目标构成

在时序维度上，在线课程目标分为预置性课程目标与形成性课程目标。通常来说，在线课程目标是提前确定的，用来指引在线课程建设与在线教学的目标，是预置性的课程目标。但是，在线课程目标又是发展性的、动态性的，随着在线课程教学的实施，学习者形成新的学习需求，新的在线课程目标也会随之产生，这种目标就是形成性的课程目标。预置性课程目标和形成性课程目标中，预置性课程目标是核心、是重点，也是基础；而形成性课程目标也很重要，其充分体现了以学习者为中心的教学宗旨，是对在线课程目标的修正、补充与完善，同时，形成性课程目标也是最实用、最切合学习者需求的课程目标。

（三）课程目标之发展性

在线课程目标自身具有发展性、动态性的特征，具体有以下四个方面。

从培养目标制订的时间看，专业人才培养的时间跨度短则2～3年，长则4～5年，在这样长的时间跨度中，特别是在"互联网＋"时代，信息技术快速发展，科学技术日新月异，几年前制订的人才培养目标就可能已经与当下社会对人才培养的要求产生了较大差异。特别是对于专业人才培养方案中的后修课程，课程教学实施的时间与专业人才培养目标制订的时间间隔较长。此前基于专业人才培养目标所确定的课程目标,可能已经与当下实际需要的课程目标有了较大的差距,因此,必须用动态的发展性思维去建构适合当下需求的课程目标。比如,4G时代所制订的通信专业的人才培养计划到了5G时代,其相关课程的培养目标就应该相应地做出改变。

从课程目标内涵看,课程目标包括知识传授、能力培养与价值塑造三个方面。随着信息技术的发展与社会对人才需求的变化,课程目标在知识传授、能力培养与价值塑造的实现上也是动态的。比如在价值塑造方面,当前的价值塑造重点,应是通过加强课程思政建设,将践行立德树人作为根本任务,培养德智体美劳全面发展的社会主义建设者与接班人。

从课程目标的建构看,在教学团队制订课程目标时,课程目标是预置性的课程目标,是事先设置的。这种事先设置的课程目标,即使教学团队事先进行过课程调研,也不一定周全。而需要在教学实施过程中,基于学习者的实际需求,动态性地调整课程目标,使得课程目标更切合学习者的需要。因此,从课程目标的建构看,课程目标的建构也应该是动态的,既要包括静态的预置性的课程目标,也要包括动态的形成性的课程目标,在两者的相互结合和不断优化中,让在线课程目标更适合学习者的需求,更适合专业人才发展的需要。

从课程目标的来源看,课程目标包括专业人才培养目标的来源、学习者需求的来源,以及课程自身发展的课程目标来源。这些来源必然会随着时间的推移产生变化,特别是学习者的学习需求,既包括学习者能看到的当下的学习需求,也包括基于学习者未来发展的知识与能力布局的学习需求,只有承认课程目标的动态性及发展性,才能让课程目标更接近真实情景。

(四)课程目标设计之导向

基于在线课程目标的发展性、动态性,应以发展思维为导向引领在线课程目标设计。在线课程目标应能适应专业人才培养、学习者学习需求以及课程自身发展需要,涵盖知识传授、能力培养与价值塑造三个维度。在线课程目标应体现层次性,每个教学单元(或模块)均应有相应的教学目标。在线课程应将课程思政目标融入课程目标,坚持立德树人根本任务,落实课程思政教育,注重学生德智体美劳全面发展,体现在线课程的"全员育人、全程育人、全方位育人"功能。

(五)课程目标设计之方法

基于课程目标的发展性、动态性特征,应该以发展思维为引领建构在线课程目标。基于时序维度设计在线课程目标，应先设计预置性的课程目标，再设计形成性的课程目标，并在预置性课程目标与形成性课程目标的设计过程中融入需求维度和内容维度的目标。在线课程目标建构的导向是聚焦预置性课程目标，兼顾形成性课程目标。

1. 预置性课程目标的设计

在线课程目标的建构首先要立足专业人才培养目标，基于在线课程在专业人才培养体系中的定位与作用，围绕知识传授、能力培养与价值塑造建构在线课程内容体系，并建构与专业中其他课程相互衔接的"桥梁"知识，使得在线课程内容体系成为专业人才培养内容体系中不可分割的有机构成。此外，还要将经过调研的学习者对内容与服务的需求融入课程内容体系和课程目标中。特别是在建构课程内容体系时，既要顾及学习者群体普适性的学习需求，也要顾及基础较弱学习者的学习需求，还要顾及能力较强学习者的学习需求。为此，应建构以普适性教学内容为核心的阶梯式、层级化的课程内容体系。每门课程都应有拓展性的教学内容，满足学有余力的学习者的学习需求，同时每门课程也应有基础性的、铺垫性的教学内容，以方便基础较弱的学生弥补差距，并能实现与其他低阶课程的衔接。

预置性课程目标的设计流程为以下四个步骤。第一，立足专业人才培养目标、学习者的学习需求以及课程自身发展目标，形成在线课程的方向性目标。第二，基于在线课程的方向性目标，分别从知识传授、能力培养与价值塑造三个方面进行目标的分解与描述，形成在线课程的总目标。第三，基于在线课程的总目标，从于章节或知识模块入手，自上而下分级分解课程的知识传授目标、能力培养目标与价值塑造目标，形成课程的层级化目标。第四，对层级化目标进行自下而上的整合，形成在线课程目标体系。要做到这点，首先需要在需求维度上，综合专业人才培养目标、学习需求目标以及在线课程自身发展目标，形成一体化的课程目标建构需求；然后在内容维度上，分别建构知识传授目标、能力培养目标与价值塑造目标，综合形成一体化的在线课程目标；最后在时序维度上，将一体化的在线课程目标分解成预置性的在线课程目标与形成性的在线课程目标。

2. 形成性课程目标的设计

形成性课程目标源于在线教学实施中所形成的新课程目标，是在教学实施过程中所产生的课程学习新需求。课程学习新需求主要来源于三个方面：一是新的学科发展所产生的新知识、新技能的需求；二是学习者工作实践中所产生的对知识和技能的新需求；三是预置性课程目标本来应该覆盖，但可能遗漏了的"新"需求。

形成性课程目标的形成，关键在于对新需求的鉴别、凝练与提升。并非所有的新需求都能成为形成性课程目标，只有与课程总体目标契合的学习需求才会成为形成性课程目标。

经过实践检验的形成性课程目标可以在下一轮的课程目标设计中，纳入预置性的课程目标，成为其中的构成。课程目标也正是在这种迭代中不断地得到完善与发展。

对于以在职人员为主体的在线课程，其课程目标的设定需要充分考虑在职人员对自身职业技能提升的要求，并为在职人员职业技能提升设定合适的课程目标。在知识传授上，应主要以传授应用型的知识为主；在能力培养上，应以培养高阶性的职业技能与能力为主体；在价值塑造上，可以结合在职人员的特点，做更多的职业操守、爱岗敬业方面的价值传导。

二、以高阶思维引领在线课程内容设计

课程内容是根据课程目标，有目的地选择的一系列直接经验和间接经验的综合，是从人类的经验体系中选择出来，并按照一定的逻辑序列组织编排而成的知识体系和经验体系。课程内容是在线课程的核心构成。

（一）高阶思维之内涵

高阶思维（higher-order thinking skills）又译为高级思维、高水平思维，是发生在较高认知水平层次上的心智活动或较高层次的认知能力。高阶思维能力体现在学习者的问题求解能力、决策能力、批判性思维和创造性思维能力等方面。让学习者投入到需要运用高阶思维的学习活动称之为高阶学习，与之相匹配的教学模式是高阶学习教学模式。① 高阶思维的提出源于布鲁姆等人于1956年出版的《教育目标分类学》，该理论将学习目标从低到高分成六类：知识、理解、应用、分析、综合、评价。其中，应用、分析、综合、评价的思维能力属于高阶思维能力。

在线教师的高阶思维能力是基于在线教学特征所应具备的一种能力。这是因为日益丰富的网络学习资源，使得学习者可以轻松获取与在线课程相关的教学内容，

---

① 赵永生、刘毳、赵春梅：《高阶思维能力与项目式教学》，载《高等工程教育研究》2019年第6期，第145–148，179页。

特别是基础性的课程知识与技能。这就要求在线教师的网络授课应该逐渐从传统的基础性知识与技能的传授转变为高阶性的知识与技能的传授，不应将主要精力放在学习者唾手可得的基础知识的传授上，不应将教学的重点聚焦于知识的传授和识记上，而应重视基于课程知识的加工，即对课程知识的应用、分析、综合与评价。在线教师不仅要传授基础性的知识与技能，更重要的是要传授学习者高阶性的思维能力，让学习者学会思考。这些对在线教学的挑战，要求在线教师拥有高阶性的思维能力，并能基于高阶性的在线课程教学定位，布局在线课程内容、设计在线学习活动与评价，使得在线课程更适合学习者以及时代发展的需要。

（二）课程内容之分类

1. 功能维度的分类

从功能维度看，课程内容可以分为导学类内容、授课类内容、活动类内容、评测类内容以及拓展性内容等。其中，导学类内容实现在线课程的导学功能，授课类内容实现教师的授课功能，活动类内容实现课程的教学活动功能，以此类推。

2. 时间维度的分类

从时间维度看，课程内容可分为预置性教学内容与形成性教学内容。预置性教学内容，应提前布局建设、预先设计；而形成性教学内容，形成于课程的教学过程。形成性教学内容的布局既体现了以学习者为中心的教学理念，又弥补了教学设计存在的不足。预置性内容与形成性内容对应于预置性的教学目标与形成性的教学目标，两者缺一不可，共同形成动态性的教学内容体系。这种动态性的课程内容体系，能够在不断推陈出新的过程中，保持在线课程的生命力。

3. 空间维度的分类

从空间维度看，课程内容包括横向的内容组织与纵向的内容组织。

课程内容的纵向组织是课程知识不断走向深入的过程，是基于知识点层次不断分解深化的过程，是体现不同层级（深度）知识点的关联问题。以学习支持服务这一知识点为例，学习支持服务分为学术性与非学术性支持服务，其中，学术性支持服务又分为导学、助学、促学、督学服务，而导学服务又可细分为课程导学与章节导学等。因此，这种知识体系的组织就是纵向的知识体系组织。

课程内容的横向组织是指体现相同层次知识点之间的关联，体现了同级知识点之间的并列关系。比如，在学习支持服务这一知识点中，学术性支持服务与非学术性支持服务是横向的关系，内容是并列的关系；又如，线上教学方法的知识点与线下教学方法的知识点也是横向的并列关系。

4. 组织维度的分类

课程内容的组织分为直线式与螺旋式两种方式。由于知识本身内在的逻辑是直线前进的，因此，直线式的内容组织是依据知识生长的原有逻辑组织和编排课程内容，课程内容在课程前后一般不重复。螺旋式内容组织是依据人的认识逻辑或认识发展规律，知识内容在前后反复出现，逐步加深，前面呈现过的内容，后面还要呈现，且后面的内容是对前面内容的扩展、深化。①

（三）内容选择之方法

在线课程内容应以培养学习者解决复杂问题的综合能力和高级思维为重点，注重课程内容的应用性与思想性，体现学科的前沿性。此外，内容应准确、系统、全面，突出课程特色；教材选用应符合上级行政部门和学校的教材选用规定。具体来说，包括以下四个方面。

1. 高阶性

在线课程作为一门体系化的教学内容，自然需要布局基础性的、知识性的在线课程资源，但是由于互联网上已经拥有了丰富的网络资源，学习者可以从互联网上非常轻易地获取基础性、知识性的学习资源。因此，在基础性知识的布局上，可以适当减少单纯知识性内容的传授。在线教师可以通过学习活动等形式，引导学习者充分利用互联网上的学习资源进行基础性课程内容的学习。对于在线教师来说，更重要的任务是布局能促进学习者知识应用和技能提升的教学内容，能够激发学习者思考高阶性的教学内容。在线教师应更专注于知识应用与能力拓展的教学，在线课程的讲授型内容应以高阶的知识应用与能力培养为主体。

2. 适需性

基于课程自身的学时、学分，在学习内容的布局上应做出取舍，使得课程内容适量，如 2 学分的课程，学习者的学时一般不超过 36 学时。特别是在知识内容日益丰富、网络资源海量递增的今天，更要在"量"上做把握。量的把握，就需要在内容体系的布局上有轻重缓急，有重点，有次重点，也有非重点。对于超出学习者学习能力与学习时间的学习资源，学习者会因为没有时间学习而无法掌握。在选择在线课程内容时对于过时的学习内容，应该主动废弃；对于高于学习者能力而使得学习者无法利用的内容，虽然可能有意义，也应主动放弃；对于那些虽然适合学习者，但学习者没有时间学习的内容，也应舍弃，但可以将其作为主体教学内容之外

---

① 钟启泉：《课程论》，教育科学出版社 2017 年版，第 159 页。

的拓展性学习内容。（见图5-7）

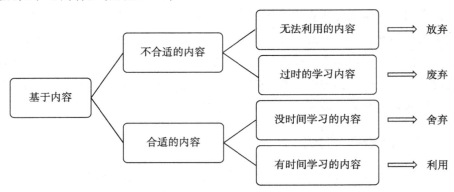

图5-7　选择适需的学习内容

3. 优质性

在课程内容的质量要求上，应坚持优质原则，为学习者提供高质量的在线课程资源，特别是在自身教学团队实力不够的情况下，完全没有必要自行建设在线课程资源，而是应充分利用社会优质资源，通过引进或购买社会优质资源的方式，让学习者获得享受优质资源的权利。

4. 体系性

在线课程内容体系应基于相互之间的逻辑关系进行建构。这是因为，基于逻辑关系建立的知识更容易记忆。各知识点之间通过逻辑关系汇集成为知识模块，各知识模块基于平行或递进的衔接关系汇聚形成课程单元，各课程单元相互衔接形成在线课程的内容体系。（见图5-8）

图5-8　从知识点到知识体系的逻辑建构

（四）内容建构之路径

1. 大概念建构法

近些年，美国、加拿大、澳大利亚等国的国家课程标准，用大概念串联课程中的知识体系。从课程设计的视角来看，大概念的意义在于改变课程设计试图全面覆盖知识点的传统。学生学习某门课程，不是为了普及知识，而是建立看待世界的

"透镜"。尤其在信息雪崩的时代，知识不仅多而且增长快，学校里的课程越来越难以承载不断增长的知识，大概念的设计理念显得更加有价值。既然教师不能做到把世界的一切知识教给学生，那么，可以让学生知道人类的智慧是怎么看待世界的，主要的思想观念是什么，主要的思维方式是什么。①

对于在线课程的内容体系架构，就是要以大概念为基础，将大概念分解成小概念，建构以课程概念为核心的内容体系。基于大概念建构法所形成的内容体系也能够体现对学生高阶思维能力的培养。

2. 目标解构法

目标解构法即基于在线课程目标进行层层分解，是自上而下的内容建构方法。首先，依据在线课程总目标进行层级化的目标分解，如分解为章的目标和节的目标；然后，基于不同层级的课程目标，选择合适的课程内容，如基于章的目标建构章的内容体系，基于节的课程目标建构节的内容体系。这种基于课程目标的解构方式，可以自上而下地形成课程的内容体系。

3. 平行借鉴法

平行借鉴法是借鉴社会上现有的同名、同类课程的教材或在线课程的内容体系建构自身课程的内容体系。利用平行借鉴法建构内容体系具有简便、省力的特点，但是容易被外在的课程或教材的内容体系牵着鼻子走，难以体现自身课程在内容体系上的特色与优势。同时，由于不同学习者群体有不同的特点，在线课程内容体系的引进不宜直接采取移植的方法，而应基于学习者的特点建设衔接性的资源。比如，面向北京大学学习者的高等数学课程内容一定难以适用于开放大学的高等数学课程的教学。

当然，借鉴社会上优质在线课程或教材的好处是明显的。由于优质在线课程或教材的教学团队一般实力较强，所以其课程的内容体系总的来说是严谨的、系统的，其内容建构的方法相对更为科学，而且也更容易实现在线课程资源的共享。

4. 内容归集法

归集法是自下而上的内容体系建构方法。归集法是指围绕在线课程目标，通过收集课程学习者的实际学习需求，围绕课程目标，形成课程教学内容体系。归集法的内容体系建构能够充分满足学习者的需求，能够真正体现以学习者为中心的特点，同时有利于应用性教学内容的建构，能够充分体现应用型人才的培养目标。该内容体系的建构方法特别适用于培训领域的课程建构。当然，这也应该是学历教育课程内容体系建构的发展趋势。

---

① 吕立杰：《大概念课程设计的内涵与实施》，载《教育研究》2020年第10期，第53-61页。

归集法的应用，需要基于对课程学习者学习需求的充分调研，通过去粗取精，获得学习者群体与个体的真实需求。在课程经过多个轮次的开设后，通过收集学习者的学习反馈，归集形成在线课程的内容体系。

综合运用大概念建构法、解构法、平行借鉴法以及内容归集法的各自优势，将能更好地建构课程内容体系，能够更好地达成在线课程目标。此外，还可以利用思维导图应用（如 Xmind、Mindmaster、Mindmanager 等）建构教学内容体系，体现内容体系的逻辑性、关联性与递进性。

（五）课程内容之结构

1. 模块化的内容结构

随着信息技术的发展，各类学习媒体的普及，学习者更愿意利用碎片时间学习，为此，可以建构模块化的课程内容体系。可基于教学目标的层次解构，自上而下地从章到节进行模块化分解，最后落实到知识点，每个知识点都是一个微课程模块，每个微课程模块都有相应的内容、评测、交互、活动等基本要素。模块之间通过知识键或知识图谱进行链接。

模块化的内容结构，有利于进行内容体系的组装，有利于及时更换课程中的小模块而不会影响整个课程的结构体系；同时，小模块的知识，也有利于学习者利用碎片化的时间进行学习。（见图 5-9）

图 5-9　模块化的内容结构

2. 章节型的内容结构

章节型的内容结构，即将一门课程的内容分为若干章，每章再分为若干节。章节型的内容建构能够体现体系化的课程内容，有利于实现体系化教学，但是，章节型的内容建构也具有结构固化的问题，在内容的组合上灵活性不够。（见图5-10）

图 5-10 章节型的内容结构

3. 专题型的内容结构

专题型的内容结构是基于专题的内容构成，专题型的内容结构具有相对松散的耦合结构，能够实现模块之间的灵活建构。比如，基于课程内容的若干模块可以形成某个课程培训模块或资格证书模块。由此可见，专题型的内容结构具有较好的灵活性。相对于模块型的内容建构，专题型内容模块相对较大，一般是若干小模块内容的集合。（见图5-11）

4. 时序型的内容结构

时序型的内容结构是按照教学时序安排教学内容，一般是以周为单位建构课程内容体系，相对于章节型的内容结构更为灵活，学习者可以以周为单元安排学习。然而，这种时序型的内容结构有其局限性，比较适合全日制学生的学习需要，对非全日制的在职学习者而言，则会造成学习的困难，因为在职学习者的工学矛盾使得学习者难以在规定的时序进程里完成课程学习。（见图5-12）

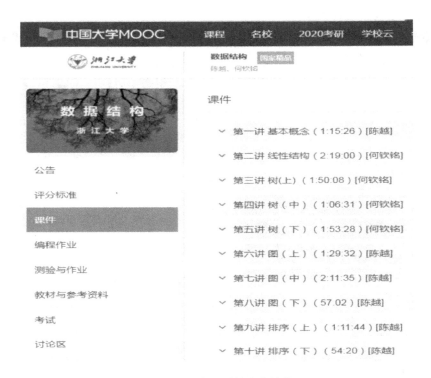

图 5-11　专题型的内容结构

图 5-12　时序型的内容结构

三、以价值思维引领在线课程思政设计

（一）价值思维之内涵

教育部在《高等学校课程思政建设指导纲要》中指出："落实立德树人根本任务，必须将价值塑造、知识传授和能力培养三者融为一体、不可割裂。全面推进课程思政建设，就是要寓价值观引导于知识传授和能力培养之中，帮助学生塑造正确的世界观、价值观、人生观，这是人才培养的应有之义，更是必备内容。"对于在线教师来说，关键是要理解价值塑造的意义所在，发现在线课程内容中的价值内涵。因此，需要在线教师拥有价值思维，将价值塑造作为人才培养的核心、人才培养的第一要务。并且，能够在价值思维的引领下，将课程思政融入在线课程的设计、开发、教学与评价工作中。①

践行在线课程的价值塑造，将价值塑造融入知识传授和能力培养的过程，离不开价值思维的引领。只有在价值思维的引领下，方能更好地开展在线课程的课程思政的设计、开发、教学与评价工作。

（二）课程思政之要义

自2016年全国高校思想政治工作会议强调"各类课程与思想政治理论课同向同行，形成协同效应"以来，课程思政研究已成为教育教学领域的理论与实践探索热点。课程思政充分体现了每一门课程的育人功能、每一位教师的育人责任。中国特色社会主义教育本身就是知识体系教育和思想政治教育的结合与综合，将思政教育融入专业课程教学是实现知识传授、价值塑造和能力培养的多元统一②，也是教育教学的一种价值回归。上海高校率先探索推进课程思政，实现了所有高校课程的"共舞中共振"的效应。③

---

① 汪劲松、张炜：《"双一流"建设：用价值塑造践行育人初心》，载《人民论坛》2020年第24期，第6—9页。
② 王学俭、石岩：《新时代课程思政的内涵、特点、难点及应对策略》，载《新疆师范大学学报》（哲学社会科学版）2020年第2期，第1—9页。
③ 高德毅、宗爱东：《从思政课程到课程思政：从战略高度构建高校思想政治教育课程体系》，载《中国高等教育》2017年第1期，第43—46页。

课程思政建设的关键在教师，成效在学生。① 教师自身的思想政治素养直接影响课程思政的效果。针对当前专业教师课程思政育人认识不够、育德能力不强的问题②，解决的关键是要提升教师课程思政的意识与责任担当、理论素养与能力素养③。普通教育可采取面授培训、教师结对、集体备课与研讨等方式。④ 在线教育，特别是开放教育、网络教育还面临教师分散各地、兼职教师较多、整体素质较弱、培训组织困难等问题。课程思政的价值引领不是教师"教出来"的，而是在与教师平等对话和思想沟通的过程中引导出来的。⑤ 在线教育以在职学习者为主，其工学矛盾突出、学习风格多样、学习基础各异。作为成人的在职学习者，其学习过程更是一种商讨性的协作活动⑥，其自我概念、经验积累、学习准备与学习倾向对教与学产生重要意义⑦。其转化性学习、实践性学习与批判性学习的特征⑧，要求面向在职人员的思政教育需要更多结合在职学习者的经历经验、职业生涯规划、职业操守与敬业精神等，同时也要求注意融入的方式方法，不能大水漫灌，只能润物细无声，不能单纯让学习者"记"，更应让学习者"悟"。

课程思政融入专业课程重在实现价值观与专业知识的同频共振，做到因事而化、因时而进、因势而新⑨，实现育心养德⑩，做到知识目标与价值目标并进⑪。需

---

① 李国娟：《课程思政建设必须牢牢把握五个关键环节》，载《中国高等教育》2017年第15期，第28-29页。

② 曹鑫海：《构建民办高校"三位一体"课程思政育人体系研究》，载《教育教学论坛》2020年第6期，第32-33页。

③ 王学俭、石岩：《新时代课程思政的内涵、特点、难点及应对策略》，载《新疆师范大学学报》（哲学社会科学版）2020年第2期，第1-9页。

④ 王茜：《"课程思政"融入研究生课程体系初探》，载《研究生教育研究》2019年第4期，第64-68、75页。

⑤ 刘淑慧：《"互联网+课程思政"模式建构的理论研究》，载《中国高等教育》2017年第15期，第15-17页。

⑥ 伊里亚斯、梅里安：《成人教育的哲学基础》，高志敏译，职工教育出版社1990年版，第81页。

⑦ 高志敏：《成人教育学科体系论》，上海教育出版社2018年版，第354页。

⑧ 徐君、邱雪梅：《成人转化学习理论述评》，载《教育发展理论》2010年第21期，第42-46页。

⑨ 高锡文：《基于协同育人的高校课程思政工作模式研究——以上海高校改革实践为例》，载《学校党建与思想教育》2017年第24期，第16-18页。

⑩ 马友乐：《育心养德：应用型人才德育的时代诉求》，载《现代教育科学》2018年第3期，第50-53页。

⑪ 董勇：《论从思政课程到课程思政的价值内涵》，载《思想政治教育研究》2018年第5期，第90-92页。

要结合学习者需求，立足专业人才培养和教学目标，融入思政元素①，以学生爱看、爱听、爱学为先导思维来重构教学体系②。创新是重点，利用网络手段是关键，可开展如"一分钟思政课""一句话思政"等创新活动③；课程思政融入在线课程建设需要避免思政内容的固化④，需要注重媒体应用、网络呈现与策略运用等。课程思政融入在线教学，实现线上线下的混合式教学，需要充分考虑教与学的分离、学习者的学习孤独感、师生之间感情维系少等问题；充分利用媒体技术，特别是智慧学习技术，实现课程思政教学的智慧化、泛在化、个性化，助推课程思政建设。

（三）课程思政内容设计

课程思政重在在课程中实现对学习者的价值塑造，以培养学习者正确的世界观、价值观、人生观。课程思政内容设计主要包括四个方面：深度挖掘思政元素，实现与目标、内容的融合，采用适合的媒体技术，选用适用的方法与策略。

1. 深度挖掘思政元素

挖掘思政元素就是要立足课程思政内涵，围绕课程内容、提炼思政元素和德育功能。一要挖掘教学内容中人文价值、道德情操与哲学思想的内容；二要挖掘与课程相关的成功与失败、正面与反面的事例，并对其进行分析与思考；三要挖掘与课程相关的社会热点、人物、典故的育人价值；四要通过对课程内容的横向拓展、纵向延伸挖掘在线课程的思政元素与德育功能。

在线课程的思政元素主要包括以下几方面。

（1）政治认同与爱国情怀。包括新时代中国特色社会主义思想，四个自信（道路自信、理论自信、制度自信、文化自信），四个意识（政治意识、大局意识、核心意识、看齐意识），四个正确认识（正确认识世界和中国发展大势、正确认识中国特色和国际比较、正确认识时代责任和历史使命、正确认识远大抱负和脚踏实地）。

（2）品德修养与人格养成。包括社会主义核心价值观（敬业、诚信、友善

---

① 何红娟：《"思政课程"到"课程思政"发展的内在逻辑及建构策略》，载《思想政治教育研究》2017年第5期，第60－64页。

② 赵洱崠、于彤彤、刘力纬、苗越虹：《育心明德 道术相济——建构信息技术与教学融合的课程思政之路》，载《中国大学教学》2018年第9期，第52－55页。

③ 陈会方、秦桂秀：《"课程思政"与"思政课程"同向同行的理论与实践》，载《中国高等教育》2019年第9期，第53－55页。

④ 邵运文：《网络教学模式下的专业课课程思政教学实践——以投资学专业课程为例》，载《高教学刊》2019年第25期，第79－82，85页。

等)、中华传统美德(仁爱信义、尊老爱幼、以和为贵等)、道德情操(爱国守法、明礼遵规、团结友善等)、健全人格(和善亲切、谦虚随和、宽厚正直等)。

(3) 科学精神与职业操守。包括科学思辨(批判思维、辩证思维、历史思维等)、学术志向(敢为人先、开拓创新等)、工匠精神(锲而不舍、精益求精等)、学术诚信(求真务实、不舞弊、不抄袭等)、爱岗敬业(职业道德、职业操守等)、合作精神(团结协作、互利共赢等)。

2. 实现与目标、内容的融合

与目标、内容融合就是要对在线课程中挖掘到的课程思政元素进行提炼,特别是价值观和人生观,并将所提炼的思政内容作为价值塑造的目标与知识传授的目标、能力培养的目标相融合。课程思政内容与教学内容相融合是思政教育的应然回归,但是应做到润物细无声。在课程思政教学中注重引用典型人物、科学进展、重大事件和时政热点,注重选择中国的杰出人物及其取得的伟大成就,注重选用体现中国优秀传统文化、革命文化和社会主义先进文化中的事例与素材。同时,要在在线教学中融入社会发展元素,包括社会新知、社会成就、社会大事、科技发展等。

3. 采用合适的媒体技术

对于课程思政内容,应该选用最合适的媒体方式呈现给学习者。对于文本内容,建议尽可能用视频、音频的形式表达;对于讲授型内容,建议尽可能用高清演播、动画演示、虚拟现实、现场访谈等形式表达。同时,要尽可能融入移动学习技术,实现泛在学习。丰富生动的媒体呈现、先进便捷的媒体技术会带给学习者愉悦感、沉浸感,促使学习者乐听、乐学、乐参与。

4. 选用适用的方法与策略

对于课程思政内容,在教学方法上可以采用案例教学法、活动引领法、经验分享法等适合在职学习者的方法。在教学策略上,一要善用"溶盐入汤"的策略,做到课程思政与教学内容融合得"润物细无声",避免出现思政教育内容与课程教学内容脱节。二要用中国理论、中国话语讲好中国故事。比如,可以用专业领域的名家事例激励学习者讲专注、讲担当、讲奉献;可以用当代中国的成就鼓舞学习者;可以用伟大复兴的需要激发学习者的进取精神。不要用负面的情绪影响学习者,而要培养学习者积极的心态、积极的人生;不要用片面的观点影响学习者,而要引领学习者进行辩证性、系统性的思考。

以华东师范大学"食品安全与科学理性"一课的课程思政为例。该课用理性的态度、科学的思维剖析公众在食品安全危机中的认知误区,提高学习者对各类热点事件和社会问题的判断力的同时,教导学习者用理性而科学的态度看待当前的时代变化和社会发展。该课还从广泛流传的食品安全典型案例入手,用科学理论和研究数据对这些案例进行解读与剖析,激发学习者进行冷静、独立的思考,培养学习者科学和理性的世界观。

再以河北科技学院财务管理专业中的课程思政为例,其在管理学等课程教学中,邀请优秀企业家、财务经理进课堂,将团队合作、敬业精神等融入课堂教学,让学生真切地感受到企业文化、企业精神的魅力,实现以文化人。在基础会计学、中级财务会计等课程教学中,强化学生的准则意识,使其养成严谨、诚信的工作作风。要求学生遵循会计制度、会计准则,不做假账,维护好社会经济秩序。在税法等课程教学中,培养学生纳税光荣、偷税可耻的观念。以明星等公众人物正反两方面的实例分析,强调遵循法律法规、依法纳税的重要性。在审计学等课程教学中,以近年来会计舞弊、财务造假等事件中事务所、注册会计师受到经济和刑事处罚为例,结合启发式教学法,使学生认识到违反准则的代价高昂,从而自觉遵守知敬畏、守底线的良好职业道德。①

(四)课程思政教学设计

课程思政融入在线课程教学,需要立足课程资源的教学应用,将课程思政融入在线教学的各环节,包括在课程导学中进行学术诚信教育、在师生交互中进行价值传导,以及在教学活动与学习测评等环节中进行价值塑造等,从而实现课程思政的全程融入。

1. 融入课程导学

引导学习者端正学习态度,引领其养成科学的精神;通过严明学习纪律与考核规则,促进学习者形成正确学习态度;用课程的亮点、特色及知识的应用性激励学习者学习;通过学习活动,引导学习者自主利用互联网上的丰富学习资源,从而实现终身学习,并引导学习者甄别网络学习资源,树立健康学习观。

高等数学中的课程思政案例:在讲数列的极限这个知识点时,可以引入数学家刘徽的割圆术。将大问题尽可能切分成许多小问题。让同学们明白,再复杂的事情都是由简单的事情组合起来的,我们可以用智慧去分解困难,理性平和地去做事。②

有机化学中的课程思政案例:介绍麻黄碱时,告诫学生珍爱生命,不吸毒,更

---

① 张莉:《财务管理专业推进"课程思政"建设的策略》,载《学校党建与思想教育》2019年第18期,第55-56页。
② 刘淑芹:《高等数学中的课程思政案例》,载《教育教学论坛》2018年第52期,第36-37页。

不能利用所学专业知识来制毒贩毒，做出危害党、国家、社会的犯罪行为；1953年，德国格兰泰药厂合成出一种药物"反应停"，在没有做严格的生物活性和毒性试验的情况下，草率地将"反应停"推向市场，导致全世界诞生了大约 1.2 万名畸形儿。由此要求学生树立严谨的科学态度，科学来不得半点马虎。①

2. 融入学习活动

在活动设计上，以专业领域或社会中重大问题为案例，组织开展学习活动，引发学习者关心专业前沿与社会发展，如人工智能等。在活动组织上，采取协作学习、合作学习、小组学习等形式，培养学习者的团结协作精神。在活动点评上，结合价值引领、团队合作的活动进行分析与评价。在活动评价上，基于个体成绩、小组成绩相结合的方式，建立活动评价机制，促进学习者之间的团队合作。

大学英语中课程思政案例：通过向学生介绍 BBC 录制的纪录片 Chinese New Year（《中国春节》）、The Story of China（《中国故事》）以及国家地理的纪录片 China from Above（《鸟瞰中国》）等，将基于中国文化的内容自然而然地融入英语教学中，培养学生对民族文化的自信。②

经济法中课程思政案例：在讲到消费者的权利的时候，要让学生把自己看作消费者，设想当自身的权利受到侵害的时候，应该如何维护自己的合法权利；再交换立场，设想毕业后创业，作为经营者应该如何维护消费者的合法权利。通过引导学生设身处地、交换立场地思考问题，实现课程思政吸引力。③

（五）课程思政评价设计

课程思政评价设计就是要将课程思政评价有机融入在线课程评价中。这就需要立足"三全育人"目标，回答"为谁培养人""培养什么人""怎样培养人"的根本性问题，具体来说，主要有三个方面。一是开展课程思政的参与度评价。即从各类教师及相关人员参与课程思政的数量、内容及程度等方面评价课程思政的参与度。二是开展覆盖度评价。即从课程思政的内容覆盖度（如爱国情怀、科学精神、职业操守等）和教学过程的覆盖度（如课程导学、教学辅导、学习活动、学习测评

---

① 来水利：《以有机化学课程内容为引导，加强课程思政的探索与实践》，载《云南化工》2019 年第 7 期，第 180－181 页。

② 夏文红、何芳：《大学英语"课程思政"的使命担当》，载《人民论坛》2019 年第 30 期，第 108－109 页。

③ 栾淞婷、郭弘、张琪：《〈经济法〉课程思政吸引力提升路径研究》，载《现代商贸工业》2020 年第 6 期，第 161 页。

等）两个维度评价课程思政的覆盖情况。三是开展满意度评价。即从学习者对课程思政内容的接受度、受益度等方面评价课程思政教学的满意度。

四、以开放思维引领在线课程模式设计

（一）开放思维之内涵

1992年，美国学者巴纳斯（Bela H. Banathy）提出了宏观教学设计论。他认为："教育是一个开放的人类活动系统。是一个与教师、学生、环境、政治、文化背景及国情等因素有着密切联系的系统复合体，必须建立一种开放的、动态的、整体的思维模型。"①

我们身处开放的时代，丰富海量的优质开放课程与资源唾手可得。我们可以不用自行建设在线课程资源，就能利用互联网上免费的优质在线课程资源来实施在线教学；我们甚至可以不建设在线课程资源，也不进行在线教学，只要将学习者组织到慕课中自行学习就能完成教学任务。特别是利用先进信息技术实施教学的在线教学，我们更应该有开放共享之公心，以开放的思维，基于"拿来主义"的资源汇聚原则，在合法合规的情况下，尽可能整合利用社会上的优质学习资源，提升在线课程的资源质量。比如，充分利用中国大学MOOC、学堂在线等大型公共服务平台上的开放共享资源。

（二）课程模式之设计

在线课程模式是在线课程的运行机制与外在表现，相对于在线教学模式，在线课程模式更为全面，是在线课程的整体性表现。基于在线课程的资料来源，在线课程模式主要有慕课共享型、资源共享型、自建自用型、自建开放型、共建共享型五种类型。

1. 慕课共享型

慕课共享型在线课程模式是指通过共享其他同类慕课实施在线课程教学。通过对在线课程的市场端调研，如果有其他高校的同类在线课程在内容体系上契合，且网络教学资源质量更好、教学团队的授课水平更高的情况下，可以通过引进的方式

---

① 转引自段荣娟、李鑫：《系统科学视域下外语慕课教学设计》，载《系统科学学报》2019年第4期，第98-102页。

共享慕课的课程资源与支持服务。

慕课共享型在线课程模式仍然需要结合自身课程学习者的学习需求建设一些衔接性的学习资源，以满足自身学习者的学习需求。同时，在学习支持服务方面，除了慕课教学团队提供学习支持服务外，本课程的教学团队也需要面向自己的课程学习者提供个性化的学习支持服务。

慕课共享型在线课程模式的优势在于可以减少课程教学团队的工作量，也能充分利用优质慕课的资源和服务，但是由于自身教学团队没有全程参与课程资源建设和在线教学实施，不利于自身教学团队的成长。因而，这种模式比较适合自身课程教学团队实力不够而外部课程确实优秀，并且慕课与自身课程内容体系高度契合的情况。

2. 资源共享型

资源共享型在线教学模式是指通过共享（或引进）其他高校的优质课程资源实施在线课程教学。同样是利用其他高校的优质课程资源，相对于慕课共享型在线教学模式，资源共享型在线课程模式的学习支持服务仍然由自身的教学团队提供。资源共享型在线课程模式适合其他高校同类课程的课程资源更优质，其课程内容体系与自身课程内容体系相近的情况。在名校优质开放资源日益增多的情况下，共享名校优质资源，并利用其来开展在线教学，将是在线教学的一大趋势。为此，资源共享型模式也应该是教育机构鼓励和推广的模式。

以其他高校的优质课程资源为主体的资源共享型在线教学模式，仍然需要根据自身学习者的实际情况建设衔接性的资源，以确保在线课程资源适应自身课程的学习者。此外，该模式的在线教学仍然需要自身的教学团队去组织实施，包括课程资源的利用、学习活动的组织、教学交互的开展等。

3. 自建自用型

自建自用型在线课程模式是指由课程教学团队自主建设在线课程资源，自主组织在线课程教学，只面向自身学习者的在线课程模式。该模式由于可以完全自主开发课程资源并组织在线教学，因而可以让自身的教学团队获得全方位的锻炼，也可以通过自身团队的力量打造精品在线课程，并在教学的自主性以及教研教改的探索方面有一定的优势。该模式适合师资力量较强，有能力依靠自身力量打造出优质在线课程的教学团队。但是，在倡导资源开放共享的今天，这种相对封闭型的模式难以成为主流。

4. 自建开放型

自建开放型在线课程模式是指课程教学团队自主建设在线课程资源，面向自身学习者组织教学，也面向社会公众开放课程的在线课程模式。自建开放型在线课程模式具有自建自用在线教学模式的优势，同时也具有开放的优势。一方面，通过开放课程可以检验自身课程的质量，获得社会的认可度；另一方面，通过建设开放课程可以实现自身课程的资源共享，有利于自身课程的推广与应用，并能将自身课程逐渐打造成为省级、国家级的在线开放课程。因此，自建开放型课程模式是值得大范围推广的模式。该模式比较适合实力较强，有志于打造精品在线开放课程的教学团队。

5. 共建共用型

共建共用型在线课程模式是指两个相对独立的教育机构或教学团队共建共用在线课程，即共同开展在线课程设计与在线课程的开发，然后共同使用在线课程的资源。

不同的在线课程模式，其资源建设的工作量差异较大。慕课共享型与资源共享型在线课程模式需要建设的在线课程资源主要是衔接性的课程资源，即基于自身学习者特点，建设补充性的在线课程资源。自建自用型与自建开放型的在线课程模式，需要建设完整的在线课程资源；而共建共用型资源建设模式，主要需要明确双方的投入、双方的职责、课程资源版权的归属以及资源建设与销售费用的分配比例等问题。

在线教师选择哪种在线课程模式，取决于自身教学团队的实力及与社会上在线课程资源的匹配度。在自身教学团队实力较强的情况下，可以选择自主建设课程资源；在社会上没有相匹配的资源，自身教学团队实力较弱的情况下，则可以外聘教师自建资源；当社会上外部课程资源与自身课程资源在内容的广度和深度上的匹配度较大时，则可以选择资源共享；当相对独立的两个教育机构或教学团队具有互补性等合作基础时，则可以选择共建共享。一般来说，共享性的在线课程资源，都需要基于自身学习者的实际情况，建设衔接性的教学资源，以实现教学内容的全面匹配。

五、以用户思维引领在线课程服务设计

（一）用户思维之内涵

用户思维的本意是"以用户为中心""用户至上"的思维，是践行"顾客就是上帝"的思维。用户思维就是要针对用户的各种个性化、细分化需求，提供各种具

有针对性的产品和服务。

在线教学的语境里，在线课程服务主要指面向学习者的学习支持服务。学习支持服务是指在线教师为促进和帮助学习者的学习所提供的支持性学习服务。在线教学是以学习者自助式学习为主的教学方式，在线课程教学的本质就是提供学习支持服务，学习者就是用户，以学习者为中心提供学习支持服务是应然之举。学习支持服务设计也应以用户思维为引领。

（二）服务目标设计

学习支持服务的目标是以学习者为中心建构在线课程的教学共同体。教学共同体是学生进行自助式学习、教师提供响应式教学的教学创建，这种共同体可以是虚拟的，也可以是实体的。通过教学共同体的创建，可以促进师生无隔阂的交互，增进师生感情，提升学习效率。

教学共同体的主体主要是教师群体与学习者群体。教师群体包括责任教师、主讲教师、辅导教师与导修教师；学习者群体为学习该课程的所有学习者。当课程学习人数较多时，还可以增加学习助理群体，学习助理群体是协助教师解答学习者问题的群体，可以是已经学习过该课程的高年级学习者，也可以是高校能胜任该课程的勤工俭学学生，还可以是已毕业的学生。

在传统课堂教学中，教师授课与教学服务往往是一体的，教师能够在授课的同时，向学习者提问并回答学习者的问题。而在在线教学中，作为授课内容的学习资源与支持服务是分离的，难以实现教学与服务的一体化。建构融学习资源与学习服务为一体的智慧型学习资源，实现学习资源的教学一体，可以使学习者在学习课程资源的同时，也能获得学习服务，实现资源即服务。要实现学习支持服务资源化，可以在教师授课的课件中嵌入交互性的问题，学习者需要完成交互性问题后才能继续学习，而且这个交互性的问题能够在学习者选择答案后获得即时的评价；也可以在教师授课的网络课件中嵌入即时的提问功能，学习者在点播学习教师授课内容时就能马上向教师提问，并能获得教师的即时反馈。

（三）服务团队设计

在线课程的教学实施过程，也是教学团队提供学习支持服务的过程。教学团队的成员虽然有分工和侧重，但是总体来说，所有教学团队的成员，包括责任教师、主讲教师、辅导教师与导修教师都是提供学习支持服务的成员，在线课程的教学团队也是学习支持服务团队。

学习支持服务团队的构成影响支持服务的提供，学习支持服务团队的构成模式分为一体式支持服务团队与分体式支持服务团队，每种支持服务团队均有其优缺点。

1. 一体式支持服务团队

一体式支持服务团队中的教师通常来源于同一个机构。教师之间的联系紧密，在教师协作、教学备课以及教学研讨方面较方便。提供一体式学习支持服务的教学团队有两种类型，一种是专业教师型，即学习支持服务团队的成员全部是专业教师；一种是导师—研究生型，这种模式常见于普通高校的网络教育，即导师承担课程授课工作，导师所指导的研究生负责教学辅导工作。在导师—研究生指导模式中，导师作为责任教师和主讲教师的角色，更容易将其理念和想法灌输给自己的研究生，使得研究生能够在教学辅导中保持与网络授课的一致性。但同时也存在研究生流动性高、教学辅导工作不稳定等问题。

2. 分体式支持服务团队

分体式支持服务团队通常由两个及以上机构中的教师构成。开放教育主要采取这种模式。比如，开放大学的总部承担责任教师和主讲教师的角色，基层开放大学作为教学点承担辅导教师和导修教师的角色。这种分工合作的教学模式，其优势在于能够为当地的学习者提供本地化的学习支持服务，从而实施线上线下一体化教学；其缺点在于课程学习服务的组织和协同成本较高，需要教育机构具有较强的管理与组织能力。

学习支持服务团队设计应该以学习者为中心，基于学习者的数量和分布配置在线课程的学习支持服务团队。在线课程的学习支持服务需要充分发挥辅导教师的作用，网络相对充足的辅导教师队伍。一般来说，辅导教师与学习者的比例不宜低于1∶100。

（四）服务内容设计

学习支持服务可分为学术性支持服务与非学术性支持服务。学术性支持服务是指与学习内容直接相关的学习支持服务，包括导学服务、助学服务和促学服务。非学术性支持服务是指与学习内容间接相关的学习支持服务，如督学服务。

导学服务是指为引导学习者开展自助式学习所提供的服务。导学服务重在"导"，课程导学是引领学习者自主学习的重要手段和环节。由于在线课程主要依赖学习者的自主学习，因而做好在线课程的学习引导非常重要。同时，导学是最早面对学习者的课程内容,也是课程的门面和给学习者的第一印象,因此,突出课程的特色与亮点也是很关键的一点。

助学服务是指为帮助学习者理解、巩固、消化课程学习内容所提供的学习支持服务,助学服务重在"助"。助学服务包括教学辅导服务与教学交互服务。教学辅导服务是一种主动型的学习支持服务,如教师为学习者进行重难点知识的讲解、进行课程作业的讲评等。教学交互服务主要是面向学习者的答疑服务,是一种响应式的学习支持服务。

促学服务是促进学习者理解、巩固、消化课程学习内容所提供的学习支持服务。促学服务重在"促"。促学服务包括学习活动与学习评测。教师通过组织学习者参与各类学习活动,促进学习者理解、巩固、消化课程知识,并最终使其能应用课程知识解决实际问题;通过组织学习者参加各类学习评测,促进学习者检测自身的学习效果,通过查漏补缺,促进学习者自身的课程学习。

督学服务是指导修教师根据在线课程教学安排,结合学习者的学习进度和学习任务的完成情况,通过通知、提醒、组织活动等方式督促学习者的学习。督学服务与学习内容不直接相关,重在"督"。对于开放教育与网络教育来说,在职学习者不仅要完成规定的学习任务,还需处理工作中的各项事务。繁忙的工作和学习,使得学习者需要有人及时提醒自己完成各项学习任务,因此,督学服务是一项重要的非学术性学习支持服务。[①]

六、以生态思维引领在线课程环境设计

在线课程环境设计是对"在哪里教、在哪里学"问题的回答,应以建构时时处处的泛在化的教与学为目标。

(一) 生态思维之内涵

生态思维是从人与自然的生态关系的视角进行思考,归根结底,是从人与自然的和谐关系建构的视角出发去思考问题。生态学视域的和谐关系体现在多样性与主体性的和谐一体,整体性与个体性的和谐一体,物质的生产、消费与分解的和谐一体。

---

① 曾祥跃:《远程教育学习支持服务运行体系分析》,载《高等继续教育学报》2014年第3期,第8-12页。

对于在线课程来说，就是要建构和谐一体的生态环境，包括生态化的媒体应用环境、生态化学习资源环境等。

（二）媒体技术应用环境之设计

媒体技术应用环境的建设应以生态思维为导向，体现媒体应用的多样性与主导性、层次性与先进性，实现各类媒体应用技术的和谐一体。通过选用最新、最优的媒体形式，展现教学内容、提供教学服务。

（1）多样化的媒体应用。丰富多样的媒体呈现、先进便捷的媒体技术会带给学习者愉悦感、沉浸感，使得学习者乐听、乐学、乐参与。在内容讲授上，可选择高清视频、虚拟演播、网络直播、动画演示等媒体形式，充分且生动地展示讲授内容。在师生交互上，可选取课程论坛、微信群、QQ 群等媒体形式，实现实时或非实时的交流互动。在内容传播上，可选取互联网传播、移动互联网传播、微信公众号传播等方式，实现学习者随时随地的学习。

（2）主体性的媒体应用。在坚持媒体应用多样化的同时，也需要明确主体的媒体形式。如授课内容主要采取视频讲授，教学交互主要采取课程论坛等交流方式。坚持媒体应用的主体性，不仅可以避免媒体应用太过分散，让学习者应接不暇，也可以避免由于媒体应用形式太多，教师为了回复学习者的问题而疲于在不同的媒体应用（如课程论坛、微信群、QQ 群）间跳转的情况。

（3）层次性的媒体应用。媒体技术应用分为多个维度层次。在教育机构层面，媒体技术的应用体现在学习平台的选择应用、媒体教学环境的整体搭建上。在课程建设层面，可以基于媒体技术选择在线课程的建设模式，如建设在线开放课程或移动 App 课程、微信小程序课程等。在教学实施层面，可以利用媒体技术建设高清视频型的资源、虚拟演播型的学习资源、交流互动型的学习资源、现场实景式的学习资源、动画演示型的学习资源，或者融媒体型的在线课程教材等；还可以利用媒体技术提供诸如网络直播辅导、课程 BBS、微信群、QQ 群辅导，或者提供基于智慧课堂的面授辅导等学习支持服务。

（4）先进性的媒体应用。作为在线课程，应充分利用最新的媒体技术，发挥在线教学优势，保障在线课程教学效果。要以先进信息技术的应用为导向，通过精心的教学设计、恰当的内容与媒体选择，建设适应各类学习终端的在线课程资源，从而实现"处处能学、时时可学"；通过智慧媒体技术的应用，实现媒体资源的智慧化推送，促进教与学的智慧化。

(三) 学习资源环境之设计

生态化的学习资源环境的建构，主要有以下两方面的内容。

1. 模块化的学习资源建构

在线课程的学习资源采取模块化的建构方式可以基于学习资源的生命力和时效性，及时对没有生命力或过期的学习资源进行模块化替换，以保持学习资源的常换常新，保障在线课程的生命力和可持续发展力。

2. 成长性的学习资源建设

在线课程的学习资源建设不是一蹴而就的，而是需要在教学实施过程中不断优化完善、迭代升级的；需要在教学过程中不断补充形成性资源，增加学习资源的新鲜血液，保持学习资源的成长性。同时，也要根据时代发展的需要，适时淘汰已经过时的学习资源，以保障在线课程的资源生命力和可持续发展力。

七、以数据思维引领在线课程评价设计

在线课程评价设计是回答"如何评教、如何评学"的问题。旨在促进在线教师教出水平，学习者学出成效。

（一）数据思维之内涵

数据思维是从数据挖掘、数据分析的视角去发现事物的内在规律以及事物之间相互关系的思维模式。基于数据思维发现数据之间的关联及事物之间的作用规律，这样的思维模式由来已久。在数字时代，数据思维进一步彰显数据的魅力，体现数据的巨大价值。

在线课程评价是依据在线课程目标对在线课程进行价值判断并为在线课程教学决策服务的活动。相对于传统教学的评价，在线教学主要发生在学习平台上，学习者的行为更容易数据化，包括教师在学习平台上的表现，如学习平台登陆、网络辅导、网络答疑、学习活动参与、课程作业批阅等；也包括学习者在学习平台上的表现，如学习平台登陆行为、学习活动行为、学习咨询行为以及学习评测行为等。在数据思维的引领下，还应该将更多评价内容数据化，比如尽可能将学习评测中的主观题客观化，因为客观的数据更容易进行统计分析。通过评价内容数据化，可以建构教学质量常模库、教学质量评价库、教学过程评价常模库等。基于数据挖掘与数据分析，还可以实现面向教师、面向学习者、面向教学过程、面向教学成效的数据

画像，从而为在线教学提供更优的解决方案。

（二）课程评价之设计

对于在线课程评价，可以立足"如何评教、如何评学"，从教与学的维度进行评价。

1. 教的评价

教的评价是从在线教师端开展的教学评价，是基于在线教师的教学成效视域的评价。评价内容包括教学理念的融入、课程内容的建构、学习资源的建设、媒体技术的应用、学习平台的部署、学习支持服务的提供、课程特色的挖掘、课程目标的达成，以及立足在线课程的教学成果等方面。

2. 学的评价

学的评价是从学习者端开展的评价，通常包括形成性评价与终结性评价。形成性评价主要评价学习者在学习过程中的学习效果，包括平台表现、学习活动、教学交互、学习评测等。终结性评价方式多样，可基于在线课程的特点进行评价设计。

八、以创新思维引领在线课程特色设计

（一）创新思维之内涵

创新思维是指以新颖独创的方法解决问题的思维过程，通过这种思维突破常规思维的界限，以超常规甚至反常规的方法、视角去思考问题，提出与众不同的解决方案，从而产生新颖的、独到的、有社会意义的思维成果。①

对于在线课程来说，需要充分利用创新思维，发掘在线课程相对于其他课程的比较优势和特色，体现在线课程"人无我有、人有我优""以小见大、大中见小"的特色。在线课程特色的挖掘需要基于在线课程的市场调研，在知己知彼的情形下，以比较优势为切入点。

（二）课程特色之设计

在当今在线开放课程数量众多、网络学习资源非常丰富的情况下，建设普通的、没有特色的在线课程没有太大意义。为此，在线教师可以从资源建设、学习支

---

① 参见《创新思维》，见百度百科（https://baike.baidu.com/item/创新思维），2021-03-15。

持服务、开放共享等方面挖掘在线课程的特色。

1. 资源建设特色

在资源建设上，可以从资源建设的媒体形式、内容建构、教学活动融入、课程资源呈现与布局等方面挖掘在线课程的特色。如建构智能互动的学习资源，实现学习资源的智能推送，实现资源的泛在化、智能化呈现，在虚拟实验实训资源建设上有突破和创新，由名师引领建设领域内一流水平的资源，等等。

2. 学习支持服务特色

在学习活动开展上，可以从学习活动的设计、组织、交互与成效等方面挖掘特色。如与学习者所在单位联动开展学习活动，与多种群体开展活动，将学习活动成果转变为在线课程特色资源，等等。

在教学辅导开展上，可以从教学辅导的组织、教学辅导的形式、教学交互的提供等方面挖掘特色。如采用虚拟直播教学，对翻转课堂进行了教学模式的创新，等等。

3. 开放共享特色

在开放共享方面，可以从开放的形式、开放的对象、开放的质量测评与开放的效果等方面挖掘特色。如采取全 MOOC 形式的教学，与其他高校共享教学，面向极其巨大的学习者群体，支持服务力量充沛，学习者反馈良好，等等。

本章小结

在线课程设计是对在线课程相关要素的系统规划与有序安排，涵盖在线课程调研、开发、教学、评价等环节。在线课程的本质是规划，旨在让在线课程成为一门有内涵、有思想、有灵魂的高品质课程。在线课程要以学习者为中心，以自主学习为导向，立足在线课程的调研与分析，对在线课程的目标、内容、思政、模式、服务、环境、评价、特色等进行一体化设计，使得各教学要素有机融合、有序安排。

在在线课程调研方面，从在线课程的教师端、学习者端与市场端开展"三端"调研，有利于全面了解在线课程各方面的需求。学习者端调研主要面向学习者，调研学习者的特征、学习者的学习内容与学习服务需求；教师端调研主要面向教育机构调研在线课程的教学供给情况，包括教学团队调研、自身条件调研、教学环境与条件调研等；市场端调研主要面向社会调研同类课程及同领域课程的教学实施情况。

在在线课程调研分析方面，从师生维度分析"由谁来教"与"谁会来学"，明确教的主体和学的主体及其相互关系；从内容维度分析"能教什么"与"需学什么"，明确教与学的内容，实现供给与需求的精准匹配；从方法维度分析"如何去教"与"如何去学"，促进教与学的真实发生，实现学习者高质、高效地学习；从环境维度分析"在哪里教"与"在哪里学"，明确教与学的环境建构，促进时时处处的泛在化教学；从评价的维度分析"如何评教"与"如何评学"，为在线课程的全方位评价提供设计依据。

在线课程的设计可以从在线课程的"八要素"入手。以发展思维引领课程目标设计，可以综合专业人才培养、学习需求以及课程发展目标，实现知识传授、能力培养与价值塑造的三位一体，并能兼顾预置性课程目标与形成性课程目标的建构。以高阶思维引领在线课程内容设计，可以顺应网络时代教学需要，将在线教学聚焦于学习者的高阶能力培养。课程思政重在对学习者的价值塑造，以价值思维为引领能够帮助学习者树立正确的世界观、人生观与价值观。以开放思维引领课程模式设计，在线教师可以选择慕课共享型、资源共享型、自建自用型、自建开放型、共建共享型的在线课程建设模式。以用户思维引领课程服务设计，能够引领在线教师以学习者为中心理念服务设计，为学习者提供全面、周到的学术性与非学术性支持服务。生态思维引领下的资源建设与媒体技术应用，能够促进生态化资源与媒体环境的建构，促进学习资源的生态循环。全面数据化的在线课程评价，可以为在线教师、学习者与教学过程进行数据画像，从而可以更为精准地开展在线课程教学。在线课程特色主要体现在"人无我有、人有我优"的比较优势上。在创新思维的引领下，可以从资源建设、学习支持服务、开放共享等方面挖掘在线课程特色。

第六章
优术：在线课程之开发

在线教学以学习者自助式学习为主，为学习者提供功能完善、适合自助式学习的在线课程非常关键。

在线课程开发是基于在线课程设计，将在线课程内容开发成为功能完善的在线课程的过程。在线课程开发也是教与学、内容与媒体充分结合，不断迭代、不断完善的过程。

对于在线教师来说，拥有在线课程开发技能，是区别于传统教师的重要特征。

第一节 在线课程开发内容

一、在线课程开发内涵

在线课程开发包括资源建设与平台部署两部分内容。资源建设是指利用各种媒体技术将在线课程内容转变成学习资源的过程；平台部署则是指在线教师将在线课程的各类素材、要素（如学习资源、学习活动、学习评测）部署在学习平台，整合成为一个有机整体。这个有机整体实质上就是一个学习者可以自助式学习、教师可以响应式教学的在线课程环境。如果我们将在线课程开发比喻成为房地产开发的话，资源建设就是加工建筑材料的过程，平台部署则是建造房屋的过程。如果没有在线课程的平台部署，则学习资源将是一堆散乱的学习素材，难以与学习活动、学习评测等教学元素关联起来。从这个视角看，平台部署比资源建设更重要。所建设的在线课程是否可用、可教、可学，在线课程是否为教师、学习者所接纳，能否为学习者带来愉悦的体验，取决于在线课程平台部署质量的好与坏。

二、资源建设内容

资源建设内容即学习资源。学习资源种类很多，可以从不同维度对学习资源进行分类。基于学习资源是否数字化，可分为数字化学习资源与非数字化学习资源，如网络学习资源即为数字化学习资源，纸质教材即为非数字化学习资源；基于学习资源的媒体形式，可分为演示文稿类、视频类、音频类、图文类、融媒体类学习资源等；基于学习资源产生的时序，可以分为预置性学习资源与形成性学习资源；基于学习资源的功能，可以分为导学类、授课类、评测类、活动类、拓展类学习资源等。

这里主要从学习资源功能的维度说明各类学习资源所包含的内容。

（一）导学类资源

导学类资源是引导学习者开展自助式学习的学习资源。在线教学以学习者自助式学习为主，而教师的关键任务是引领学习者顺利开展自助式学习。为此，建好导学类资源非常重要。导学类资源分为课程层面的导学资源和章节层面的导学资源。课程层面的导学资源包括课程内容框架、课程学习方法、课程支持服务、课程考核评价等内容，是对课程层面的学习进行引导；章节层面的导学资源包括章节的教学目标、内容布局、学习任务等内容。课程层面与章节层面的导学资源共同形成课程的导学资源体系。

导学资源的媒体呈现可选择视频、音频、图文、动画等。导学资源一般包含以下基本元素。

（1）课程简介。包括课程的总体介绍、课程类别、适用专业、适用层次、课程学分与学时、先修课程、参考教材等信息。

（2）团队介绍。包括课程的教学团队及其成员介绍，如教师的基本履历、教学教研成果、教师照片与联系方式等。

（3）教学大纲。包括课程的教学目标、教学要求、内容框架等，旨在让学习者对在线课程有一个概览性、体系性的了解。

（4）考试方案。用于呈现在线课程考试的总体安排，明确形成性考核与终结性考核的形式与成绩构成等。

（5）教学日历。即根据教学工作安排制订的教学日程安排，包括课程答疑、学习活动、课程作业等教学任务的具体时间安排。

(6) 学习指引。基于课程特点，说明本课程的学习方法与学习要求等。

（二）授课类资源

授课类资源是在线课程的教学内容，应依据课程目标和教学大纲，以知识点为单位进行建设。授课资源以微视频、演示文稿为主，以图文类资源为辅，也可选择音频、动画、虚拟仿真等媒体形式。授课类资源建设应特别重视版权和知识产权问题，授课资源中所使用的图片、音视频等素材应注明出处，保证课程资源的知识产权清晰、明确，不存在侵犯他人合法权益的情形。

（三）评测类资源

评测类资源包括课程题库、单元练习、课程作业、课程考试等。其中，课程题库是评测类资源建设的主要内容，是课程单元练习、课程作业、课程考试等评测试题的来源。

（四）活动类资源

活动类资源是课程的学习活动资源。活动类资源主要在教学实施过程中形成，资源建设阶段主要建设预置性的学习活动资源。如为了开展慕课相关的学习活动，可以提前录制慕课的介绍性视频。

（五）拓展类资源

拓展类资源包括延展性学习资源与基础性学习资源。延展性学习资源是增强课程知识的宽度和深度的学习资源，主要适用于学有余力的学习者，帮助其开阔学科视野，如提供与课程相关的专家讲座、名词术语、学习网站链接、开放学习平台链接等。基础性学习资源是基于在线课程知识向下延伸的学习资源，主要适用于学习基础较弱的学习者，帮助其夯实课程知识基础。

三、平台部署内容

平台部署过程既是对各类素材的整合过程，也是教与学环境的建构过程，同时还是在线课程内容的呈现过程。在线课程平台部署包括三个方面的内容。

（1）建构自助式学习环境。自助式学习环境旨在满足学习者自由、自主、自为的学习需求，因而在线教师需要以学习者为中心，以学习资源与支持服务为基本点，面向学习者创设自助式学习环境。

（2）建构响应式教学环境。响应式教学环境旨在满足在线教师开展响应式在线教学的需要，因而在线教师需要基于在线教学功能实现的需要，在学习平台上创设响应式教学环境。

（3）布局平台页面。自助式学习环境与响应式教学环境的建构，需要在学习平台上进行资源、功能的规划与布局，并通过学习平台页面呈现出来。平台页面布局可看作是教与学环境的具象化。

自助式学习环境与响应式教学环境是在线课程的一体两面，看似"形散"，实则"神聚"。两者通过学习平台的页面布局，后台数据的统筹一体，从而实现资源的互通、信息的互通、数据的互通、功能的互通。

第二节 在线课程开发导向

一、团队建设导向

在线课程开发团队是负责在线课程资源建设与在线课程平台部署的服务团队。相对于传统教育，在线课程开发团队需要对在线教学有更多专业性和技术性的理解和认识。专业化的建设团队是保障在线课程开发顺利开展的前提条件。其专业化主要体现在专业人员的构成与专业能力的水平上。

（一）专业人员构成

在线课程开发团队由在线课程的教学团队与技术服务团队共同组成。团队人员的构成与分工如下。

（1）教学团队：主要包括责任教师、主讲教师、辅导教师。其中，责任教师负责在线课程的整体策划、团队组织、过程监管、内容审核；主讲教师负责在线课程的内容讲授、课程录制、资源制作；辅导教师参与资源建设，协助责任教师、主讲教师开展资源的收集、整理等工作；导修教师通常不参与在线课程开发工作。

（2）技术服务团队：主要包括在线课程设计人员与媒体制作人员。其中，在线课程设计人员负责在线课程的资源建设与在线课程平台部署的设计，需要与教学团队成员密切配合,充分理解在线课程的整体规划和设计意图;媒体制作人员负责主讲教师录课时的化妆、课程摄影摄像、视音频剪辑及学习平台的课程美化等工作。

在线课程开发团队需要共同研讨,相互协作,实现优势互补;需要充分利用新媒体技术,采取合适的方式开发在线课程资源,并能在学习平台上做出最优呈现。在线课程开发团队的协作包括教学团队教师之间的,以及教师与技术服务人员之间的密切协作。

(二)专业能力要求

基于在线课程开发的任务和内容,在线课程开发团队需要具备以下几方面的能力。

(1)教学设计能力。即能够进行在线课程的整体设计,促进教与学再度融合的能力,特别需要拥有资源建设与在线课程平台部署的设计能力。

(2)网络授课能力。录制网络课件是在线课程课程开发团队的重要任务之一,这就需要在线教师熟悉缺乏现场学习者参与的网络授课方法,需要注意自身的网络授课形象,网络授课时能做到抑扬顿挫、引人入胜。另外,网络授课时,在线教师还需要将目光聚焦摄像机镜头,将摄像机镜头假想为学习者,以营造教师在关注学习者的氛围。这些技能需要在线教师长期练习,才能达到炉火纯青的境界。此外,会说话、会讲笑话,能够谈笑风生,让学习者瞬间受到感染,也是一个成功的网络教师或者教育主播的必备素质。[①]

(3)媒体技术应用能力。即能够熟练利用各种媒体技术进行在线课程开发的能力,如利用各种媒体技术建设与呈现学习资源的能力,建设基于移动学习 App、微信公众号或微信小程序的在线课程的能力等。

(4)平台部署能力。即能够基于学习平台的功能,在学习平台上建设在线课程,实现对在线课程学习资源、学习活动、学习评测等的科学布局与美化。

二、资源建设导向

资源建设的宗旨在于建设学习者乐用、易用的学习资源。乐用是指学习资源能够真正对学习者有帮助,能够满足学习者的学习需求,在线教师的授课方式与资源

[①] 王默、王敏娟:《中美比较视角下在线教育的挑战与方法》,载《教育研究》2020年第8期,第35-39页。

的媒体形式也能让学习者愉悦地学习；易用是指学习资源在布局上便捷易达，学习者容易获取。资源建设应以微课化、个性化、立体化、精致化为导向。

（一）微课化

1. 微课化教学需求

社会的快速发展，使得人们的生活节奏不断加快，特别是在职学习者，在繁忙的工作之余进行学习实属不易。也因为在职学习者主要利用工作之余的碎片时间进行学习，为了顺应学习者的学习习惯，在线教学有必要从传统的 45 分钟或 90 分钟的教学转变成基于知识单元的小片段教学，即实施微课化教学。通过实施微课化教学，学习者可以在一个相对较短的时间内完成微课的学习，并能参加与微课内容相关的各种评测。

在线教学微课化能够帮助学习者利用碎片时间进行学习，但是，在线教学微课化对在线教师和学习者都有着一定的挑战性。对于在线教师来说，将在线课程解构成微课时，需要采取"化整为零"的策略，这种"化整为零"策略是基于对体系化专业知识的解构，需要在线教师利用思维导图或知识图谱等工具实现各个微课的体系化关联，在帮助学习者进行碎片化学习的同时，又能够将所获得的碎片化知识重构为体系化的课程内容。对于学习者来说，虽然这种基于微课化的学习资源能够满足学习者对碎片时间的利用，能够实现时时处处的学习，但是将碎片化的知识"化零为整"考量着每一位学习者的知识重构能力，需要学习者能够将所学到的碎片化知识串起来形成体系化的课程知识。

2. 微课化资源建设方法

微课通常被认为是基于知识点或小模块知识的微教学视频。微课可追溯到 60 秒课程（60-second course）和一分钟演讲（one minute lecture，OML），它们分别由美国北爱荷华大学 LeRoy A. McGrew 教授和英国纳皮尔大学 T. P. Kee 教授提出。① 微课化资源的建设包括五个方面。

（1）科学解构、灵活处理。微课化资源是基于知识点的资源建设，为此，需要将课程内容体系解构成为既相对独立又相互关联的知识点，实现课程内容体系的"化整为零"。所建设的微课化资源要做到"形散神聚"，即能够通过系统建构实现"化零为整"，将分散的微课通过知识点的内在关联形成一门完整的在线课程。这是

---

① 张殿恩、王蕴喆：《慕课视域下外语微课设计与实践研究》，载《黑龙江高教研究》2018 年第 11 期，第 149 – 152 页。

一门技术活,直接挑战教师对在线课程内容的整体把控能力。灵活处理是指要灵活看待微课概念,微课并不一定很短,只讲解一个知识点的课程就是一节微课,比如高等数学,可能讲解一个知识点就要30分钟,但是只要是讲解一个知识点,不管多长时间,都应该属于一节微课,而不能因为知识点讲授时间太长,生搬硬套地将知识点内容撕裂成若干个小碎片。

(2)聚焦目标,问题导向。微课讲授是基于某一知识点的讲授,所以一定要聚焦目标,将该知识点讲深、讲透。以问题为导向,更容易快速吸引学习者的注意力,让学习者能快速进入角色。

(3)快进快出,主题突出。在教学策略上,要实现教学的快速切入,快速地传授内容并快速地结束授课,不拖泥带水。同时,需要突出主题,让学习者能够很快抓住微课的主题。

(4)媒体主流,普适泛在。在媒体应用上,要尽可能选择主流的媒体技术呈现微课资源,以实现微课资源的普适泛在,满足学习者时时处处的学习需要。

(5)激情饱满、感染力强。为满足微课型授课需要,主讲教师应能像培训讲师一样,饱含激情,具有很强的教学感染力,同时能做到语言魅力强、语调节奏合适、表达准确规范、授课逻辑清晰等。

(二)个性化

资源建设的个性化是指依据在线课程特点,自主选择专业化或草根化的建设方式。专业化的资源建设是指在专业的演播环境中由专门的技术人员录制教学内容,并通过后期专业的编辑,建设高品质的学习资源。草根化的资源建设是指在线教师利用各种具有视频、音频录制功能的设备(如智能手机),随时随地录制授课内容,并通过简单的视频、音频编辑,快速制作出一般品质的学习资源。专业化的资源建设,可以生产高品质的学习资源,但是建设成本高,建设周期长;草根化的资源建设,可以生产一般品质的学习资源,但是其成本低廉,建设周期短。基于专业化建设与草根化建设各自的优势,在线教学可以根据教学内容的特点,对核心的教学内容采取专业化的建设方式,而对非核心的教学内容或对课件品质要求不高的教学内容采取草根化的建设方式,实现资源建设的专业化与草根化相结合。

1. 专业化的资源建设

专业化的资源建设需要有专业的演播室。专业演播室具有良好的隔音效果、声光条件以及设施设备。专业演播室根据场景的不同可以分为实景演播室和虚拟演播室,实景演播室主要进行实况的录制,而虚拟演播室可以基于实际需要进行虚拟场景的编辑,比如为教师授课场景配备虚拟的背景,将教师的授课形象整合在 PPT 中等。根据演播室功能的多寡可分为多功能演播室与单功能演播室。多功能演播室通常空间较大,有固定的多个录制场景或可通过场景变换布局成多个场景,如可以是高清演播场景、现场访谈(座谈)场景,也可以是虚拟演播场景或者是网络直播场景;单功能演播室一般空间狭小,功能相对单一,设施简陋,如演播室只有一两台摄像机、一个高清屏的高清演播场景。图 6-1 为几种常见的专业演播室及编辑室。

图 6-1 常见的专业演播室及编辑室

2. 草根化的资源建设

在"内容为王"的时代,特别是在快手、抖音等短视频盛行的今天,在对在线学习资源呈现形式要求不高的情况下,可以在一个相对安静的环境中,用一台有摄像头的电脑甚至智能手机就可以录制"PPT + 视频"或"PPT + 音频"等形式的网络课件。

而各类通用型视频、音频资源编辑软件,也为草根化的资源建设提供了条件。常见的课件制作软件有 Camtasia Studio、Focusky、速课、万彩动画大师、PAD + 微课宝、iSpring 等;甚至可以用微软系统自带的 PowerPoint,直接录制"PPT + 视频"

或"PPT+音频"的网络课件。一些商业化的资源建设软件，则可以从软件公司的网站上获取软件的操作教程。

（三）立体化

学习资源立体化是指要建设形式多样的立体化的学习资源，满足学习者个性化的学习需求。在线课程的立体化学习资源包括满足电脑端学习的网络学习资源、满足移动终端学习的学习资源、满足线下学习的配套教材，以及纸质教材与网络课件融为一体的融媒体资源等。比如，通过建设融媒体教材，学习者扫描教材上的二维码就可以学习与教材相关的网络学习资源。

（四）精准化

精准的学习资源有利于提升学习者的学习效率和学习效果，特别是对于开放教育、网络教育来说，学习者以在职人员为主，其学习时间和学习精力更为有限，更应该向他们提供精练、精准、不拖泥带水的学习资源。为此，需要充分结合学习者的特征，分析学习者的需求，结合学习者现有的知识技能水平，提供更合适的学习资源。比如，当学习者群体主要是在职学习者且都掌握了与课程相关的基本技能时，则课程相关的技能传授应以高阶性的技能为主。

三、平台部署导向

在线课程的平台部署有三个方面的导向。

（1）以自助式学习为导向建构学习环境。即学习者在没有教师参与的情况下，也能通过自主、自助式学习完成整门课程的学习。同时，学习者在遇到疑难时，能够随时获得教师或其他学习者的帮助。学习者自助式学习的实现，关键在于建构自助式学习环境，形成学习共同体。

（2）以响应式教学为导向建构教学环境。在线教师需要立足学习者的自助式学习，围绕响应式教学的开展建构教学环境，包括布局各类学习资源，提供各种实时或非实时的学习帮助，解决学习者的学习问题，促进学习者完成课程的学习。通过教师共同体的建构，促进教师自身的专业发展。

（3）以便捷易达为导向布局平台页面。便捷易达的页面布局，不仅能够帮助学习者精准定位学习内容，提高学习效率，也能为学习者带来学习的愉悦感、清爽感。这对于以自主学习为主的学习者来说，尤为重要。

第六章 优术：在线课程之开发

第三节 资源建设

基于资源建设时序，在线课程的学习资源分为预置性学习资源与形成性学习资源。预置性学习资源是在线教师在开课前建设的学习资源，也是资源建设的主体内容。形成性学习资源是在在线课程教学过程中所形成的学习资源，是在线课程资源的必要构成和重要补充。

一、预置性学习资源建设

预置性学习资源建设包括演示文稿制作、视频资源建设、音频资源建设、图文资源建设、题库资源建设等。

（一）演示文稿制作

1. 演示文稿之用途

演示文稿是教师网络授课时呈现给学习者的演示型教学内容。演示文稿通常用 PowerPoint 制作，有时也用 Prezi 等软件制作。

演示文稿主要用来呈现以下几方面的内容：①最重要的内容，如授课内容的关键知识点；②吸引关注的内容，能够快速抓住学习者的注意力；③提示性的内容，为教师的授课内容提供关联节点；④一目了然的内容，学习者能够一览无余。

演示文稿主要是给学习者看的，因而应以学习者为中心，切忌版面文字堆砌。演示文稿不是用来呈现全部的授课内容的，详细的授课内容可以通过文本材料或纸质教材提供给学习者。

2. 演示文稿之制作

演示文稿的制作过程一般可分为六大步骤。

（1）选择风格：可以基于演示内容或教师自己的喜好，选择简洁型的、图文型、视音频型的演示风格。

（2）构思框架：基于讲授的内容，确定演示文稿的内容结构，并构思演示文稿的目录框架。

（3）分析页面：分析每页的页面内容，搜集相关素材，做到内容可靠、准确、特别是要注意素材的版权问题。

（4）应用模版：可以自建 PPT 模版，也可以从互联网上选择使用免费的 PPT 模版，模版一般应包含校名、校徽等标识。

（5）布局内容：布局演示内容，特别是要体现内容的内在关联性与逻辑性。

（6）调整优化：即对演示文稿中的文本进行校对、优化，注重用词与表述，避免错别字。

3. 演示文稿之呈现

对于演示文稿的媒体呈现，主要关注以下几个方面。

（1）排版：演示文稿的文字与图片的比例关系要恰当，建议用 16∶9 的比例。

（2）风格：演示文稿的整体风格统一，如果有配乐，则所配音乐、音效的音量应均衡。

（3）首页：演示文稿的首页一般应有课程信息、教师信息、时间信息。

（4）标题：在演示文稿中，不同级别标题应有区别，同级标题风格一致。

（5）文字：演示文稿的文字要简洁，应尽可能采用列表、图片等方式呈现。

（6）字体：演示文稿一般选用通用字体，使其能在不同应用端呈现，演示文稿的字体一般不宜超过 3 种。

（7）色彩：演示文稿的主色调一般不宜超过 3 种颜色，色彩之间需要协调。

（8）凸显：对于演示文稿中的关键内容可用加粗、设置亮色等方式加以强调。

（9）对比度：文字与背景的对比度要大，否则容易看不清文字，如图 6-2 中 PPT 的页面文字与背景的对比度小，图 6-3 中 PPT 的背景喧宾夺主，文字辨识度低，此二例均为反面示例。

图 6-2　PPT 背景与文字区分度低　　　　图 6-3　PPT 背景喧宾夺主

（二）视频资源建设

视频资源是当前主流的网络资源形式，视频资源主要用于展现教师对课程内容的讲授，是学习资源的主体形式。视频资源能给学习者以愉悦感，也能让学习者看到教师形象，从而消除学习的孤独感。

1. 视频资源分类

从内容性质看，视频资源可分为导学型（引导学习者学习的视频资源）、讲授型（如重难点知识的精讲）、答疑型（如学习问题的网络解答）、讲评型（如对作业、学习活动等的集中讲评）。

从媒体应用看，视频资源可分为高清演播型、"PPT+音频"型、虚拟演播型、课堂录播型、现场访谈型等。

从拍摄方式看，视频资源可分为室内实景、室外实景、课堂实录、绿屏抠像、棚拍置景、特效动画、图文动画、三维演示、手绘动漫等形式。

以中国大学MOOC上的导学视频为例，其表现形式多样，主要有典故型、解说型、场景型与动漫型等类型。（见图6-4至图6-7）其中，典故型是通过引入典故导入课程，解说型是对课程的整体性解说，场景型是通过场景化的呈现介绍课程内容；动漫型是以动漫形式展示课程。

图6-4 典故型导学视频：爱情心理学（武汉理工大学）

图6-5 解说型导学视频：新结构经济学（北京大学）

图6-6 场景型导学视频：卡通绘画技法与欣赏（江苏大学）

图6-7 动漫型导学视频：二维动画设计（职教MOOC建设委员会）

2. 视频制作准备

在制作视频资源前，主要需要做好五方面的准备工作。

（1）明确录制内容。通过分解课程内容，明确需要制作视频资源的知识点，并组织相关授课内容。

（2）确定录制风格。根据课程内容特点，确定视频资源的录制形式与录制风格。比如，采取访谈形式还是授课形式，采取实景录播还是虚拟录播等。录制风格是在教学设计人员的配合下结合授课内容确定的。

（3）撰写课件脚本。根据授课内容呈现形式进行视频脚本的撰写。视频课件脚本是将所需讲授的文字、需要插入的图文或视频按照授课时序，通过文字的形式进行全景化的呈现。

（4）制作演示文稿。基于课件脚本，制作视频课件的演示文稿。演示文稿一般为PPT格式。

（5）设计录课形象。根据课程内容、录制形式进行服装、道具、形象设计。

3. 基本授课技巧

很多在线教师在第一次录制课件时会有较大的不适感，比如面向摄像头的压迫感、担心措辞失误的紧张感、没有现场学习者的孤独感等。其对策是调整心态、熟悉环境、多次演练。因为缺乏学习者在现场，建议在线教师在脑海里虚拟出学习者在场的场景，这样容易还原课堂，也容易使得自身教态自然。教师授课时，应思路清晰、主线突出、措辞准确、吐字清楚，并避免敏感话题或敏感用语。在录制时，需要平视摄像镜头，避免长时间仰视或俯视镜头。

对于在线教师授课时的着装，女教师以简洁为主，最好是职业套装，能够体现专业性、职业性；男教师着装建议清爽，颜色可偏深，避免穿细条纹或格子衣服。

网络授课的教学策略主要有以下几种。知识传授型：教学策略以讲解教学内容为主体；虚拟演示型：教师通过操作演示某个软件或某个机器，帮助学习者掌握知识与技能；场景呈现型：教师通过呈现实践场景或操作流程，让学习者掌握知识技能；有限活动型：教师在授课课程中通过发布问题，学习者解答问题后可继续点播的方式实现有限的学习活动。

4. 视频资源录制

（1）拍摄。在线教师可根据在线课程实际需求，选择在课室、实验室或户外实训场地进行实景拍摄；也可在专业的虚拟录播室，配合虚拟场景进行拍摄；甚至可以采取手机拍摄方式录制视频。拍摄的技术参数一般采用1920×1080的分辨率、16∶9的比例。每个视频时长一般为5～15分钟，最多不超过20分钟；时长超过5

分钟的视频一般应插入课间提问；有条件的课程，建议每5～6分钟插入一次。课间提问为1道客观题，题型可以是单选题、多选题、填空题、判断题。

（2）视频。视频构图合理，背景选用适当，板书规范；曝光适当，灯光运用合理，无阴影，无布光不均现象；拍摄角度、构图、用光、镜头运动等具有艺术美感；画面的组接遵循剪辑基本原则；视觉效果顺畅、自然，没有跳动、闪烁等现象。

（3）音效。录音效果无明显失真和噪声干扰；音量无明显起伏；同期采访录音要吐字清晰，无明显失真；选配音乐的旋律、节奏与内容贴切；音乐不干扰解说或授课；必要时可采用有利于表现内容的现场效果音。

（4）环境。拍摄环境应安静、整洁、舒适、光线充足；拍摄方式应尽可能采取多机位拍摄，方便后期进行视频编辑与组合。

5. 视频资源编辑

视频编辑所用的技术比较多，如题词映射技术、虚拟抠像技术、语音合成技术、后期调色技术、三维动画技术等，常用的专业视频编辑软件有 Premiere、Adobe After Effects、会声会影等。

（1）视频剪辑。画面的组接遵循剪辑基本原则；视觉效果顺畅、自然，没有跳动、闪烁等现象。

（2）字幕添加。可采用外挂字幕形式，字体清晰、大小适中，背景色差明显，字幕不含与内容无关的语气词、口头语等。

（3）视频片头。包含课程名称、视频名称、主讲教师姓名等信息，片尾一般须有版权单位和制作时间等信息。

（4）成品制作。采用 MP4 封装。分辨率一般为 1920×1080 或 1280×720。

（三）音频资源建设

音频资源主要用于语言类课程，用于需要准确表达语音的情况等。音频资源可以在专门的语音录播室录制，也可以由视频课件转换，随着媒体技术发展，对于音质要求不高的音频资源，也可以用手机等工具录制。音频资源可以让学习者专注于语音而不受其他视频信息的干扰。当前，音频资源的接受度越来越高，如以音频资源为核心的喜马拉雅网站，就汇集了大量的音频学习资源。

制作音频资源时，录音效果应无明显失真和噪声干扰；音量无明显起伏；选配音乐的旋律、节奏与内容贴切；录音效果无明显失真和噪声干扰；必要时可采用有利于表现内容的现场效果音。

(四)图文资源建设

图文资源是指由图表、文字等构成的学习资源。随着移动学习的普及,移动端阅读体验感的不断增强,图文资源越来越受到重视,也将会成为课程学习资源的重要形式。

图文资源分为线上图文学习资源与线下图文学习资源,其中,线下图文学习资源包括纸质的课程教材、课程复习资料等。图文资源具有适用范围广、可读性强、不受网络环境影响的特点。容易用文字表达的、不需要教师做太多解释的内容,简短的、学习者容易浏览的导学性教学内容,专门用于手机端移动学习的资源,这三种类型的学习资源适合采取文本形式。

图文资源应基于知识点建构短小精悍的图文资源,学习者能够在学习端不滚动屏幕就能阅读完,每个片段一般不多于200字;文字尽可能生动活泼。图文资源也容易出现以下问题:一是直接搬运,即将纸质教材内容直接转为图文资源。当前手机扫描、文字识别等功能可以轻松实现文字资源的扫描,但是,这种直接搬运型的资源,往往文字数量多、内容不够精简,需要教师对文字做进一步的提炼。二是堆砌,即将大量的图文直接粘贴在网页上,这样会因为文字过多、页面过长而难以带来阅读的愉悦感。

图文资源的中文文字应使用简化字,其字体、字号、颜色应以提高屏幕识辨度为目标;应选用通用字体(如宋体、雅黑),字体类型统一,一般不超过两种字体。各级标题层次分明,段落需首行缩进,结构、体例前后统一。图片素材的主题突出,图片美观;图片应有足够的分辨率以保证其清晰度;图表应有序号和标题,图序和图题标注在图下方,表序和表题在表上方,用阿拉伯数字依序连续编排。图文排版清楚美观,行间距需适中、统一。

(五)题库资源建设

1. 题库建设导向

在线课程的题库建设应坚持以纲为纲、一库多用、评测微型化、推送智能化等建设导向。

(1)以纲为纲。题库资源是评测类资源的核心构成,题库建设以在线课程的教学大纲(课程标准)为依据,结合在线课程资源与课程教材等进行编制。重点考核学习者对基础知识和基本技能的掌握程度,以及分析问题、解决问题的能力。

(2)一库多用。在线课程题库建设应采取一库多用的策略,即题库试题不仅用于在线考试的自动组卷,还要用于组建在线课程的单元练习、课程作业与模拟试题等。

(3)评测微型化。即基于课程题库,以知识点为单元建构微型评测内容;增加评测次数,减少评测题量。如单元练习微型化、课程作业微型化等。

(4)推送智能化。充分利用数据挖掘与数据分析技术,实现题库试题推送的智能化。即首先,基于学习者答题记录,利用教育数据挖掘的认知诊断分析方法获得每个学习者的认知状态;然后,基于学习者对知识点掌握情况,应用概率矩阵分解方法,对学习者的答题情况进行预测;最后,筛选出合适难度的推荐试题集。①

2. 题库建设方法

(1)梳理知识点。按章、节梳理知识点,并分析每个知识点的出题类型、权重值、难度系数等。

(2)命制试题。①依章节层面命题,即按章、节编制试题,试题须保证结构完整、题意清晰、内容有效、性能良好。可通过变换题型、变换问题、变换素材等增加试题数,以及通过互斥标志保证抽题不重复。②依课程层面命题,即基于课程知识的综合运用,命制综合性试题。

(3)定制格式。①基本信息。每门在线课程题库应有课程名称、命题人、命题时间、所属单位等基本信息。②试题属性。每个试题应有试题序号、所属章节(或模块)、题型、难度系数、分值、试题正文、试题答案等基本参数。③试题分值。每个试题分值为整数,试题分值须合适,100分试题题量应达到90分钟考试时间基本要求。④难度系数。试题难度分布科学,一般较易试题占30%,中等难度试题占50%,较难试题占20%。⑤试题题型。在线课程题库的题型一般不少于4种,尽可能将主观题客观化,以便在线考试的评阅与分析。常见试题题型有判断题、单选题、多选题、完形填空题等。⑥试题答案。对于客观题,应提供答案选项;对于主观题,应提供参考答案和评分要点。

(4)试题审核。①内容审核。包括审核知识点的覆盖性、内容的科学性与准确性等。②参数审核。如试题参数的合理性,包括难度、分值、题型等。③标准化审核。包括试题命制的标准性与规范性,以利于题库导入。④难度检验。一道试题,考生都答对则难度小,都没答对则难度大。⑤区分度检验。区分度高的试题能将不同水平的考生区分开来。⑥信度检验。信度是表征同一试卷对考生重复测验所得分

---

① 朱天宇、黄振亚、陈恩红、刘淇、吴润泽、吴乐、苏喻、陈志刚、胡国平:《基于认知诊断的个性化试题推荐方法》,载《计算机学报》2017年第1期,第176-191页。

数一致性和稳定程度。⑦效度检验。即试题是否考了要考的内容，是否达到了预定的目的等。

（5）题库管理。为保障题库试题的质量，需对试题题库进行严格的验收，验收合格后方能基于统一的试题模板导入在线题库系统。基于题库，可以采用自动组卷策略进行对各类评测试题的随机组合。课程责任教师与试题管理人员承担题库保密责任，试题管理应做到记录清晰，有据可查。

（六）其他类型资源建设

1. 虚拟实践类资源建设

虚拟实践是指人们利用现代信息技术在网络空间有目的地探索和改造虚拟客体的活动。对于偏重实操的技能型在线课程，虚拟实践资源有利于加深学习者对教学内容的理解，提升专业技能。

由于在线教学主要通过网络实施教学，学习者难以像全日制学习者那样进行集中的实践教学，因此，对于实践性较强的在线课程，需尽可能引进或开发虚拟实验实训资源，开展虚拟实践教学。

虚拟实践资源形式多样，包括演示软件操作、现场实操录像、模拟练习环境、实操任务与指引等；虚拟实践资源建设的方法也很多，如专业软件制作、操作步骤录屏、网上模拟操作等。

2. 动画演示类资源建设

动画演示类资源属于视频资源中的一种，有时也与教师的授课视频一并呈现。动画制作类工具通常有 AE（After Effects）动画、MG（Motion Graphics）动画、FL（Flash）动画等。动画演示类资源制作的基本流程如下。

（1）设计动画风格。基于动画制作内容，进行动画的风格、样音、效果设计；并明确动画的品质标准。

（2）撰写动画脚本。根据课程内容呈现形式和资料进行教学内容动画分镜头脚本撰写。

（3）图形与动画设计。根据动画制作分镜头进行场景图形排版设计、角色设计、道具设计。

（4）动画制作与配音。根据脚本、图形与动画设计，进行动画制作。根据动画分镜头及讲解进行专业配音。

（5）字幕制作。字幕使用符合国家标准的规范字，不出现繁体字、异体字、错别字；字幕的字体、大小、色彩搭配、摆放位置、停留时间、出入屏方式应与其他要素（画面、解说词、音乐）配合适当，不能破坏原有画面。

（6）成品输出。合成片头片尾，输出分辨率为1920×1080或1280×720的视频，格式通常为MP4格式。

3. 融媒体教材建设

课程学习资源的建设，不仅包括线上学习资源的建设，也包括线下学习资源的建设，线下学习资源建设主要是指教材建设。在教学团队实力较为雄厚的情况下，建议建设在线课程的配套教材。

融媒体教材能够将线上学习资源融入纸质教材中。码课码书就是将教材内容与网络学习资源融为一体的融媒体教材。学习者通过扫描融媒体教材中的二维码，就可以在阅读纸质教材的时候，点播学习相关的授课内容。

二、形成性学习资源建设

形成性学习资源是在线课程教学过程中所形成的学习资源，主要包括专题型学习资源、案例型学习资源、工具型学习资源与拓展型学习资源等。形成性资源建设应该以学习活动为引领，在教学过程中边教边建、智能汇聚。各类形成性学习资源的建设方法如下。

（一）专题型学习资源建设

专题型学习资源是基于教学内容的某个专题开展各类学习活动所形成的学习资源。比如，组织开展基于某一主题的讨论，对学习者的讨论内容进行收集、评价、总结与提炼，形成基于某一主题的学习资源；又比如，可以组织学习者围绕某一主题收集相关网络学习资源，然后对学习者所提供的网络学习资源进行分类整理，去粗取精，就可以总结提炼形成专题型学习资源。以笔者在远程学习方法与技术一课中组织开展的"网络世界的知识盛宴"专题学习为例，通过整理收集学习者所提交的网络学习资源，形成了很多专题学习资源。

（二）案例型学习资源建设

案例型学习资源是课程中最为宝贵的学习资源。案例型学习资源的获取渠道很多，可以收集学习者工作、生活中的案例，特别是对于开放教育或网络教育的在职学习者，其工作单位中的典型事例往往能够成为课程中最有价值的教学案例；也可以组织学习者利用互联网收集与课程相关的案例；还可以组织开展关于某个案例的讨论，然后收集学习者的精华分析和观点，形成案例分析学习资源。

（三）工具型学习资源建设

工具型学习资源是指学习者可以用来查询的、辅助学习的各类资源。比如，可以通过教师的辅导答疑，收集整理学习者经常提到的问题，形成常见问题集。这种常见问题集可以在教学过程中不断丰富完善。也可以通过收集、整理学习者在单元练习、课程作业以及课程考试等测试环节经常出现的错误，形成课程的错题集。错题集对教师优化教学内容、进行教学辅导具有重要的参考价值。还可以通过学习活动收集与课程相关的软件或工具，并提供相关的操作说明等。

（四）拓展型学习资源建设

拓展型学习资源是对课程学习资源的重要补充，能够为学有余力的学习者提供规定学习内容之外的学习资源。拓展型学习资源可以通过各类学习活动形式进行收集，比如，可以组织学习者通过互联网收集、评价与课程或专业相关的学习资源网站，从中选择优质的学习资源网站作为拓展资源推荐给学习者。又比如，可以组织学习者利用互联网收集与课程或专业相关的前沿知识，通过收集整理，成为拓展性学习资源，教师还可以在新一轮的资源建设中，将这些资源变成课程的正式的教学内容。

第四节　平台部署

平台部署是在线课程在学习平台上的布局。为做好在线课程的平台部署，首先需要了解不同类型的学习平台及其特征，然后基于学习平台进行自助式学习环境与响应式教学环境的建构，最后通过页面布局的方式完整呈现在线课程。

一、学习平台特征与分类

（一）学习平台特征

学习平台是在线教学的场所，是各类在线课程的载体。我们只有在学习平台上建构了在线课程或资源，学习平台才能真正发挥其作用。我们可以将学习平台比喻成为支撑各类在线教学的工具集，学习平台的工具越多，学习平台的功能就越丰富；学习平台所汇集的工具越智能，则学习平台的功能越智慧。

学习平台具有通用性、标准化、智能化、个性化的特点。通用性是指学习平台能够适合多种教育类型的在线教学；标准化是指学习平台所提供工具的标准化，比如学习平台具有标准的模板以供建构在线课程；智能化是指学习平台通过提供智能化的工具，如数据挖掘与数据分析工具，使得学习平台能够在一定程度上支持智慧教学；个性化是指学习平台在通用性功能的基础上提供个性化的定制功能，教师能够建构个性化的在线课程。

（二）学习平台类型

基于学习平台是否开放，可分为开放型学习平台与封闭型学习平台。慕课学习平台属于开放型学习平台，具有功能简洁、使用方便、能够支撑面向大规模学习者在线学习的特点。国内慕课平台主要有中国大学 MOOC、学堂在线、好大学在线、智慧树、学银在线、优课在线等，国外慕课平台主要有 Coursera、edX、Udacity 等。而网络教育与开放教育等机构的学习平台主要限于自身学习者的应用，属于封闭型学习平台。

基于学习平台源代码是否开源，可将学习平台分为开源学习平台与非开源学习平台。如 Moodle 学习平台是开源学习平台，Blackboard 学习平台是非开源学习平台。开源学习平台可以基于学习平台的源代码做功能的进一步改造、优化，以适应有个性化在线教学功能需求的机构；非开源学习平台具有功能相对稳定的特点，但是对学习平台的二次开发较难，难以进行个性化的功能定制。Moodle 学习平台在开放大学体系用得较多，Blackboard 学习平台在普通高校系统用得较多。

基于学习平台是否专门定制，可分为通用型学习平台与定制型学习平台。如慕课学习平台、Moodle、Blackboard 学习平台均为通用型学习平台，而很多高校网络教育学院所用的学习平台都是自主开发的定制型学习平台。通用型学习平台通常功能丰富，适用范围广；定制型学习平台针对性强，但是功能相对来说比较少，学习平台的维护需要配备专门的技术团队。

基于学习平台是否适用于移动学习设备，可分为网络学习平台与移动学习平台。网络学习平台主要适用于通过电脑端进行学习，网络学习平台的优势在于页面呈现内容丰富，在线学习功能全面。移动学习平台主要适用于手机端等移动学习设备，移动学习平台具有界面简洁、功能精致的特点，因为其学习的便捷性，移动学习逐渐得到普及。随着移动学习的逐渐普及，绝大部分的网络学习平台也开发了移动学习平台，或实现了移动学习功能。①

二、自助式学习环境建构

为实现学习者自助式学习，需要建构自助式学习环境。建构自助式学习环境的关键是要整合在线学习的各类人化、物化要素，建构学习共同体。通过学习共同体的建构，将教师、学习者、各类学习资源、学习活动以及学习工具整合在一起，形成一个有机的整体。

自助式学习环境应该是生态型的、功能完善的信息化学习环境，学习者能够在该环境中完成自助式学习。自助式学习环境的建构，可以以学习主题为基点，打造功能各异、相互联通的学习空间。通过建构学习资讯空间、学习资源空间、学习活动空间、学习评测空间、学习帮助空间、学习管理空间等，实现学习资讯的收发、课程资源的学习、学习活动的参与、学习成效的分析以及学习帮助的获取等。如果将自助式学习环境比喻成一栋自助型学习大厦的话，那么，学习资讯空间就相当于收发室或传达室，学习资源空间就相当于图书室，学习活动空间相当于活动室，学习评测空间相当于评估室，学习帮助空间相当于后勤保障室，学习管理空间相当于档案室，学习者在该学习大厦中就能完成学习的全过程。

（一）学习资讯空间

学习资讯空间是学习者所需要的各类资讯信息的集成空间，是学习者获取一站式学习资讯服务的空间，也是学习者获取非学术性学习支持服务的空间。学习资讯主要来自以下四个方面。一是教育机构层面的各类相关的公告信息、各类教学教务通知、学校校历及教学日历等；二是课程层面的各类教学通知、学习安排与教学要求信息、学习提醒与学习督促信息等；三是教学点（通常是导修教师）层面的各类通知，如学习督促、学习管理、教学点各类活动信息等；四是学习者层面的各类管理规定、学习帮助及各类表格下载等。

自助式的学习资讯空间主要需要实现资讯获取的自主性与资讯管理的智能性。资讯获取的自主性，即学习资讯空间能够自主接受来自教育机构、教师与其他学习者发送的各类实时的、非实时的学习资讯，并能通过与微信、QQ 等软件的关联，

---

① 曾祥跃：《继续教育学》，中山大学出版社 2020 年版，第 217–218 页。

让学习者第一时间获取相关资讯。资讯管理的智能性，即学习资讯空间能够对各类学习资讯进行智能化管理，包括学习任务分阶段的智能化提醒，各类教学通知的一键式回复，各类学习资讯的智能化分类、归档与增删管理，等等。

在线教师可以充分利用学习平台功能建构面向学习者的快捷信息通道，方便学习者获取各类学习资讯。如果学习平台的功能难以满足学习者的资讯管理、资讯收发等功能，则需利用额外的资讯管理工具或软件。

（二）学习资源空间

学习资源空间是学习者自主利用学习资源进行学习的空间，这是学习者自助式学习的主体和核心。为满足学习者的自助式学习，学习资源空间应能实现智慧化的学习资源供给、泛在化的学习资源呈现、时时处处的资源学习服务等。

1. 智慧化的学习资源供给

在学习资源的供给上，应向学习者提供三类学习资源。一类是常规性的学习资源，这是学习者进行课程学习的主要学习资源，包括导学类资源、授课类资源、评测类资源与活动类资源等。二是基于课程内容向上延展的拓展性学习资源，这是为学有余力的学习者提供的延展性的学习资源，包括广度和深度上的延展资源，广度上的延展能够拓展学习者的知识面，深度上的延展能够让学习者深入理解教学内容。比如，通过提供反映社会经济发展的新知识、新技术的学习资源，以及社会生活方面的知识，帮助学习者提升社会生活能力与综合素养。三是基于课程内容向下延展的基础性学习资源，这是为基础较弱学习者所提供的学习资源，是学习者进行课程学习的铺垫性学习资源，以及帮助学习者理解教学内容的基础性资源。

自助式学习环境建构应充分利用智慧学习技术，实现三类学习资源的智能化供给。对于基础良好的学习者，可以提供常规性的学习资源与拓展性的学习资源；对于基础较弱的学习者，可以提供常规性的学习资源与基础性的学习资源；对于处于移动状态的学习者，可以智能化配置移动化的学习资源；对于工作经验丰富的学习者，可以减少基础性技能知识的推送，而推送更多的理论性知识，提升其思维格局与水平；对于基础较弱、基本工作技能缺乏的学习者，可以推送基础性的技能型资源，帮助其夯实基础，从而满足学习者的自助式学习。

2. 泛在化的学习资源呈现

为满足学习者时时处处的学习，要充分利用学习平台功能，在学习平台上进行精心的内容排版和布局，包括图文资源与音频、视频资源的精美排版，页面颜色与字体的合理搭配等，给学习者的在线学习带来愉悦感和轻松感。还要充分利用现代媒体技术，特别是智慧化的自适应技术，促进便捷易达的学习资源访问，实现学习资源的泛在化呈现与传播，方便学习者利用各类学习终端学习。

3. 时时处处的资源学习服务

学习者自主利用学习资源进行学习，是在线教学的主要特征。学习者在自助式学习的过程中，需要及时获得基于资源学习的支持。学习平台应提供实时或非实时的答疑服务。特别是实时答疑功能，方便学习者向教师或其他学习者咨询、求助。如果学习平台功能不够，则应借助第三方工具，如微信、QQ等，为学习者提供视频、音频或图文类的实时交互服务。学习平台也应提供课程相关的工具服务，比如数理类课程的统计软件、设计类课程的相关设计软件。学习平台还应提供文献资料的搜索工具，通过联结一些文献数据库（如知网），在学习者在自助式学习过程中，可以随时查阅相关文献、资料，获取问题的解答。

（三）学习活动空间

学习活动是促进学习者学习、帮助学习者消化课程知识的重要手段和工具。学习活动形式多样，包括课程讨论、案例分析、文献调研、社会调查等。学习活动通常是在教师的引领与参与下开展的。

自助式的学习活动空间的建构，需要在功能上满足学习者自主参加学习活动的需要。一要有专门的学习活动区域，将学习活动的相关事项与内容整合到学习活动空间。二要有参加学习活动的入口，能在醒目的位置将学习活动分门别类地呈现在学习者面前，并有清晰的学习活动指引。三要有参加学习活动所必备的工具，使得学习者参加学习活动变成可能，比如，对于专题讨论型的学习活动应提供交互的工具，如建立课程论坛、提供微信交流群的二维码等。四要有学习者随时获得帮助的渠道，比如，在学习活动空间中设置浮动的学习帮助图标或按钮，通过点击该图标或按钮就能随时获得教师的帮助，或者能够通过给同学发送求助信息，获得帮助。

（四）学习评测空间

学习评测是用来帮助学习者巩固所学知识、检测学习效果，发现自身存在问题和不足，并进行查漏补缺的一种学习活动。学习评测一般先由教师在学习平台上建设课程题库，通过对题库的智能调用或人工选择组建评测题目，如单元练习、自测练习、课程作业、课程考核等。

学习评测空间是学习者参加各类学习评测的场所。自助式学习评测空间的建构，需要实现以下功能。

（1）智慧评测功能。能基于学习者的知识基础以及学习数据分析，判断学习者对课程知识的掌握程度。并以此为依据，从课程题库智能化地组建适合学习者的评测试题，推送给学习者进行自我评测。

（2）身份认证功能。能辨别参加学习评测者是否为学习者本人，可以利用人脸识别技术、活体识别技术、考试监控系统等方式实现。

（3）自我检测功能。对于单元练习或单元自测题等，学习者在评测完成后，应能自主核对答案；对于任务型学习评测，学习者可以在截止日期前自主完成评测任务，并能在截止日期之后，查询学习评测的结果及答案；对于有主观题的学习评测，能在教师批阅后查询评测成绩及答案。

（五）学习帮助空间

学习帮助空间是学习者获取学习帮助的空间，学习帮助空间就像学习者的后勤保障室。学习者在自助式学习过程中是否能解决问题，关键在于是否能即时获得学习帮助。学习帮助包括来自教师与同学的学习帮助、来自学习平台的智能帮助，以及来自互联网的学习帮助。学习帮助包括辅导型、交互型、资源型与工具型四种类型。

1. 辅导型学习帮助

辅导型学习帮助属于主动型的学习支持服务，是教师主动为学习者提供的。比如，教师基于学习者在学习过程中存在的问题进行针对性的剖析与讲解，或者基于学习者课程作业、自主测验等学习活动存在的问题进行点评性讲解等。

辅导型学习帮助的形式是多样化的，在线教师可以采取直播教学或面授教学的方式为学习者提供学习辅导；也可以将辅导内容录制成网络课件，布局在相应的学习者空间。

2. 交互型学习帮助

交互型学习帮助是指学习者通过与教师、学习者进行交流互动，获取学习帮助。

（1）师生之间的交流互动。需要建立师生之间的交互通道，包括线上线下的交互通道。如利用学习平台的 BBS、微信、QQ 建立师生交流群，为学习者答疑解惑。

（2）同学之间的交流互动。需要建立同学之间的交互通道，包括线上或线下的交互通道。在线教师可以在课程中创建同学之间的交流群，方便同学之间交流课程学习、社会生活、职业规划等方面的问题。现在，通过微信、QQ 建立同学群很方便，而且同学之间通常也会自主建立各种交流群。

（3）在线教师还可以通过链接等方式实现与专业层面、学校层面的一些交流群互通，如专业交流群、职业交流群、年级同学交流群、教学点同学交流群等，学习者可以在这些交流群中获得学习帮助。

3. 资源型学习帮助

资源型学习帮助是指在线教师提供帮助性的资源，学习者利用这些帮助性的资源进行学习。在线教师可以通过建立常见问题库帮助学习者获得常见问题答案，并能在教学过程中不断收集、优化、完善问题库；可以通过建立知识库、问答库等方式，利用AR教师提供智能化的答疑咨询等；可以通过建立链接外部相关资源的通道，让学习者能够直接在学习平台上访问相关外部链接，获取知识性的与问答型的学习帮助；还可以在学习平台上建立课程学习资源的搜索库，通过平台的内部搜索，让学习者能够随时搜索课程相关资源，获得学习问题的解答。

4. 工具型学习帮助

工具型学习帮助是指提供课程学习相关的学习工具。充分利用学习平台自身的学习工具或市场上的相关学习工具，可以为学习者的学习提供便利。比如，为会计学类课程提供统计类学习工具，为影视制作类课程提供影视编辑类工具、微课制作类工具，等等。特别是对于需要支付一定费用但对学习者学习帮助较大的学习工具，可以由教育机构或课程教学团队筹措经费购买，以供学习者使用。

（六）学习管理空间

学习管理空间是用于存留学习者的学习记录，并能基于学习者的学习记录进行学习数据分析的空间。学习者利用学习管理空间可以更好地总结分析课程学习绩效，发现自身学习的不足并进行优化完善。

自助式学习管理空间的建构，需要具有如下基本功能。

（1）学习档案的存留功能。能够以时间轴的方式记录学习者在本课程的学习成长过程，包括学习者的学习轨迹、学习表现、学习成绩、课程实践等。并且，能够实现与其他课程数据的智能衔接，作为个人终身学习档案留存，与教学教务系统实现数据对接。

（2）学习数据的分析功能。学习平台应有相关的学习数据统计功能，能够对学习者的学习情况进行统计分析，包括学习者的学习平台登录情况、课程资源学习情况、学习活动参与情况、学习评测完成情况、师生交互参与情况等。此外，平台还能够基于统计分析结果，智能化地为学习者提供学习指引。比如发现学习者的学习进度问题，哪些课程资源还没有学习，哪些课程知识尚未掌握，下一步应该加强哪些方面的学习，等等。

（3）在线课程的数据查询功能。可查询学习者自身或学习者群体的学习进度、学习任务的整体完成情况，学习评测的成绩分布情况等，以便找出自身在学习者群体中的差距，从而能够查漏补缺，更好地掌握课程知识。

自助式学习管理空间的实现，一方面，依赖学习平台自身的功能，需要学习平台具有相对完整的学习数据收集和分析功能；另一方面，责任教师也可以基于课程学习的需要，引进一些专业的数据分析软件，辅助学习数据的分析。

三、响应式教学环境建构

响应式教学环境是在线教师为学习者自助式学习提供支持服务的环境。响应式教学环境需满足教师实施响应式教学的功能需求，需要在该环境中为学习者提供完善的支持服务。响应式教学环境还应该是一个生态型的功能完善的信息化教学环境，通过建构教学资讯空间、教学准备空间、教学实施空间、教师发展空间、教学管理空间等，实现教学资讯收发、在线教学准备、支持服务提供、教师专业发展、教学档案管理等功能。

（一）教学资讯空间

教学资讯空间是在线教师获取各类资讯的场所，包括来自管理者、学习者或其他教师的各类资讯，也是向相关方发送各类通知、信息的场所。该空间的功能包括面向学习者编辑、发布各类教学通知信息；获得教育机构发布的各类教学管理相关的通知信息，如学校校历及学校总体教学安排等；获取与发布所在专业领域各类新闻资讯等。

教学资讯空间也是教师向学习者提供非学术性支持服务的空间，是教师面向学习者提供督学服务的场所。通过教学资讯空间与学习者的学习资讯空间的关联，实现师生之间资讯的互通有无，实现各类教学资讯的传达，特别是导修教师的督学服务的落地。

响应式教学资讯空间功能的实现包括四个方面。一是具有在线教师面向相关方（学习者、教学管理者）资讯发送的功能；二是具有收取并存留来自相关方的各类资讯的功能；三是具有各类资讯的提醒功能，通过教学资讯空间与手机微信、QQ的关联，能够及时获取来自学习者或管理者的各类资讯；四是各类资讯的传播媒体应该便捷易达，特别是要充分利用实时性资讯传播媒体。

（二）教学准备空间

教学准备空间是为学习者自助式学习提前布局在线课程，准备各类学习资源的空间。教学准备空间需具有完善的在线课程平台部署功能，能够满足教师布局在线课程及其相关资源。具体来说，需要具备以下几方面的功能。

（1）学习资源的管理功能。包括将在线课程的各类学习资源上传到学习平台，能够对各类学习资源进行归类整理和自由调配，比如上传与下载功能、增加与删除功能等。

（2）课程题库的建设功能。学习平台具有题库建设功能，在线教师能够将课程试题按照题库建设规则上传到学习平台，建设标准题库。同时，在线教师也能基于在线课程题库，通过自动组卷或手动组卷的方式形成各类评测试题。

（3）在线课程平台部署功能。即在线教师能够在学习平台的课程空间中，将各类资源、活动、论坛布局在学习平台上，并能通过页面的编辑，实现在线课程平台布局的优化与美化。学习平台功能越丰富，教师所能发挥的空间就越大。

（三）教学实施空间

教学实施的本质是提供学习支持服务。教学实施空间相当于教师的工作室，是为学习者提供导学、助学、促学、督学服务的工作空间。在线教学的实施应充分利用学习平台功能以及人工智能技术，以自助式学习为中心建构学习支持服务环境，为学习者提供主动响应型与被动响应型的学习支持服务。主动响应型学习支持服务是在线教师基于对学习者学习需求的判断，主动提供的学习支持服务，如教学辅导、学习活动、学习评测等；被动响应型学习支持服务是基于学习者的问题诉求所提供的学习支持服务，也就是答疑服务。

响应式教学实施空间主要需要实现以下几方面的功能。

（1）网络授课功能。教师基于教学过程中学习者对课程知识掌握存在的问题，开展面向学习者的网络授课，如重难点的讲解、课程作业的点评。如果采取网络直播的形式授课，则需要有相关的网络直播软件（如腾讯会议、雨课堂等）做支撑。

（2）教学交互功能。不论是学习者主动发起的、教师被动响应的师生交互服务，还是在线教师主动发起的主动响应型的师生交互服务，都需要有教学交互工具做支撑。群体型交互工具可以是QQ群、微信群、BBS论坛等，也可以是腾讯会议、雨课堂等视频会议软件等；个体型的交互工具可以是电话、微信、QQ、邮件等。

（3）学习活动功能。在线教师能够在学习平台上布置学习活动，周知学习者，参与、引领学习活动的开展，分析、评价学习活动，并能对学习活动进行点评，对学习活动成果进行总结和提炼。

（4）学习评测功能。教师能够基于课程题库进行各类学习评测的试题组卷，能够布置、发布并组织学习者参加各类学习评测，能够批阅学习者的评测结果，并对存在的问题进行分析，对评测结果进行点评。

（四）教师发展空间

在线教师的专业发展依赖于在线教师的自我成长。在线教师的自我成长可以通过自修的方式实现，也可以通过与其他教师共修的方式实现。在信息技术日新月异的今天，建构教师共同体，促成在线教师之间的共修将更能促进在线教师的专业发展。在教师共同体中，教育机构可以为教师提供教师发展的资源，可以采取教师工作坊的方式促进教师之间的深度交互、协作学习。

1. 建构教师共同体

教师发展空间是促进教师自我发展、专业发展的空间，其关键在于建构教师共同体。教师共同体是基于共同体的教育愿景，通过交流与合作结成以实现教师自身专业成长为目的的教师群体。[1] 在教师共同体中，教师通过参与、合作、实践，既可以滋养自己的教学知识和实践智慧，又可以促进共同体中其他同伴的成长。教师共同体的本质是通过促进教师之间的知识、技术、技能的共享，促进各类教师的协同发展。建构教师共同体的关键是要发掘教师团队成员的互补性优势，通过取长补短，实现教学的协同发展，促进在线课程的协同教学。

建构教师共同体的目标是促进教师的专业发展、教学发展、职业发展与社会化发展。在促进专业发展方面，教师专业发展是教师个体的、内在的专业性提升。教师通过相互之间的专业学习与交流，提升自身的专业知识、专业技术技能，促进自身的专业发展。在促进教学发展方面，教师通过参与质量工程项目，开展教研教改活动，提高教学的理论水平和教学研究能力；通过参与教学实践、教学交流、教学观摩等活动，提升自身的教学技能与教学水平，并最终促进自身以及学校的教学发展。在促进职业发展方面，教师通过相互之间的职业交流，增强自身的职业规划能力，提升自身的职业生存能力，促进自身的职业发展。在促进社会化发展方面，教师通过相互之间的社会化交互（如社会生活、社会化社交等），提升自身的社会化

---

[1] 王鉴：《论教师专业发展之"教"与"学"及其关系》，载《云南师范大学学报》（哲学社会科学版）2019年第6期，第104-110页。

水平，使自身能够进一步适应和融入社会，获得更好的社会生存能力。[①]

2. 建设教师工作坊

教师发展空间可以采取教师工作坊的模式建构，通过建构教师工作坊，形成在线课程的教师共同体。教师工作坊的方式可以是线上虚拟的工作坊模式，也可以是线下实体的工作坊模式，还可以是混合型工作坊模式。基于在线教学的特点，混合型工作坊模式应该成为主流模式。混合式工作坊模式是指线上线下混合的工作坊模式。教师之间的协同工作可以在线上进行，也可以在线下进行。如果教学团队的教师同在一个机构内，教师之间的物理距离较近，可以以线下工作坊模式为主体；而如果教学团队的教师分布在不同的地点，则可以以线上工作坊模式为主体，团队成员之间可以通过教研平台开展基于在线课程的方案设计、协同备课、问题研讨、教学教研工作。

教师工作坊的建设，需要充分利用各类即时通信软件、网络直播软件、视频会议系统以及学习平台所提供的各类交互工具，实现教师之间的随时随地的交互，如利用微信群、QQ群进行实时交流，利用腾讯会议、雨课堂等进行视频会议交流，也可以利用学习平台的BBS进行非实时交流，等等。教师在交互环境中，可以进行教学实施方案的探讨、教学问题的商讨，以及教研教改的策划等。交互方式包括课程团队教师之间的交互、同一专业教师之间的交互、同一学院教师之间的交互等。

3. 提供教师发展资源

为实现教师的专业发展，需要在教师发展空间（如，教师工作坊）中为教师提供相关的专业发展资源。

（1）提供教师培训资源。提供面向教学团队的培训资源，促进教师业务水平的提升，包括普适性的在线教学培训资源和与课程相关的培训资源。对于普适性的在线教学培训资源，一般由学校或学院层面统一提供，通常包括在线教学的规章制度，在线教学的流程、方法与技术，学习平台的使用方法等。如果学校或学院层面缺乏相关资源，则有必要在课程层面，由责任教师负责提供普适性的在线教学培训。对于与课程相关的培训，其内容包括在线课程的教学发展与整体布局，在线课程开发与实施方案，以及如何建设课程相关的视频、音频、图文资源等。

（2）提供教师备课资源。提供面向教学团队的备课资源与教学工具，如在线课

[①] 曾祥跃、戚志明：《"两校一体"办学模式下开放大学与高职院校命运共同体的建构研究》，载《成人教育》2020年第12期，第12-18页。

程的 PPT 模版，与课程相关的专业网站资源、开放共享的专业资源库链接、专业电子期刊网站、兄弟院校同类课程的在线开放资源等。

（3）提供专业发展资源。提供同类课程相关的资源或网站链接，如兄弟院校或其他高校的同类课程，开阔教师的教学视野，丰富教师的课程知识；提供学科专业相关的电子期刊、专业资源库链接，学科专业领域前沿知识的网站链接或相关会议资料等，方便教师了解学科专业的前沿发展，提升教师的专业素养；提供与课程相关的前置课程的相关课程资源，以及比在线课程教学内容更为基础的学习资源，方便基础较弱的辅导教师丰富专业知识，以胜任在线课程的教学辅导工作。

（五）教学管理空间

教学管理空间是对教学相关的人员、资源、记录进行管理与分析的空间，主要有以下几方面的功能需求。

1. 学习者管理功能

学习者管理功能包括管理与查询课程学习者的基本情况。该功能能够将学习者分成不同大小的群体，以便组织开展小组讨论等。特别是对于学习者较多的课程，这一功能非常重要。此外，该功能还能统计分析学习者的学习情况。

2. 教学团队管理功能

教学团队管理功能能够组织教师团队开展在线教学、提供支持服务；能够通过添加、删除教学团队成员，赋予不同权限，实现对教学团队的管理；能够对团队成员的教学绩效进行管理。

3. 教学进程管理功能

教学进程管理功能能够巡查教学进度，包括巡查学习者学习任务的完成情况、学习者的学习进度、教师的教学进度、教师的教学辅导与答疑情况等；还能够对教学进程进行管理，督促教师的教与学习者的学。

4. 教学档案管理功能

教学档案管理功能能够记录教师的基本信息、教学轨迹、教学表现、教学成果、教研教改等档案资料，并能提供各类数据资料的统计分析功能，通过统计分析学习者在课程中的学习情况，包括登录情况、作业情况、学习活动参与情况等，为在线课程教学的优化与完善提供依据。

四、学习平台页面布局

在线课程的平台页面布局是自助式学习环境与响应式教学环境的显性化,是在线课程的整体性呈现。

(一)页面布局导向

在线课程的页面布局主要有三方面的导向。

(1)功能聚类。通过将在线课程的相近功能聚类在一起的方式,在学习平台上对在线课程进行功能分区,方便学习者与教师快速定位所需要的各项功能。如将在线课程的功能区分为课程导学区、学习内容区、学习评测区、学习活动区、拓展资源区等。在课程导学区可以聚类各种学习指引类的学习资源;在学习测评区可以聚类各类评测类的项目,如单元练习、课程作业等;在学习活动区可以聚类各种专题讨论、案例分析等学习活动。

(2)便捷易达。在线课程通过页面功能区的划分、层级化的页面设计以及清晰的课程导航,实现在线课程教与学的便捷易达。便捷易达的在线课程页面应做到导航清晰,跳转快捷,页面深度不超过3级,功能按钮与链接能够迅速打开,学习帮助布置在醒目的位置等。

(3)美观大方。在线课程页面应做到美观大方,通过精心排版,使得在线课程的页面图文并茂、充满美感。页面内容信息量应适当,同一页面一般不超过2屏;行距、字间距应适当,文字颜色与页面配色应协调;不使用与背景色相近的颜色,避免出现页面文字堆叠、操作烦琐等问题。

(二)不同平台的页面布局

这里以常见的学习平台为例,展示各类学习平台在线课程页面的差异性。

1. 慕课平台的课程页面布局

慕课平台具有开放性强、能够承载大规模学习者、页面简洁易达、课程页面层级少等优点,但是也存在资源呈现不够美观、平台个性化功能少等缺点。以中国大学慕课平台上的毕业论文写作与答辩一课为例,该课程页面简洁、重要信息突出(见图6-8),呈现了课程的各个功能区,并能将最重要的信息呈现在页面中心(见图6-9)。在该课程的网络课件的内容页,可以看到课件中的各类资源分别用图标表示,只有点击图标才能看到每个图标所代表的具体内容,虽然简洁,但辨识度低。(见图6-10)

第六章　优术：在线课程之开发

图6-8　毕业论文写作与答辩课程首页

图6-9　毕业论文写作与答辩课程内容页面

图 6-10　毕业论文写作与答辩课件界面

2. Moodle 平台的课程页面布局

Moodle 学习平台属于开源性平台，平台功能很丰富，但也显得很繁杂。熟悉 Moodle 学习平台的教师可以充分利用该平台的功能，进行个性化的课程布局。（见图 6-11）如果教师对于 Moodle 学习平台不够熟悉，则可以利用专门打造的课程模板建构在线课程，这个操作相对容易实现，但是，在线课程的个性化就不那么容易实现了。（见图 6-12）

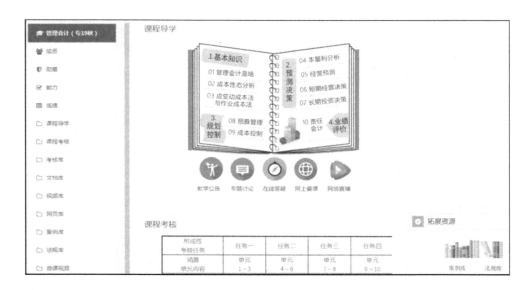

图 6-11　Moodle 平台个性化的课程页面布局

图 6-12 Moodle 平台模板化的课程页面布局

3. Blackboard 平台的课程页面布局

Blackboard 平台在普通高校中应用较广,该平台属于非开源学习平台。因为非开源,故平台运行较稳定,但也正是因为非开源,平台功能的优化比较难。Blackboard 学习平台同样可以采取课程模板进行模板化的课程页面布局(见图 6-13)和个性化的课程页面布局(见图 6-14)。

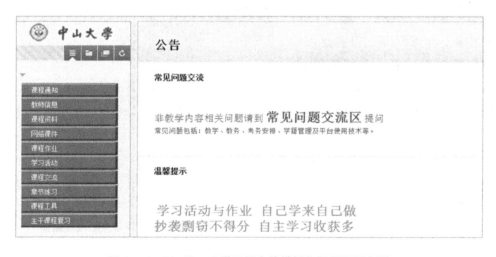

图 6-13 Blackboard 学习平台的模板化课程页面布局

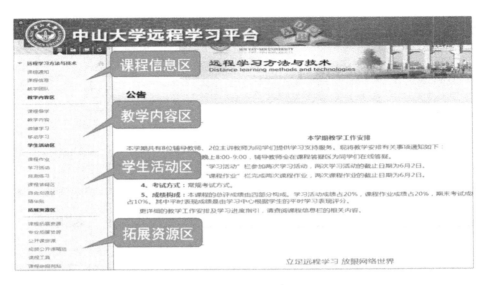

图 6-14 Blackboard 平台的个性化课程页面布局

个性化的页面布局，能够充分发挥在线教师的创造性，建设个性化的在线课程。比如，笔者在在线学习方法与技术课程中，将在线课程页面分为四个主要功能区：课程信息区、教学内容区、学生活动区、拓展资源区。课程信息区主要布局课程的信息，如课程通知、课程信息、教学团队等信息；在教学内容区，布局了课程导学、教学内容、微博学习、移动学习等教学内容；在学生活动区，布局了课程作业、学习活动、自测练习、课程答疑等内容；在拓展资源区，则布局了课程拓展资源、专业拓展资源等内容。

4. 公众平台的课程页面布局

基于微信公众平台、移动学习 App 上的在线课程页面布局，需要做到简洁大方，尽可能去除冗余信息。（见图 6-15）

图 6-15 微信公众平台上的在线课程

本章小结

　　在线课程开发是将在线课程设计方案变成在线课程产品的过程，是教与学、内容与媒体充分结合的过程，是一个不断迭代、不断完善的过程。在线课程开发包括资源建设与平台部署。在线课程开发需要教学团队与技术团队的精诚协作。

　　资源建设是将教学内容建设成为学习资源的过程。充分、适需的媒体技术运用是关键。资源建设微课化是顺应时代发展与微课化教学的需要。资源建设的专草化能够实现专业化建设与草根化建设的优势互补，立体化与精准化的学习资源能够更好地满足学习者时时处处的、快节奏的学习需要。

　　资源建设包括预置性学习资源建设与形成性学习资源建设。预置性学习资源是资源建设的主体，是在线课程教学实施前建设的资源，包括演示文稿、视频、音频、图文、题库等资源的建设，每种学习资源都有其自身的建设特点与建设技巧。形成性学习资源建设是在在线课程教学过程中形成的学习资源，包括专题型、案例型、工具型、拓展型学习资源。

　　学习平台是在线课程的载体，有开放与封闭、开源与非开源、通用与定制之分。

　　自助式学习环境是学习者开展自助式学习的场所，自助式学习环境的建构包括学习资讯空间、学习资源空间、学习帮助空间、学习活动空间、学习评测空间与学习管理空间。如果将自助式学习环境比喻成一栋自助型学习大厦的话，那么学习资讯空间相当于收发室或传达室，学习资源空间相当于图书室，学习活动空间相当于活动室，学习评测空间相当于评估室，学习帮助空间相当于后勤保障室，学习管理空间相当于档案室，学习者在该学习大厦就能完成学习的全过程。

　　响应式教学环境是在线教师开展响应式教学所需功能、要素的集合。为适应响应式教学需要，需要建构在线课程的教学资讯空间、教学准备空间、教学实施空间、教师发展空间与教学管理空间。教学资讯空间实现面向学习者及教学相关者的资讯交流；教学准备空间实现学习资源管理、课程题库建设及在线课程的平台部署；教学实施空间实现面向学习者导学、助学、促学与督学服务的提供；教师发展空间建构教师共同体，促进教师的专业发展、教学发展与事业发展；教学管理空间实现面向学习者与教学团队的管理功能,以及教学进程与教学档案的管理与分析功能等。

　　自助式学习环境与响应式教学环境是在线课程的一体两面,看似"形散",实则"神聚",两者通过在线课程的页面布局实现资源的互通、信息的互通、数据的互通、功能的互通。

第七章 >
优术：在线课程之教学

在在线课程中，在线教师从传统教学的台前走到了幕后，学习者则走到了在线课程的台前，教师变成了学习者的学习伙伴、变成了学习者学习的导引者与解惑者。

在线课程教学是在线课程设计、开发、教学、评价中的一个教学实施环节。在线课程教学与传统课程教学有着很大的差异。传统课程教学包含了教学的全部要素，如知识技能的传授、学习活动的组织、学习评测的开展等。传统课程教学主要发生在传统课室，以知识传授为重点。而对于在线课程教学来说，知识技能的传授主要通过网络授课的方式实现，学习者通过点播网络课件学习。在线课程教学的主要任务是为学习者提供学习支持，帮助学习者获取、消化和巩固所学知识，达到全面掌握课程内容的目的。因此，在线课程教学本质上属于学习支持服务，即对学习者自助式学习的学习支持。

学习支持服务分为学术性学习支持服务与非学术性学习支持服务。其中，学术性支持服务有导学服务、助学服务、促学服务，非学术性支持服务为督学服务。导学服务是引导学习者的学习，助学服务是助力学习者的学习，促学服务是促进学习者的学习，督学服务则是督促学习者的学习。

在线课程教学之术就是要掌握在线课程教学的方法与技术，为学习者的自助式学习提供全面、周到的学习支持。

第一节　在线课程教学导向

在线课程教学是通过为学习者提供学习支持服务，促进和帮助学习者实施自助式学习，使得学习者能够高质高效地学习。在线课程的教学导向包括四个方面，即让在线课程的学习资源用起来、学习者动起来、在线课堂活起来、教学成效多起来。

一、学习资源用起来

学习资源用起来是学习资源与学习支持服务相互衔接的内在要求。每一门在线课程都建有网络学习资源，学习资源只有被充分利用，才能发挥其应有作用和价值。在线教学是基于学习资源的"教"，在线学习是基于学习资源的"学"。学习资源用起来是学习资源建设的目的，学习资源用起来的关键在于"资源好用"，即学习者和教师都乐用、易用。具体来说，包括以下几方面的学习资源利用。

（1）辅导教师用。教学团队中的辅导教师是学习支持服务的主要提供者。辅导教师对课程教学内容的掌握程度、对学习资源的熟悉程度直接关系到学习支持服务的水平与质量。教学团队中的辅导教师构成相对复杂，普通高校的网络教育，辅导教师可能是导师的研究生或外聘的兼职教师；而开放大学的开放教育，辅导教师一般为开放大学的基层教师，两者都存在辅导教师更换频繁的问题。如果辅导教师对主讲教师的教学理念不理解，或者对教学内容不熟悉，就难以实现学习资源与学习支持服务融合一体，容易出现学习资源与学习支持服务脱节现象。

（2）学习者用。学习者自助式学习主要是利用学习资源进行学习。只有被学习者利用的学习资源，才是真正有用的学习资源。为此，辅导教师应采取一切可能的举措促进学习者充分利用学习资源学习。在导学服务上，可以激发学习者对学习资源的兴趣，引领学习者对学习资源的利用；在助学服务上，可以通过教学辅导帮助学习者解决资源学习难题，让学习者能够顺畅地利用学习资源学习；在促学服务上，可以通过开展学习活动、组织学习评测，促进学习者利用学习资源。也可以将学习者的学习活动与学习评测成绩，以及利用学习资源学习的时长或次数作为形成性考核指标。而在督学服务上，则可以通过及时反馈并表扬优秀学习来促进学习者主动利用学习资源。

（3）学习活动用。学习资源与学习活动的目标是一体的，都是支持学习者的在线学习。辅导教师在设计学习活动时，应该尽可能促进学习者对学习资源的利用。比如，可以布置学习者预习学习资源，汇报学习成果；可以基于某个教学内容（学习资源），开展专题讨论活动或者开展拓展性学习资源的收集活动等，以加深学习者对教学内容的理解。

（4）反复多次用。学习者的学习过程既是循序渐进的过程，也是循环往复不断巩固深化的过程。为此，可以通过教学辅导、学习活动、学习交互、学习测评等多个环节、多个方式让学习者反复多次地利用资源，促进学习者对知识的掌握与巩固。

二、学习者动起来

促进学习者动起来的驱动力分为内驱力和外驱力。外驱力就是要通过学习活动、学习评测等各种学习任务促进学习者忙起来，让学习者在忙中动、忙中学。但让学习者动起来的关键在于内驱力的形成。让"学习者动起来"的内驱力在于形成"学习者乐学"的氛围，也就是通过各种引领性的举措促进学习者积极参与在线教学，通过学习者的"动"，促进学习者的"学"。促进学习者动起来的举措主要包括四个方面：导学引领、活动引领、任务引领与表率引领。

（1）导学引领。要在课程导学过程中，引领学习者端正学习态度，让学习者主动、自觉地学习。特别是对于以文凭获取为导向的学习者，更要强调学术诚信教育。在导学过程中，还需要充分彰显和体现学习者学习的收益，比如知识的提升、技能的增进等。立竿见影的学习效果自然能够激发学习者的学习动机，让学习者自内而外地动起来。

（2）活动引领。要通过开展有意义的、学习者感兴趣的学习活动，让学习者动起来。比如计算机专业的相关在线课程，鉴于5G是当下的热门话题，也是未来信息技术应用的趋势方向，可以设计与5G有关的学习活动，如组织学习者通过网络搜索归类5G应用范畴及5G应用前景，并对存在的问题进行讨论与分析等。

（3）任务引领。任务引领属于被动型的让学习者动起来的方法与手段。通过各类学习任务的布置与组织（如课程作业、学习活动等）让学习者参与其中，使得学习者动起来。

（4）表率引领。一方面，要发挥教师的表率作用，教师积极主动、勤恳敬业的表率作用是对学习者最好的引领，是促进学习者动起来的最大激励；另一方面，要发挥学习者的表率作用，通过发挥态度积极、成绩优秀的学习者的表率带头作用，促进全体学习者动起来。

三、在线课堂活起来

教育部在《教育部关于一流本科课程建设的实施意见》（教高〔2019〕8号）中提出，"强化课堂设计，解决好怎么讲好课的问题，杜绝单纯知识传递、忽视能力素质培养的现象。强化现代信息技术与教育教学深度融合，解决好教与学模式创新的问题，杜绝信息技术应用的简单化、形式化。强化师生互动、生生互动，解决好创新性、批判性思维培养的问题，杜绝教师满堂灌、学生被动听的现象"。可见，教育部对课堂教学的方式方法非常重视，其宗旨是希望课堂教学活起来。

在线课堂是指师生共处的网络学习环境，是一种虚拟的教学课堂。"在线课堂活起来"的源动力在于"教师乐教"。只有在线教师"乐教"才能积极创设和谐、温馨的在线课堂环境，促进在线教学过程有生气、有活力。具体来说，在线课堂活起来需要在线教师倾注爱心、拉近距离、投入激情。

（1）倾注爱心。在线课堂的活跃不是指一节课的活跃，而是指师生交互环境下在线课堂的持续活跃。只有当在线教师将"桃李天下"之爱心，倾注于在线课堂，让学习者感受到在线课堂的温暖，才会产生在线课堂的凝聚力和向心力，在线课堂才有可能活跃起来。

（2）拉近距离。基于在线教学师生处于准永久性分离状态的特点，师生之间必然存在物理与心理上的距离。为此，在线教师应该主动与学习者交流互动，消除师生之间的疏远感，缩短师生之间物理与心理的距离，通过世界观、人生观、价值观的传递，实现灵魂碰撞与心灵共鸣。

（3）投入激情。在在线课堂中，如果在线教师缺乏教学激情，学习者必然也难以有激情，在线课堂更难以活跃。在线教师，特别是辅导教师应该在教学过程中充满激情与活力，用自身的激情与活动感染学习者，促使整个在线课堂活跃起来。

四、教学成效多起来

在线课程教学是教学实施的过程，也是教研教改的过程。在线课程教学不仅要让学习者受益，也要让在线教师从中受益。

（1）课程学习成效高。学习者能够获得"多、快、好、省"的学习成效。即学习者的学习收获多、学习速度快、学习效果好、学习时间省。

（2）课程教学质量好。表现为学习者的学习成绩好，学习者在同类课程的相关比赛或评比中有较大优势，如学习者参加与在线课程相关的技术技能大赛并获奖等。

（3）教研教改成果多。比如，教师依托在线课程获评各级各类精品在线课程，获批各级各类教研教改课题，在各类教学竞赛中获得佳绩，或者在学术期刊公开发表教研论文，等等。

（4）教师能力提升显著。即在线教师队通过开展在线课程教学，其教学能力、教研能力、科研能力获得显著提升。

（5）职业荣誉感得到提升。即在线教师从学习者的良好成绩、良好表现、高满意度以及真诚的感谢中，获得职业荣誉感的提升。

第二节 在线课程教学模式与策略

一、在线课程教学模式

在线课程的教学模式多样，特别是在媒体技术日新月异的今天。从媒体技术的视角来看，在线教学主要有四种教学模式：混合式教学、直播教学、慕课教学、翻转课堂教学。

（一）混合式教学

混合式教学是线上教学与线下教学并行的在线教学模式。线上教学的规模化教学、跨时空教学等优势是线下教学难以企及的。但是，线下教学却能较好地解决线上教学所存在的教学时空分离、师生分离等问题。采取线上教学与线下教学相结合的方式，就能够实现双方的优势互补，扬长避短，既能发挥在线教学的优势，又能避免在线教学的不足。采取线上教学与线下教学并行的混合式教学，其关键在于实现线上教学与线下教学的无缝衔接，包括学习资源与学习支持服务的无缝衔接。

在混合式教学中，线上教学主要组织学习者参加学习活动、学习测评，并通过课程论坛、微信、QQ等方式进行网络交流。线下教学主要是弥补网络教学存在的不足，增加师生之间面对面的交流机会，开展师生之间面对面的问题交流，同时辅以教学重难点的讲解，以及对各类学习活动与学习测评存在问题的讲评等。

混合式教学充分结合了线上教学与线下教学的优势。教师通过线上教学能够及时解答学习者存在的问题，保障学习者网络学习的顺利开展；通过线下教学则能帮助学习者解决难以通过线上教学解答或解决的问题，比如在线教师可以利用实验实训环境进行实践教学。线下教学同时也是在线教师调研学习者需求、发现课程学习问题的最好时机。由于线下教学的交互性强，师生有教学的临场感，教师通过线下教学能更好了解学习者，增进师生之间的感情。

（二）直播教学

1. 直播教学的特点

直播教学是利用直播系统布局在线课程资源，通过直播进行网络授课、课程答疑。直播教学缓解了网络教学师生分离的问题，同时又突破了面授教学的时空局限，具有较强的实时性，师生也有较好的教学临场感。基于此，直播教学将成为一种重要的在线教学方式。直播教学属于网络教学，但也存在三个方面的问题。一是直播教学需要学习者在固定时间利用各种网络终端进入直播课堂，这会为部分学习者无法在固定时间参加直播教学带来困难，虽然现在的直播已经有了回播功能，但是这就失去了能与教师实时互动的优势。二是直播教学仍然存在师生分离问题，师生之间缺乏面对面的交互。三是直播教学仍然存在学习过程监控难的问题。不过，随着5G网络的普及、视频和音频技术的发展，直播过程中师生的视频和音频互动将变得越来越容易，对学习过程的监管也将越来越容易。

在教学策略方面，直播教学可以采取知识讲授型、任务驱动型、情景探究型、问题驱动型等教学策略。通过直播过程中师生之间实时的视频、音频交互，将使得直播教学更接近传统课堂教学的效果。

2. 直播教学的分类

基于直播的时效性、直播的方式方法等，可将直播教学分为同步直播与异步直播，单向直播与双向直播，电视直播与网络直播。

（1）同步直播与异步直播。同步直播是教师在网络上实时直播，教师授课内容实时形成。同步直播需要教师提前准备好教学方案与内容，如果教师没有做认真的准备，教学过程就容易出现散乱或混乱的情况。异步直播是提前录制好教师的授课内容,在直播时进行播放,教师在直播时主要负责与学习者互动交流。异步直播的授课内容一般经过精心的准备和前期的编辑,更为高质、高效,同时,教师也能抽出时间在直播时与学习者进行互动交流。

(2)单向直播与双向直播。单向直播主要是教师面向学习者进行知识传授,一般没有交流互动环节。采取单向直播方式,往往是因为面向的直播对象多,不便于实时的交流互动。对于在线课程教学来说,一般是在学习者人数多的情况下采取这种方式。双向直播是指有互动交流的直播,在线教师在直播过程中,学习者可以通过视频、音频、文本的方式进行提问,教师给予实时的问题回复。双向直播比较适合学习者群体较小的在线教学。利用腾讯会议、腾讯课堂等软件能够实现双向直播。

(3)电视直播与网络直播。电视直播是通过电视进行的直播;网络直播是指通过互联网进行的直播。电视直播一般限于电视台,普及性不强,普通教育机构一般验证以实现;网络直播普及性强,腾讯会议、钉钉等软件的出现,使得网络直播更为普及。

3. 直播教学的平台

直播教学平台是用于直播教学的软件系统,常见的网络直播平台有雨课堂、腾讯课堂、腾讯会议、钉钉、微信、QQ、CCtalk、Bilibili、高校邦、蓝墨云、UMU、超星学习通等。在线教师可以基于教学功能满足程度、是否收费、用户积累、机构实力等因素选择直播教学平台。

(三)慕课教学

1. 慕课教学的内涵

慕课是功能齐全的网络课程,不仅有完整的教学资源,而且有教师的教学辅导。慕课于2008年起源于加拿大,2012年被《纽约时报》称为"慕课元年"。慕课的载体是开放的公共服务平台,当前最常见的慕课平台有中国大学MOOC、学堂在线、好大学在线、智慧树、学银在线、优课在线等。

慕课教学是指利用慕课开展的教学,是一种开放式的在线教学,其面向社会公众开放,没有门槛,学习者在公共服务平台上注册后即可学习慕课。学习者在慕课中完成学习任务并通过考核,还可以申请慕课证书。

2. 慕课教学的特点

慕课主要有四个方面的优点。一是开放性。即面向社会开放,任何学习者在公共服务平台注册后,均可申请学习慕课。二是免费性。慕课提供免费的教学资源与教学辅导服务,在慕课开课期间任何人均可免费学习。如果学习者在完成慕课学习后,想申请获取慕课证书,则只需要支付慕课证书的费用。三是优质性。大量慕课由国内外名校提供,如哈佛大学、耶鲁大学、北京大学、清华大学等。此外,慕课网站上还有数以万计的国家级精品在线开放课程。四是规模性。慕课面向大规模学习者,每门慕课均能面向数以万计、甚至百万计的学习者实施教学。在个性化学习支持服务问题获得解决的情况下,慕课的教学质量将能得到很好的保障。

3. 慕课教学存在的问题

慕课教学对我国高等教育带来了冲击,促进了高等教育的变革,也促进了在线教学的普及。然而,慕课教学也存在诸多问题。

(1)可持续发展问题。慕课建设投入大,高校持续的慕课建设需要大量的经费投入。自慕课元年(2012年)至今已将近10年,慕课的盈利模式一直没有形成,这种单纯靠政府和教育机构的公益性投入的模式,难以长期维持。如何促进慕课的可持续发展,仍然值得深入探讨。

(2)教师投入的问题。当前高校教师建设慕课,其动力在于教育教学成果的获得,如获评国家级或省级精品开放课程后有一定的经费支持。然而,能够获评国家或省级精品在线开放课程的慕课毕竟是少数。如何激励教师的持续投入,需要高校出台更多的激励政策,如计算教师开设慕课的教学工作量或教学绩效等。

(3)学习者管理问题。慕课教学是相对松散的课程教学形式,学习者来自分散的机构或个人,对学习者的管理比较困难,学习者的学习基本靠自觉。如何促进学习者学习,如何加强对学习者的过程监管与考试监管,如何提高慕课证书的含金量,这些均是值得深入研究的问题。

(四)翻转课堂教学

1. 翻转课堂的分类

翻转课堂通常以"一堂课"(一个教学单元)为设计起点。翻转课堂一般分为课前、课中、课后三个阶段。(见图7-1)

翻转课堂本质是线上教学与线下教学的有机融合,需要做到两者的"形散神聚"。翻转课堂通常可分为四种类型:传统课堂型、网络直播型、移动互联型、极简QQ群型。

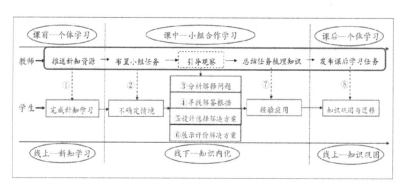

图 7-1 翻转课堂教学过程示例①

（1）传统课堂型。传统课堂型是指翻转课堂教学中的线下教学在传统课堂或智慧课堂中进行，师生可以实现真正的面对面交互。如某课程在布置学习者进行线上自主学习后，其线下课堂的教学可安排如下：导言与目标 5 分钟，前测 15 分钟，内容引导与案例讲解 25 分钟，后测 10 分钟，讨论总结 35 分钟。由此可见，翻转课堂教学的线下教学，主要不是课程内容的讲解，而是帮助学习者消化线下学习的课程内容。传统课堂型的翻转课堂教学过程可见图 7-2。

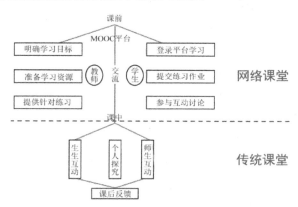

图 7-2 传统课堂型翻转课堂教学过程示例②

（2）网络直播型。网络直播型是将翻转课堂中的线下教学用直播教学的方式呈现出来，如利用学习通、雨课堂、腾讯会议等的直播教学替代线下的课堂教学。这

---

① 罗映红：《高校混合式教学模式构建与实践探索》，载《高教探索》2019 年第 12 期，第 48-55 页。

② 孟军、刘冰璇、翟洪江、兰淇：《大数据背景下高校翻转课堂学习评价的研究——以 A 校"工程热力学"课程为例》，载《高等工程教育研究》2018 年第 5 期，第 166-171 页。

一过程仍然符合翻转课堂中的课前预习、课中交互与测试、课后复习的基本教学模式。图7-3为网络直播型翻转课堂的一个实践示例流程。

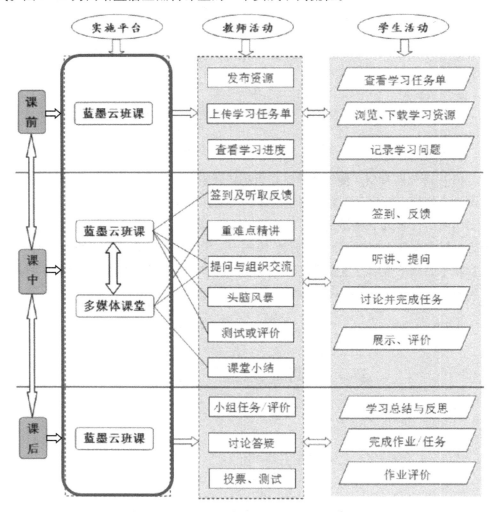

图7-3 网络直播型翻转课堂示例①

（3）移动互联型。移动互联型是指将移动教学贯穿于传统课堂中，实现"堂上翻转"。比如教师在传统课堂中进行线下教学时，让学习者利用雨课堂等直播教学软件参与网络化的即时课程测评，或进行课程学习签到。移动互联型的翻转课堂教学可用图7-4表示。

---

① 赵㠇、姚海莹：《基于蓝墨云班课的混合式教学行为研究——以"现代教育技术"课程为例》，载《现代教育技术》2019年第5期，第46-52页。

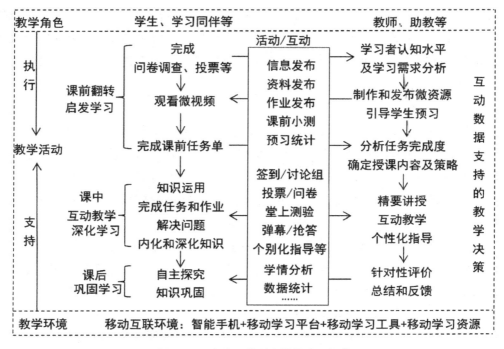

图 7-4 移动互联型翻转课堂示例①

（4）极简 QQ 群型。极简 QQ 群是指利用 QQ 群的直播视频交互功能实施翻转课堂教学，这种教学不需要专门的直播教学软件。极简 QQ 群型的翻转课堂教学实施路径通常是：课前在 QQ 群发布学习资料，课中在 QQ 群课堂讲解并利用 QQ 群进行教学交互，课后利用 QQ 群布置作业并进行 QQ 群交流。

2. 翻转课堂的特点

翻转课堂将传统课堂教学的"先教后学"转变成了"先学后教"，即教师将传统授课从"课中"转移到了"课前"，学习者课前在教师的指导和学习任务的驱动下，利用网络学习资源进行自主学习；同时还将传统教学的知识内化过程从"课后"转移到了"课中"，学习者能够在教师的指导下进行知识的内化，比如在课中检查和研讨学习任务的完成情况，组织学习后完成课程作业并讲评，或者对课程内容重难点做进一步的讲解等。

翻转课堂主要有以下特点。一是突出了以学习者为中心的理念。学习者可以自主决定他们使用的学习内容、学习工具、学习方式。二是教师变成了学习者自主学

---

① 陆芳：《移动互联环境下的高校翻转课堂教学》，载《高等工程教育研究》2018 年第 4 期，第 158-162，167 页。

习的引领者。学习者拥有更多的自主权和发言权。三是教师成为学习过程的组织者，教师和学习者变成了伙伴关系，教师主要参与问题解决的过程。四是需要教师重新设计课程教学方案，明确线上线下的教学内容与活动形式，帮助学习者制订学习计划与学习路径。

3. 对传统课堂的挑战

翻转课堂的实施给传统教育带来了很大的挑战，主要表现在以下四方面。

（1）教学安排。传统教学的教学时间主要安排在课堂或实验室，翻转课堂的教学时间分为线上教学与线下教学两部分，师生均需要有专门的线上教学与学习的时间。管理部门的教学监督也自然由单纯的线下教学检查变成线上线下一体化的教学检查。

（2）资源建设。教育机构需要提供专门的经费和条件支持网络学习资源建设，包括引进在线开放课程资源和自建在线课程资源。如果利用慕课教学，虽然学习者进入慕课学习不需要费用，但是如果要实施小班的 SPOC 教学，即只面向自有学习者实施教学，则仍需要向公共服务平台支付一定的费用。

（3）教学实施。在实施教学的过程中，需要赋予教师更多的自主教学权，教师应能自主确定教学节奏和教学安排，包括线上线下教学的比例，学习者上课的方式，学习活动与学习评测方式，等等。

（4）教学评价。翻转课堂教学需要采取线上线下相结合的考核方式。比如在形成性评价方面，需要考核线上与线下的形成性评价的布局情况，两者是否实现良好衔接，线上学习成绩与线下学习成绩的考核点与成绩比例的分配情况，等等。如果有线上考试，还需要考核线上考试的监管监控环节是否完善等。

4. 翻转课堂教学的现实意义

翻转课堂教学对于高校教育教学改革具有重要的意义。首先，通过实施线上教学与线下教学的一体化，可以实现两者的优势互补，以及资源的共享共用。其次，通过实施翻转课堂教学，能够促进现代信息技术的充分利用以及教育信息化的全面推进。在促进教师与学习者信息素养的全面提升的同时，也能促进普通教育与高职教育进入在线教学领域，壮大在线教学队伍。最后，通过开展翻转课堂教学，不仅能够让更多人了解、理解、接受在线教育，更能提高教学的效率与效果。

二、在线课程教学策略

在线课程教学策略是指用合适的教学方法呈现合适的教学内容，以促进学习者学习，在线课程教学策略的本质是实现内容与方法的有机融合。在线教学策略可以分为教的策略与学的策略。教的策略是指教师实施教学辅导、提供支持服务的方式方法，学的策略是指学习者进行在线学习的方式方法。

（一）教的策略

从宏观层面看，教的策略就是学习支持服务策略。包括主动型学习支持服务策略和被动型学习支持服务策略。主动型学习支持服务策略是教师为促进学习者学习所主动提供的学习支持服务，如导学策略、教学辅导策略、直播教学策略、面授教学策略等；被动型学习支持服务策略是指为响应学习者发起的咨询所提供的学习支持服务，包括非实时性支持服务（如基于课程论坛、邮件等非实时性问题的回复）与实时性支持服务（如基于微信、QQ等实时性问题的回复）等。

从微观层面看，教的策略是指在线课堂的教学实施策略。武法提将在线教学策略分为三种。一是基于行为目标的在线教学策略，包括在线讲授策略、先行组织者策略、媒体选择与应用策略、案例教学策略等；二是基于形成性目标的在线教学策略，包括协作学习策略、抛锚式教学策略、建模策略、教练策略、探究式教学策略、反思策略等；三是基于表现性目标的在线教学策略，包括主题讨论策略、头脑风暴策略、角色扮演策略等。①

（二）学的策略

学的策略是学习者自助式学习的策略。包括自主学习策略、合作学习策略、资源利用策略、网络交互策略、探究式学习策略等。

自主学习策略是学习者自主学习的方式方法，包括知识管理、情绪管理、时间管理等策略。其中，知识管理策略是对自己已学过的与正在学的知识进行体系化规划与整理的方法，如利用思维导图管理课程知识等；情绪管理策略是通过对自身情绪的管理，实现自身专心专注地学习，情绪管理体现在自主学习中的自我情绪控制，教学交互中的情绪把控，等等；时间管理策略是指科学安排自身的时间以实现学习时间的最大化，包括自主学习时间安排、完成学习任务的时间安排、碎片学习时间的利用、工作与学习时间的统筹规划等。

合作式学习策略是指学习者之间通过相互协作，以达到共同学习、共同提升目的的学习策略，如辩论、协同、伙伴、角色扮演等。合作学习需要有互利共赢的理

---

① 武法提：《网络教学策略》，北京师范大学出版社2010年版，第88页。

念、合作学习的意识、团队协作的精神等。

资源利用策略是指学习者利用学习资源的策略，包括在线课程自有学习资源的利用策略、互联网上学习资源的利用策略、网络学习资源的搜索与甄别策略、网络学习资源范围与范畴的控制策略、网络学习资源的归类整理策略等。

网络交互策略是指师生之间以及生生之间交流互动的方式方法，涉及网络交互的礼仪、网络用语的措辞、敏感性话题的规避、激发师生交互的技巧等。

探究式学习策略是指学习者利用互联网，进行基于任务和问题的探究式学习的策略，如基于任务的网络资料搜索、基于问题的网络查找等。

第三节 在线课程教学准备

在实施在线课程教学之前，需要提前做好"课"前准备。这种"课"前准备，有别于传统教学的某一堂课的课前准备，是整门在线课程教学实施前的准备。在线课程教学准备包括组建团队、确定流程、制订方案、准备条件等。

一、组建团队

传统课程教学团队的成员基本稳定。然而，在线课程教学团队成员通常是动态的，主要是因为辅导教师容易发生变动。原因有二：一是每次开课的学习者数量变动较大，需要根据在线课程的学习者数量与学校实际情况配备辅导教师。一般来说，在线课程的生师比可以大于传统线下教学，如按照100∶1的生师比配备辅导教师。二是辅导教师的来源多样，其以兼职教师为主体的特点决定了辅导教师的动态性。

（一）团队组建模式

不同形式的在线教学模式，具有不同的团队组建模式。主要有一体型、协作型与独立型教学组织模式。

一体型教学组织模式是指教学团队成员由同一组织内的多位教师构成，成员之间相互协作开展教学工作。类似同一个学院或教研室的老中青年教师所组成的教学团队，或者导师与其研究生所组成的课程教学团队。因为教学团队的成员联系紧密，本身就是一体的，所以，该模式具有沟通便捷的特点。

协作型教学组织模式是指教学团队成员由不同组织机构的教师构成，成员之间相互协作开展教学工作。比如开放教育，教学团队由总部与各个教学点的教师构成，或者由总部教师（主讲教师或辅导教师）与外聘教师（主讲教师或辅导教师）共同构成。在这种模式下，教学团队的成员之间具有一定的空间距离，同时也可能有较大的心理距离，需要在责任教师的组织与引领下，通过网络协作开展在线教学。

独立型教学组织模式是指在线课程只有一位教师负责，其既是在线课程的责任教师，也是在线课程的主讲教师和辅导教师，在线课程的所有教学决策、教学实施与教学服务由其一个人负责。这种模式适合于学习者数量较少、学习者相对比较集中的在线课程。

（二）团队成员分工

应基于在线课程学习者人数及教学点分布组建教学团队，并明确教学团队中每位成员的职责分工，包括责任教师、辅导教师、导修教师以及主讲教师的职责分工，关键是要明确每位辅导教师的工作职责与内容。当一门在线课程有多位辅导教师时（学习者分布在多个教学点的时候，这种情况比较普遍），可以按照学习者所在教学点（区域）分工；也可以将辅导教师统筹一体，按时间段分工，每个辅导教师负责一个辅导时段；还可以按学习者数量分组，让每个辅导教师负责一定数量的学习者。

可以将辅导教师按照教学点（区域）分工，这种方式有利于辅导教师组织同一区域的学习者开展面授辅导，但是如果学习者在教学点（区域）的分布不均匀，则会造成辅导教师之间的工作量差异大。也可以将辅导教师按照时间段分工，比如该课程有 3 位辅导教师，则每位辅导教师每周可承担 2 天的教学辅导工作，每周多余的 1 天可以轮流。但这种方式在学习者人数较多的情况下，可能会造成辅导教师所承担的压力较大，难以为众多学习者提供支持服务。还可以通过将学习者在课程中分组，让每位辅导教师专门负责一定数量的学习者，这种方式适合网络教学辅导，但是，如果辅导教师要开展面授辅导，则相对麻烦，因为辅导教师所负责的学习者可能来自多个教学点。因此，辅导教师的职责分工，需要基于在线课程的实际情况进行分配与安排。

在团队成员明确了职责分工、教学任务和教学流程后，还需要为团队成员分配学习平台账号，特别是对于新的辅导教师，需要明确每位辅导教师的平台权限。比如是否具有增删课程资源的权限,是否具有作业布置的权限,等等。

(三)团队教师培训

由于教学团队成员变动大,需要面向团队教师组织定期与不定期的培训。定期培训是指每学期在线课程教学实施前需要面向全体团队成员开展的培训,培训内容包括该学期在线课程的学习者情况(学习者特征及分布)、教学流程、教学内容、平台操作及职责分工等,特别需要培训教学团队的协同作业。不定期培训是指基于辅导教师的实际情况,面向辅导教师进行必要的在线课程培训。在辅导教师为新聘用的教师且对在线课程内容以及在线教学模式不熟悉的情况下,开展不定期培训尤为必要。当然,面向辅导教师的普适性的在线教学培训,通常应由教育机构统一组织。

二、确定流程

确定流程就是要明确在线课程的整体教学流程与环节,以及各教学环节的具体任务与时间安排。在线课程的基本流程及主要教学环节如图7-5所示。

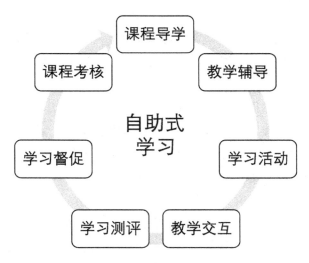

图7-5 在线课程基本教学流程与环节

三、制订方案

制订方案是指在在线课程教学实施之前所制订的教学实施方案。教学实施方案既是在线教师用于组织教学、提供学习支持服务的工作指南，也是学习者了解在线课程教学安排、进行在线学习的学习指引。在线教学实施方案一般包含以下基本要素：整体情况、教学团队、教学条件、教学安排、学习建议等。

（一）整体情况

（1）说明课程性质。包括该课程在专业人才培养中的地位、作用和功能，课程的类型以及与其他课程的关系等。同时，还需要明确课程名称、课程学时、学分、适用对象、先修课程、学习方法、考核方式等。

（2）明确课程目标。课程目标是对学习者课程学习预期结果的综合概括，是专业人才培养目标在本课程的具体体现，包括知识传授目标、能力培养目标和价值塑造目标等。在知识传授目标中，应说明学习者通过本课程的学习预期可达到的学科目标或专业知识目标；在能力培养目标中，应说明学习者通过本课程的学习所预期达到的能力水平目标；在价值塑造目标中，应说明本课程对学习者的世界观、价值观、人生观等的塑造目标。

（3）介绍内容体系。说明本课程的知识体系、各知识模块或单元之间的内在逻辑性，并能按照学习者知识学习的递进规律安排教学内容。

（二）教学团队

说明在线课程教学团队的构成、基本情况、职责分工、任务安排、联系方式等。

（三）教学条件

说明在线课程教学实施的条件。明确学习资源情况，包括学习资源的构成、类型以及数量；明确在线课程平台部署情况，包括在线课程在网络学习平台、移动学习平台上的布局情况，在线课程的登录方式，在线课程的平台使用指南，等等；明确在线课程教学的设施设备情况，如教育机构教学设施设备的提供情况，学习者需要准备的学习设施设备情况，等等。

（四）教学安排

（1）明确在线课程教学方式。明确在线课程的导学、助学、促学和督学阶段所采取的教学方式，比如是采用混合式教学、直播教学、慕课教学还是翻转课堂教学等。

（2）明确教学活动具体安排。可通过教学日历形式向学习者展示在线教学周期内的各项教学活动安排。对于学习活动，需要明确学习平台上开展学习活动的形式、次数、起止时间及要求。如，在学习评测方面，每学期可安排4次课程作业，每次作业要求在2周内完成；又如，每学期可安排2次专题讨论，并对学习者的回帖数量做出具体要求。

（3）明确实践教学的具体安排。对于具有实践环节的在线课程，需要明确在线课程的实验实训功能、设施设备的配置和教学实施要求。

（4）明确在线课程的评价方式。包括对形成性考核和终结性考核内容、方式及要求的明确。比如，可以对在线课程总评成绩做这样的安排：课程作业成绩占20%、学习活动成绩占20%、学习平台成绩表现占10%、期末考试成绩占50%；或者学习者的线上学习表现占30%、线下学习表现占20%、期末考试成绩占50%；等等。

（五）学习建议

根据课程实际情况，结合在线课程及在线教学特点，对学习者的学习提出指导性的学习建议，说明课程的学习时间、每周的学习进程，并编写课程学习的进度参考表等。

四、准备条件

准备条件是依据在线课程教学实施方案，对在线课程教学的相关要素进行准备，以便顺利开展在线课程教学工作。

（1）教学资源准备。上传教学资源，并对学习平台上课程学习资源的可用性、充足性、时效性进行检查，根据需要进行更新或补充内容。

（2）学习任务准备。如果是新的在线课程，需基于课程题库提前布置好在线课程作业，设计好课程学习活动；如果是已经经过教学运行的在线课程，则需检查在线课程中的学习活动、课程作业等的可复用性。

（3）交互环境准备。明确是否需要建设课程答疑、课程讨论、学习者交流区等非实时 BBS 论坛，是否需要采取微信群、QQ 群等实时交互方式。根据需要建立交互环境，并提前将各类教学交互的链接或二维码发送给学习者。

（4）在线课程运行检查。检测学习平台上在线课程的布局情况及可用情况，包括在线课程链接的可用性、视频点播的流畅性，如有缺失的课程模块应及时补充。如果在线课程有相关的移动 App、微信公众平台等，则需要检查其运行情况以及与学习平台的数据对接情况。

（5）设施设备检查。检查在线课程所需要的教学设施设备的完好情况。包括教学点的教学辅导所需的设施设备情况，特别是对于实践类的课程，需要落实在线课程的实验实训设施设备条件在教学时段是否可用。

第四节　在线课程教学实施

在线课程的教学实施是为学习者提供学术性学习支撑服务的过程，包括导学服务、助学服务与促学服务。

在线课程教学实施的场景化就是要通过建构场景化的教学情景，建构师生之间的伙伴关系，提供师生一体的教学服务。教师在场景（情景）中实施教学，学习者在场景（情景）中进行学习，可彰显出师生之间的互融、互动关系。因此，场景化教学需要牢牢抓住事件的钥匙、角色的关键，以学习者自助式学习为中心建构教学场景，实现师生与各类要素在场景中的有机融合，促进教师高效教学、学习者高效学习，让教师乐教、易教，学习者乐学、易学。

在线课程教学实施就是要在各类教学场景中提供教学服务，包括在导学、助学、促学场景中提供相应的教学服务。

一、导学服务

导学服务是在线教师为引领学习者学习所提供的学习支持服务。在线教师的导学服务在导学场景中进行。导学场景是为了提供一站式导学服务所建构的场景，是以导学为核心的各类角色、事件、要素、工具的集合。教师可以在导学服务场景中提供完整的导学服务；学习者在导学场景中获得学习的引导，并能在这种引导下开展自助式学习。导学服务一般由责任教师或辅导教师组织开展。导学服务场景中的角色包括责任教师、辅导教师与学习者。

（一）导学服务目标

对于在线教学来说，存在师生分离、教学分离、教学过程监管监控难等问题。如何吸引与引导学习者学习显得尤为重要，这也是课程导学的目标与意义所在。通常来说，在线课程导学的目标有三。一是"引"，用课程的优势和特色吸引学习者进入课程学习，让学习者对课程感兴趣。当然，其前提在于课程内容有真材实料，课程内容能真正实现学习者知识技能的提升。二是"导"，引导学习者进行课程学习，让学习者便捷地了解课程学习的框架体系、教学安排、学习方法等。三是"拓"，引领学习者立足课程学习，放眼网络世界，拓展课程学习的视域和视野，能够从更高的视野和角度拓展性地学习本课程。

当然，不同的课程有不同的导学目标与导学重点。对于文科类课程，导学的重点更多在"导"和"拓"，特别是通过"拓"让学习者有更宽的视野；而对于理工类课程，学习者学习难度更大，因而课程的导学最重要的目的是"引"与"导"。

（二）导学服务内容

导学服务需要提供导学所需的各类学习资源，包括"引""导""拓"的内容。

"引"的内容就是要用最简洁明了的方式向学习者展示在线课程的特色与亮点，抓住学习者的眼球，让学习者有兴趣学习。可以采用最合适的媒体形式，如用简短的宣传视频让学习者对在线课程产生兴趣。

"导"的内容包括内容导学、方法导学、实践导学等。内容导学就是让学习者了解课程的地位、作用与体系框架。内容导学应从专业人才培养体系的视角介绍专业课程体系及本课程所处的地位与作用，以及与相邻课程的衔接关系，让学习者对在线课程有一个宏观的了解。内容导学还需要对课程层面的课程简介、框架体系、教学大纲、课程特色以及章节层面的章节目标、重难点和学习方法等做介绍，引领学习者熟悉在线课程的体系框架。方法导学旨在帮助学习者掌握在线课程的学习方法，包括对在线课程教学实施方案与教学安排的介绍，学习者如何获得课程团队的帮助以及如何开展课程学习等。在线教师应更重视对学习者的学习方法与技术的引导，以培养学习者开展自助式学习的能力。实践导学是对学习者如何开展在线课程的实验实训等所进行的学习指导。

"拓"的内容主要是基于学习者的基础提供相关的拓展性学习资源。包括满足学有余力的学习者对拓展性学习资源的需求，以及满足学力不足的学习者对基础性的学习资源的需求等。为拓展学习者的视野，拓展学习者的知识面，有必要为学习者提供课程或专业相关的共享资源或资源网址。

（三）导学服务形式

在线课程导学分为线上导学服务、线下导学服务、线上线下一体化导学服务三种形式。

导学内容的媒体形式多样，如文本型、课件型、直播型、互动型、答疑型等。在线课程应基于导学内容选择最合适的媒体形式，比如，对于在线课程的整体介绍，使用宣传性的短视频可能更有效果；对于教学团队的介绍，采取文本型导学可能更好，因为可以让学习者更便捷地获取教师信息，特别是教师的联系方式。

导学服务需要导学工具的辅助。包括实时、非实时的交互工具，如课程 BBS 论坛、微信群等；自助式学习的帮助，如课程的智能导师等；课程学习相关的工具，如网络搜索工具、数据统计工具等。

（四）导学服务要点

（1）重视思想。导学是学习者开展自助式学习的导航与明灯，是避免学习者学习迷航、帮助学习者顺利学习的重要保障。

（2）内容全面。导学的内容要尽可能全面。比如，在线课程的整体介绍，要帮助学习者了解该在线课程在专业人才培养方案中的地位以及本课程的教学目标与任务等；在线课程内容体系框架的介绍，要帮助学习者概览性地理解课程的教学内容体系；在线课程教学团队介绍，要让学习者了解各类教师的职责、各位教师的优势特长及其联系方式；教学的安排及考核的方式，能够让学习者基于课程的整体安排对自身的学习时间做一个整体规划；学习方法的指导，能引领学习者掌握本课程的学习方法以及利用互联网上学习资源的方法与技巧。

（3）形式多样。导学资源应形式多样，可以是线上的或线下的资源，也可以是视频、音频或文本资源，还可以是实时或非实时的资源，以满足学习者多样化的学习需要。

（4）联系方便。提供便捷的辅导教师、责任教师联系方式，方便学习者通过网络信息手段或电话及时联系到在线教师，以获得随时随地的帮助。在线教师所提供的联系方式应尽可能便捷、多样、可达。

（5）通知到位。确保学习者知悉教学安排，便捷获取课程导学。尤其因为在线课程的学习者分散，更需要借助微信、QQ等方式确保通知到位。

二、助学服务

助学服务是在线教师为帮助学习者消化、吸收、巩固教学内容所提供的服务，包括教学辅导服务与教学交互服务。

（一）教学辅导服务

教学辅导是基于学习者自助式学习的辅助性教学，旨在为学习者指点迷津，引领学习者开展自助式学习。教学辅导是一种主动型的学习支持服务。教学辅导服务应通过场景化的方式提供。在线教师在教学辅导场景中为学习者提供教学服务，可通过网络讲授、网络直播、BBS论坛等方式；学习者则在该场景获取教师的教学辅导，包括重难点的解答、作业问题的讲评等。在线教师也可将教学辅导资料放置在场景中，让学习者在该场景中学习教学辅导资料。

教学辅导服务主要由主讲教师和辅导教师组织，教学辅导场景中的角色有主讲教师、辅导教师和学习者。

1. 教学辅导内容

由于网络学习资源已基本涵盖了课程教学的主要内容，教学辅导旨在"辅导"，其内容主要包括以下几方面。

（1）课程重难点的讲解。在线课程中的重点问题，通过在教学辅导中的再一次分析讲解，可以加深学习者对课程重点内容的理解与认识。在线课程中的难点问题，单纯依靠学习者自学可能难以学会，但通过在教学辅导中做进一步解析，可以帮助学习者排除学习困难，顺利进行学习。

（2）课程新知识的讲解。由于网络课件是预置性的知识，是提前制作好的授课内容，对于某些最新出现的课程知识，可能尚未涵盖在网络课件中，则可以通过教学辅导进行新知识的讲解。另外，对于学习者在学习过程中产生的新的学习需求，教师可以基于这种新需求，进行新的知识的讲解。

（3）共性问题的解答。包括在线教师对课程学习活动开展情况及存在问题的点评，对课程作业所存在问题的集中讲评，以及对学习者所提问题的集中回复等。

（4）期末复习的指导。即在临近课程考试前，教师对课程知识进行较系统的总结复习，帮助学习者全面、系统地理解和掌握课程内容，以迎接课程的终结性考核。

2. 教学辅助工具

教学辅导模式不同，所需提供的教学工具也不同。对于直播教学模式，需要提供直播教学软件及其操作指南等；而对于理工类的在线课程，则可能需要提供统计分析类的教学辅助工具。

3. 教学辅导要点

在此主要以混合式教学辅导与直播教学辅导为例，说明教学辅导要点。

对于混合式教学辅导，主要需要平衡线上教学与线下教学的关系。线下教学要与线上教学相互协同，实现线上与线上教学的协同一体。线下教学要紧密结合网络学习资源展开，以促进学习者对网络学习资源的充分利用。要精心准备内容，并明确每一阶段线下教学的定位。如果是课程导学，应重点端正学习者的学习态度；如果是过程辅导，应主要安排内容精讲与答疑；如果是期末复习，应主要梳理课程内容体系，并进行问题的解答。要提前告知学习者线下教学的时间及内容安排，确保线下教学的到课率。一般至少提前一周通知，方便学习者提前做好时间安排。要做好线下教学，在有限的线下教学时间内做到"有料""有味"，让学习者尽可能获得更多的知识，解决更多的学习疑惑。总的来说，学习者在线下教学中获得的收益越高，参加下一次线下教学的积极性就越高。

对于直播教学辅导，一要建立师生沟通渠道。通过建立课程微信群或QQ群，告知学习者直播教学安排，并获得每位学习者的确认。在线教师可以提前发放相关材料，并要求学习者提前预习；可以为学习者提供网络直播软件的登陆、使用、签到方法的指导，方便学习者顺利进入直播平台；将学习者的远程签到作为在线课程的考勤方式，确保直播教学到课率。二要熟悉直播软件的功能和操作，及时处理常见直播问题，如耳麦没有声音、声音有啸叫、无法开通和关闭弹幕等。三要准备教学内容，包括课程直播的PPT等。在条件成熟的情况下，可以在直播间隙向学习者提问，让学习者回答，以检查学习者的听课效果。四要做好现场组织。基于网络带宽选择视频直播或音频直播的方式，避免网络卡顿。使用破冰技术，如课前暖场、传讲义、播音乐、弹幕交互等，营造现场感、存在感。五要利用有感染力的语言，减轻师生分离带来的疏离感。注意自身仪表，如为视频直播，建议穿纯色无条纹衣服为佳。利用思维导图规划直播主题与内容，保证直播内容形散神聚。六要做好直播总结，解答直播中来不及回答的问题，尊重学习者。通过分析直播教学的数据，了解学习者参与的真实情况，并将情况反馈给学习者。同时，能总结直播教学的经验，不断提升直播水平与直播效果。

（二）教学交互服务

在线教学时空分离、师生分离的特点，使得师生之间的感情培养难度超过普通教学模式。在线教育的规模化办学使得师生之间更难建立紧密的关系。师生之间的情感培养，可通过线上与线下教学的方式进行。线下教学交互是最理想、最传统的交流方式，但对于以在线教学为主体的开放教育与网络教育来说，则是稀缺的。开放教育虽然可以实现学习者与基层开放大学辅导教师之间的交互，但是与责任教师、主讲教师的交流仍然是缺乏的。所以，在线教学的线上交互显得弥足珍贵且非常重要。

教学交互服务应建构教学交互场景，在教学交互的场景中提供教学交互服务。教学交互场景中的角色为教师与学习者，其中教师有责任教师、主讲教师、辅导教师等。

1. 教学交互目标

教学交互的目标主要有三方面。一是学习引导。引导学习者的学习方法，引领学习者正确的世界观、价值观、人生观的形成。二是答疑解惑。帮助学习者巩固、消化和应用知识与技能。三是增加师生感情。师生教学分离需要通过教学交互缩短师生之间的心理距离，实现师生之间无隔阂的交互，促进学习者学习。

2. 教学交互内容

教学交互内容可以分为多个层面，不同层面有不同的交互需求。

（1）学习活动的交互。即学习者在参加学习活动过程中所进行的师生交互，如教师开展基于某一主题的讨论，学习者就可以在该主题中与在线教师及同学进行交流互动。

（2）课程学习的交互。即学习者在进行自助式的课程学习时，基于学习中遇到的问题与在线教师、学习者进行的交互。

（3）专业学习的交互。即相同专业的学习者之间所进行的学习交互，既包括专业层面的交互，也包括课程层面的交互。

（4）教学点层面的交互。即同一教学点的学习者之间的学习交流。由于同一教学点的学习者之间距离较近，除了网络交互外，还可以进行面对面的交互。

（5）社会化层面的交互。即学习者之间基于自身的职业发展、社会生活、工作的经历经验所进行的交流。

在线教师可以结合自身课程情况，组织开展不同层面的交互活动。比如，笔者曾在远程学习方法与技术在线课程中，组织开展学习者之间的社会化交互，专设了"张扬自我""经验分享""博客展示""生活趣事"等栏目。

3. 教学交互方式

在线课程的教学交互主要包括师生之间的交互、学习者之间的交互、教师之间的交互。

（1）师生之间的交互。可以利用网络学习平台、移动学习平台等创设师生交流空间，也可以利用微信、QQ、腾讯会议等公众媒体创设师生交流空间。师生交互主要用于学习者的答疑解惑、学习活动中的师生交互等。师生交互可分为群体性交互和个体性交互。群体性交互用于教师与学习者群体之间的交互，通常利用QQ群、微信群、BBS论坛等方式，也可以利用腾讯会议、雨课堂等视频会议软件；个体性交互是教师与学习者个体之间所进行的交互，通常可以利用电话、微信、QQ、邮件等方式进行交互。

（2）学习者之间的交互。在线教师可以在课程中创建学习者之间的交流群，方便同学之间进行社会生活、职业规划以及学习问题的自我交流。当下，由于通过微信、QQ等建立同学群很方便，学习者之间也会自主建立交流群。

（3）在线教师之间的交互。在线教师之间的交互能够促进在线教学工作的开展。要实现教师之间随时随地的交互，需要充分利用各类即时通信软件、网络直播软件、视频会议软件以及学习平台所提供的各类交互工具，如可以利用微信群、QQ群进行实时的交流，也可以利用腾讯会议、雨课堂等进行视频会议式的交流，还可以利用学习平台的BBS进行非实时的交流，等等。在线教师在交互环境中，可以进行教学实施方案的探讨、教学问题的商讨，以及教研教改项目的策划等。教师之间的交互包括教学团队教师之间的交互、同一专业教师之间的交互、同一学院教师之间的交互等。

另外，在线教师还可以通过链接整合在线课程的外部交互方式，实现在专业层面、学校层面的交流互动，如建立专业交流群、职业交流群、年级同学交流群、教学点同学交流群等。

4. 教学交互工具

信息技术的快速发展，催生了形式多样的交互媒体与交互工具，如非实时的课程BBS论坛、邮件，实时的微信群与QQ群，面对面的师生交流，点对点的微信、QQ、电话交流等。在线教学应基于教学适需的原则，选择最合适的教学交互工具，教学交互工具宜精不宜泛。

每一种教学交互工具均有其优缺点。对于BBS论坛交互，其优点在于交流记录和交流文件均可很好地保存在论坛中，也可收集整理成为精华帖，且因为其非实时性，教师在回复学习者问题时，可以有较多的思考问题的时间；缺点是该交流方式的实时性与动态性较差。BBS论坛是学习平台标配的交互方式，一般学习平台都会提供相关功能。（见图7-6）对于微信群交互，其优势是显而易见的，表现为交流的时效性很好，可以进行图文、音频、视频和文档等方式的交流。但是，其缺点也是很明显的，一是文档难以在微信群中长期保存，且文档的大小也受限制；二是微信群回溯记录比较困难，交互的信息也很容易被忽略和覆盖，特别是群人员较多、交流活跃的时候。QQ群交流不仅有交互的实时性，也有很好的文档保留性能。点对点交流方式，即教师与学习者一对一的交流方式（如通过电话、微信等交流），交互的效果最好，但是需要教师投入大量的精力。

图7-6　慕课平台上的课程交互方式

5. 教学交互要点

在线教师要做好教学交互服务，需要心中有学习者，同时也需要尊重学习者。具体来说，包括以下几方面。

（1）心中有学习者。教师在交互过程中要用语亲切、亲和力强，要有桃李天下之爱心，能够将心比心地为学习者着想。（见图7-7）

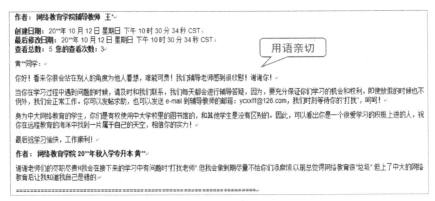

图7-7　用语亲切的交互

（2）尊重学习者。理解和尊重学习者的学习热情，对于学习者提的问题做到有帖必复、有问必答。在学习者需要帮助时，尽可能提供详细的指引与帮助。（见图7－8、图7－9）

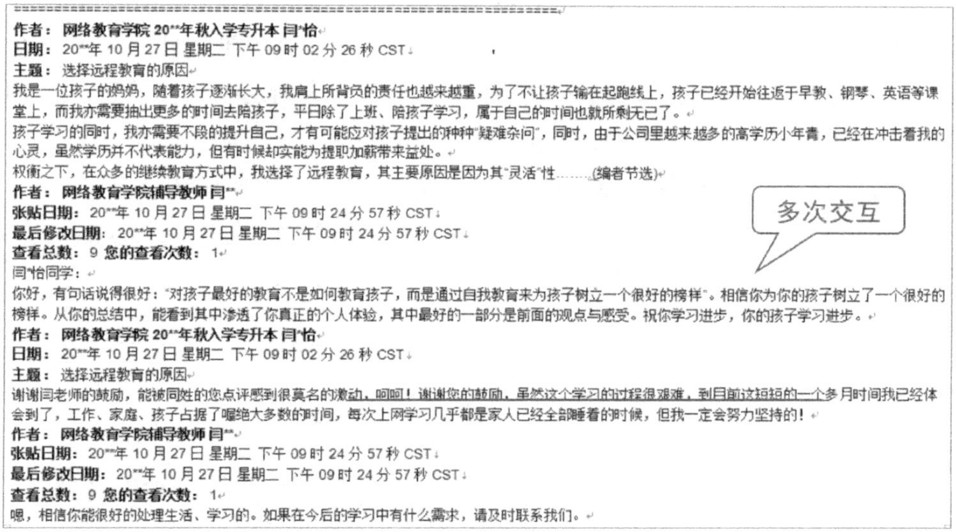
作者：网络教育学院 20年秋入学专升本 闫*恰**
日期： 20**年 10 月 27 日 星期二 下午 09 时 02 分 26 秒 CST
主题： 选择远程教育的原因
我是一位孩子的妈妈，随着孩子逐渐长大，我肩上所背负的责任也越来越重，为了不让孩子输在起跑线上，孩子已经开始往返于早教、钢琴、英语等课堂上，而我亦需要抽出更多的时间去陪孩子，平日除了上班、陪孩子学习，属于自己的时间也就所剩无已了。
孩子学习的同时，我亦需要不段的提升自己，才有可能应对孩子提出的种种"疑难杂问"，同时，由于公司里越来越多的高学历小年青，已经在冲击着我的心灵，虽然学历并不代表能力，但有时候却实能为提职加薪带来益处。
权衡之下，在众多的继续教育方式中，我选择了远程教育，其主要原因是因为其"灵活"性……(编者节选)
作者：网络教育学院辅导教师 闫**
张贴日期： 20**年 10 月 27 日 星期二 下午 09 时 24 分 57 秒 CST
最后修改日期： 20**年 10 月 27 日 星期二 下午 09 时 24 分 57 秒 CST
查看总数： 9 **您的查看次数：** 1
闫*恰同学：
你好，有句话说得很好："对孩子最好的教育不是如何教育孩子，而是通过自我教育来为孩子树立一个很好的榜样"。相信你为你的孩子树立了一个很好的榜样。从你的总结中，能看到其中渗透了你真正的个人体验，其中最好的一部分是前面的观点与感受。祝你学习进步，你的孩子学习进步。
作者：网络教育学院 20年秋入学专升本 闫*恰**
日期： 20**年 10 月 27 日 星期二 下午 09 时 02 分 26 秒 CST
主题： 选择远程教育的原因
谢谢闫老师的鼓励，能被同姓的您点评感到很莫名的激动，呵呵！谢谢您的鼓励，虽然这个学习的过程很艰难，到目前这短短的一个多月时间我已经体会到了，工作、家庭、孩子占据了喔绝大多数的时间，每次上网学习几乎都是家人已经全部睡着的时候，但我一定会努力坚持的！
作者：网络教育学院辅导教师 闫**
张贴日期： 20**年 10 月 27 日 星期二 下午 09 时 24 分 57 秒 CST
最后修改日期： 20**年 10 月 27 日 星期二 下午 09 时 24 分 57 秒 CST
查看总数： 9 **您的查看次数：** 1
嗯，相信你能很好的处理生活、学习的。如果在今后的学习中有什么需求，请及时联系我们。

图7－8　多次往复的交互

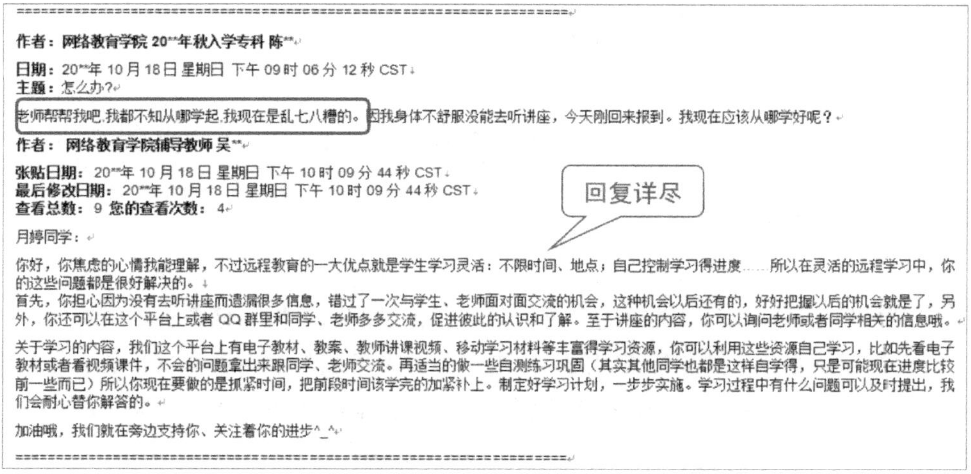
作者：网络教育学院 20年秋入学专科 陈****
日期： 20**年 10 月 18 日 星期日 下午 09 时 06 分 12 秒 CST
主题： 怎么办?
老师帮帮我吧.我都不知从哪学起.我现在是乱七八糟的。因我身体不舒服没能去听讲座，今天刚回来报到。我现在应该从哪学好呢？
作者：网络教育学院辅导教师 吴**
张贴日期： 20**年 10 月 18 日 星期日 下午 10 时 09 分 44 秒 CST
最后修改日期： 20**年 10 月 18 日 星期日 下午 10 时 09 分 44 秒 CST
查看总数： 9 **您的查看次数：** 4
月婷同学：
你好，你焦虑的心情我能理解，不过远程教育的一大优点就是学生学习灵活：不限时间、地点；自己控制学习得进度……所以在灵活的远程学习中，你的这些问题都是很好解决的。
首先，你担心因为没有去听讲座而遗漏很多信息，错过了一次与学生、老师面对面交流的机会，这种机会以后还有的，好好把握以后的机会就是了，另外，你还可以在这个平台上或者 QQ 群里和同学、老师多多交流，促进彼此的认识和了解。至于讲座的内容，你可以询问老师或者同学相关的信息哦。
关于学习的内容，我们这个平台上有电子教材、教案、教师讲课视频、移动学习材料等丰富得学习资源，你可以利用这些资源自己学习，比如先看电子教材或者看视频课件，不会的问题拿出来跟同学、老师交流。再适当的做一些自测练习巩固（其实其他同学也都是这样自学得，只是可能现在进度比较前一些而已）所以你现在要做的是抓紧时间，把前段时间该学完的加紧补上。制定好学习计划，一步步实施。学习过程中有什么问题可以及时提出，我们会耐心替你解答的。
加油哦，我们就在旁边支持你、关注着你的进步^_^

图7－9　真心真意的交互

（3）营造良好氛围。让学习者融合在交互环境中，形成师生共同体。

（4）注重价值传导。通过学习者之间以及师生之间的交互，以及一些事例的探讨，引导学习者形成正确的世界观、价值观、人生观。应避免在讨论中出现过激言论，一旦发生，教师应做正面引导。

（5）践行为人师表。师生交互是践行为人师表的重要场合。教师需要关注自身在学习者面前的形象，即使在网络状态下也应该充分体现为人师表的模范带头作用。

（6）不断积累成果。在线教师在提供教学交互服务过程中，需要注重教学交互成果的积累，通过收集教学交互过程中的精华帖，可以建设形成性的课程资源。比如，笔者在远程学习方法与技术在线课程中，将学习者所遇到的各类问题，分门别类地进行整理，形成了"学习感悟类""学习指导类""问题探讨类""意见建议类""常见问题类"等栏目，方便学习者阅读与查询。（见图7-10）

图7-10 精华帖的分类整理

三、促学服务

促学服务是在线教师为促进学习者学习所提供的指导性、任务性、支持性、评测性的学习支持服务，是专门组织的、以促进学习者巩固教学内容为目标的、促使学习真正发生的学习支持服务。在线课程促学服务包括学习活动与学习评测两种类型。

（一）学习活动服务

学习活动服务是通过组织学习者参加教师预设的、与课程学习相关的各类活动，以促进学习者对课程内容的掌握与应用。学习活动服务也在学习活动场景中开展，学习活动场景中的角色主要有辅导教师与学习者，其中学习者是主角。辅导教师协助和引领学习者参加学习活动。

1. 学习活动目标

学习活动是教师组织的、以任务形式布置的各类学习活动。学习活动是知识内化的过程，也是知识外化的过程。知识的内化过程是知识消化与吸收的过程，知识的外化过程是学习者应用所学知识解决实际问题的过程。

学习活动的目标是促进学习者对课程内容的消化、巩固与应用。活动目标分为知识传授、能力培养、价值塑造三个方面。每个学习活动一般以某个知识模块或知识点为基础进行设计和规划。每个学习活动都有其具体目标，活动目标可以是知识传授、能力培养或价值塑造的某一方面，也可以是多个目标的混合。如进行一个学习活动不仅是为了促进某个知识模块（知识点）的掌握，还是为了帮助学习者增强爱国情怀、树立正确的价值观等。活动目标越明确，则学习任务的设计及过程的组织就越能聚焦，越容易促进目标的达成。

学习活动任务是活动目标的具体化，是将活动目标分解成若干个可考核、可评价的具体的行动要求。比如，为了实现学习者了解慕课的活动目标，可以将活动分解成三个任务：让学习者学习慕课相关知识（可以通过百度）；让学习者学习慕课课程，获得关于慕课的亲身体验；让学习者讨论分析慕课的优缺点。

2. 学习活动策划

学习活动需要策划。学习活动的策划应立足学习活动目标的达成，以高阶思维培养为引领。高阶思维是高阶能力的核心，可以围绕学习者的创新能力、知识应用能力、问题解决能力、决策能力等的培养进行学习活动的策划，在学习者巩固课程知识的过程中，获得高阶能力的提升。学习活动策划的要素与内容如图7-11所示。

图7-11 学习活动结构与设计要素

3. 学习活动内容

学习活动内容即学习活动的作用对象与活动客体，是学习活动任务的依附点与作用点。对于专题讨论，讨论内容就是活动内容，如某个讨论人工智能对高等教育发展促进作用的活动，那么，与教育相关的人工智能技术及其作用于教育所产生的效果就是该讨论的活动内容。

为促进学习者参与，学习活动内容的选择可以从以下三方面进行考虑。一是专业性与趣味性，学习活动应既紧密结合教学内容，又能激发学习者参与兴趣；二是参与性与互动性，学习活动应难易程度合适，能够结合学习者的学习与工作背景，教师应积极参与互动与点评；三是时代性与创新性，学习活动应结合在线课程领域或专业领域的最新发展动态，活动形式最好新颖且不拘一格。比如，在某年股市鼎盛时期，毛泽东思想概论课的一位辅导教师设计了这样的活动："请运用毛泽东思想的主要原理，结合你自身的经历或理解，谈谈你对中国股市的看法"。将经典的原理应用于分析社会经济的热点问题，学习者很感兴趣，因此，该学习活动吸引了学习者积极参与，学习活动的成效也很显著。

4. 学习活动类型

学习活动类型很多，常见的有专题讨论、文献调研、案例分析、阅读活动、社会调查、小组活动、报告总结、角色扮演、项目研究、社会调查、实验实践、文献综述、参观访问、资料收集、实验实训等，而且每一类学习活动还可以进一步细分。对于在线课程教学，主要有以下几种类型。

（1）专题讨论型。组织学习者就某个主题或话题展开讨论，通过师生之间以及学习者之间的交流，促进学习者之间的协作学习，加深学习者对课程知识的理解。专题讨论可以是实时的讨论，也可以是非实时的讨论。实时讨论可以使用腾讯会议的直播功能，也可以通过微信群或QQ群进行即时通信；非实时讨论可以使用课程BBS论坛，也可以通过电子邮件进行沟通。

（2）案例分析型。可以组织学习者就课程内容相关的案例进行讨论分析，提高学习者分析问题和解决问题的能力；也可以组织学习者通过互联网收集整理与课程相关的案例，并进行解析或评价。

（3）文献调研型。组织学习者对课程相关的某类文献进行调研，通过撰写文献综述等方式，提升学习者的文献阅读和分析综合能力。

（4）资料收集型。组织学习者收集与课程内容有关的网络资料，丰富在线课程资源，同时提升学习者的网络搜索和信息梳理能力。

（5）社会调查型。结合课程教学内容，布置学习者参加相关社会调查或问卷调查，通过撰写调查报告，增强学习者对课程内容的应用与理解，同时提升学习者的社会调查能力。

（6）实验实训型。组织学习者在课程学习的过程中，参与与课程内容紧密相关的短期实践或实验，通过参加这些活动体验或应用课程知识，常见的任务形式是提交一份总结报告。同时，这类学习活动也需要教师给予详细的或现场的指导。

5. 学习活动形式

学习活动基于不同的媒体可以选用不同的学习活动形式。可以采取纯线上的学习活动形式，如基于互联网收集与课程相关学习资料并在网上提交；又如在网上进行专题讨论学习活动等。也可以采取线上线下混合的学习活动形式，如基于某项任务，学习者分别进行线下调研，调研完成后在网上讨论、总结、提炼并形成学习任务报告等；还可以采取线下的学习活动形式，比如在线课程的面授辅导就是一种线下学习活动。

从学习者参与学习活动的视角来看，可以将学习活动分为合作型、竞争型、探究型、体验型、项目型等。

（1）合作型。学习者之间通过分工协作完成活动任务，如学习者基于某一专题通过分工合作共同完成一个学习活动报告等。

（2）竞争型。将学习者分组，通过不同组别之间进行竞争性学习，如基于某一主题进行的辩论活动等。

（3）探究型。让学习者利用互联网或其他工具去获取某一知识模块的新知识或新技能，如在计算机课程中开展以人工智能新发展为主题的前沿知识的收集与整理的学习活动。

（4）体验型。通过学习者的实践体验活动促进其对课程知识与技能的掌握，如组织无人机相关课程的学习者参观无人机企业的生产流水线，组织工业自动化专业相关课程的学习者参观汽车的自动化装配工厂，等等。

（5）项目型。一般以知识应用为重点，在项目的策划与实施过程中锻炼学习者的知识应用和问题解决的能力。项目型学习活动往往采取学习者分组协作的方式。项目型学习活动是对学习者能力相对全面的锻炼，比如，教师在讲授完慕课相关知识后，要求学习者自己建设一门简单的慕课课程，以考察学习者对慕课的课程设计、内容开发、教学实施等环节的掌握。

6. 学习活动工具

为了使学习活动能顺利开展，需要为学习者提供参加学习活动所必需的活动工具。比如讨论性的学习活动，需要建立课程论坛、QQ群、微信群等讨论空间；如果是模拟实操的学习活动，则需要提供模拟实操相关的工具作为辅助；又比如组织一次规模较大的调研活动，如果涉及数据统计与分析，则需要提供相关统计分析软件或告诉学习者如何获得相关统计分析软件；再比如让学习者录制一段高质量的网络课件，则需要提供视频拍摄的相关设备或条件；如果要让学习者学习某个视频编辑软件，则需要提供相关软件或告诉学习者获取该软件的途径。

7. 学习活动组织要点

学习活动组织主要是要做到“五到位”。一是通知到位，在线教师能够利用各种信息技术手段，确保每位学习者都能知晓并参与活动；二是方式到位，教师所选择的学习活动方式是与课程内容紧密相关的、学习者乐于接受的、学习者容易开展的；三是激励到位，教师要采取各种激励机制和举措，促进每位学习者都能积极参加；四是记录到位，尽可能地记录学习活动过程、学习活动记录与学习活动成果，做到活动记录易保存、可回溯；五是参与到位，对于任务类学习活动，教师积极参与学习活动是非常重要的。在学习活动中，在线教师不仅是学习活动的设计者、组织者、参与者，更是学习活动的最大支持者。为了促进学习活动的开展，需要建构师生交互的场所，在线教师可随时参与学习活动并为学习者提供活动帮助。教师积极参与学习活动能激发学习者参加的热情，也是对学习者的尊重。特别是对于主题讨论类活动，在线教师对学习活动的适时点评能激发学习者的参与积极性。（见图 7 – 12）

11-29 上午9:53	11月26日第一次学习活动点评	网院高教院 柴老师	已发布	0	1
11-29 上午9:50	11月27日第一次学习活动点评	网院高教院 柴老师	已发布	0	1
11-29 上午9:42	11月24-25日第一次学习活动点评	网院高教院 柴老师	已发布	0	1
11-29 上午9:40	11月28日帖子点评之三	网院高教院教师 曾老师	已发布	1	2
11-29 上午9:03	11月28日帖子点评之二	网院高教院教师 曾老师	已发布	0	1
11-29 上午8:49	转发2016秋入学专升本 陈律同学引用的资料，内容很好！	网院高教院教师 曾老师	已发布	2	3

图 7 – 12　在线教师对学习活动进行点评

8. 学习活动评价要点

学习活动评价就是对学习活动成效进行过程性评价与结果性评价。过程性评价主要评价学习者参与的活跃度、在学习活动中的显示度、对其他学习者的贡献度；结果性评价是对学习者完成的学习任务进行评价。

在结果性评价中，可以总结、提炼并形成学习活动成果，并将其变成形成性的课程学习资源。各种不同形式的学习活动，可以形成不同形式的学习成果。比如，资源收集活动可以形成专题资源集，社会调研活动可以形成调研报告集，案例分析活动可以形成案例分析集，专题讨论活动可以形成精华论点集，读书分享活动可以形成书籍评价集，等等。又比如，笔者通过开展"网络世界的知识盛宴"学习活动，可以让学习者收集与专业学习相关的资源，形成网络学习资源集。（见图7-13、图7-14）

网络世界的知识盛宴

信息技术的高速发展，以及世界范围内的资源开放运动，使得互联网充满了各种各样的免费学习资源，也使得我们能够在互联网上尽享免费的知识盛宴。然而，互联网上的学习资源良莠不齐，有高质量的，也有低质量的。让我们充分利用各种网络工具，去寻找、筛选互联网上的优质学习资源。

每位同学至少提供两个共享资源（或网站）网址，共享资源可以是知识型的，也可以是技能型的；可以是本课程相关的，也可以是专业学习相关的。请先按照下表的格式在word中编辑好内容，然后将word表格复制到话题中。

个人信息	资源（网站）名称	资源（网站）简介	资源（网站）网址
16729947 张小刚	爱课程网	丰富、免费的国内精品课、公开课、共享资源	http://www.icourses.cn
16729965 李小明	网易公开课	丰富、免费的国内外视频公开课讲座和课程资源	http://open.163.com

图7-13 "网络世界的知识盛宴"学习活动

经济类

网站名称	网站简介	网站网址
中国经济信息网	专业的经济信息提供网站，为提高领导者的经济透视力和创造性提供帮助	http://www.cei.gov.cn/
中国经济网	各类经济信息的整合	http://www.ce.cn/
人大经济论坛	经管类知识的互动学习平台	http://bbs.pinggu.org/
经济学家	为中国经济学教育加油	http://bbs.jjxj.org/
经济学论坛	中国经济学教育科研网	http://bbs.cenet.org.cn/

法学类

网站名称	网站简介	网站网址
北大法律信息网	内容广泛，从法律、法规到法律网校；从法律新闻到法学文献	http://www.chinalawinfo.com/
中国法律资源网	全国规模最大、最专业性的法律法规条文搜索网站	http://www.lawbase.com.cn/
中国法学网	包含法学方面的学术论文、学术会议、学术讲座等内容	http://www.iolaw.org.cn/
中国法律法规咨询网	各种法律法规大全	http://www.86148.com/

图7-14 基于学习者推荐所形成的拓展学习资源

9. 学习活动示例

学习活动的形式可以多样，不同的在线课程适合不同形式的学习活动，这里仅举几例。

（1）"爱慕课"学习活动。

"爱慕课"学习活动的基本要素设计如下。

活动目标：引领学习者了解慕课，并能利用慕课进行学习。

活动任务：学习者学习慕课相关知识，开展关于慕课的讨论。

活动形式：在专题讨论区进行师生交流。

活动分工：小组协作并形成小组报告。

活动材料：慕课讲座、慕课介绍、慕课平台网址。

活动评价：考查学习者在论坛中发帖的数量与质量。

"爱慕课"学习活动的活动界面如图7-15所示，配合该学习活动所做的专题讲座如图7-16所示。

图 7-15 "爱慕课"学习活动界面

图7-16　配合学习活动所做的专题讲座

（2）"我的学习，我做主"学习活动。

"我的学习，我做主"学习活动的基本要素设计如下。

活动目标：优化课程学习资源，引领学习者参与学习资源建设。

活动任务：学习者设计、推荐或自己制作课程学习资源。

活动形式：通过邮箱提交设计、推荐或自己制作的学习资源。

活动材料：学习活动指引。

活动分工：小组合作建设学习资源。

活动评价：对学习者提供资源的数量与质量做出评价，并将精华内容收入资源专区。

"我的学习，我做主"学习活动的活动任务界面如图7-17所示，学习者分享的成果如图7-18、图7-19所示。

图7-17　"我的学习，我做主"学习活动任务

李晓毅同学倾情原创——网络学习分享 系列

可用性：项目不可用。

李晓毅同学所分享的学习内容非常实用，主要包括：

1- 学习资源与平台推荐；2- 善用网络学习工具；3- 信息搜索经验分享；

4- 信息筛选经验分享；5- 制定高效学习计划。

欢迎同学们踊跃分享自己的原创作品。

图 7－18 “我的学习，我做主”的学习资源分享

信息搜索经验分享

李晓毅-2015年5月19日-《信息搜索实用经验分享篇》

大家好，"IT农民工李晓毅"又来和大家分享网络学习相关技巧了。手打码字不容易，希望大家多多留言鼓励！

我在5月13日时发表的文章《擅用网络工具学习是未来必备具备的技能之一》中提到我的三点网络学习心得，即：

- 提高搜索信息水平及信息过滤能力
- 擅用学习工具
- 制定高效学习计划

本文系第一点心得中关于"搜索信息水平"的使用方法心得。

你可能听说过智商、情商，你听说过"搜商"么？

人类有一种未被认识的能力叫"搜商"，它是人们借助工具获取新知识的能力，即搜索能力。从问路、查地图、翻阅图书资料，到使用搜索引擎，都是人类搜商的体现。

扯那么多，当然是为了让你了解搜索的重要性（其实是凑个字数）。很多人忽略了这个技能，认为搜索关键字并没什么难度。好，我来讲讲高端大气上档次，你没听过的东东（我已经尽量写的简洁明了，如果你难以理解，就多动手试一试吧）。

一、百度高级搜索

1、用"intitle"缩小包围圈

释义：intitle是经常用到的高级搜索指令之一，它的含义是：返回页面标题中包含有指定关键词的页面；

作用：把查询内容范围限定在网页标题中，过滤掉内容相关性不强的搜索结果。

用法：intitle:+关键词（需要注意的是冒号必须是英文半角状态下输入的）。

提示：其实"intitle"后面跟的词也算是关键字之一，不过一般我们可以将多个关键字中最重要的词放在这里，比如如果想找中山大学的历史，那么由于"中山大学"这个字非常关键，所以选择"中山大学历史"为关键字，不如选"历史 intitle:中山大学"效果好。（去试试有效回来点赞！）

图 7－19 学习者所提供的学习资源

（3）更多示例。

开展“微信群聊 寓学于乐”学习活动，让学习者在微信群中进行课程学习的交流互动。（见图 7－20）

微信群聊 寓学于乐

（本活动为附加的学习活动，不做考核。人数已满）

互联网以及信息技术的快速发展带来了学习方式的巨大变革。网络学习已成为大多数学习者，尤其是成人学习者首选的学习途径。在你的学习生涯中一定也有很多成功的网络学习经历，请以"一次成功的网络学习经历"为题，用文字跟大家分享这次成功经历的学习内容、学习途径、学习效果及学习感受。

在分享过程中欢迎大家积极参与交流讨论。活动组织老师将挑选出精彩且具有代表性的分享发布至活动微信公众平台，并通过学习者投票选出最受欢迎的十个学习分享。

基本要求：

1、入群后把自己群昵称改为"学号＋姓名＋专业"，分享的标题格式为"学号＋姓名＋专业＋一次成功的网络学习经历"。

2、分享交流时间：11月25日－12月25日。

3、在微信群中不要出现与讨论主题无关的言论，不要发与主题无关的图片、视频，不要发商业广告、招聘信息等。

4、在分享交流中，不要使用攻击性、抵毁性言语，否则将被撤离微信群。

5、每人至少要参加主题分享一次，参加其他同学的分享交流两次。

图 7－20 “微信群聊 寓学于乐”学习活动

开展"时间都去哪儿了"学习活动,让学习者审视自己的学习时间安排及学习时间管理策略,引导学习者科学安排学习时间。(见图 7-21)

图 7-21 "时间都去哪儿了"学习活动

(二)学习评测服务

学习评测服务是为学习者提供各种学习评测、检测学习者学习效果的服务。学习评测服务以学习评测活动开展为核心。学习评测活动的开展一般需要在线课程题库做支撑,各类评测型学习活动内容主要是基于在线课程题库内容的组卷与调用。

学习评测需要建构学习评测的场景,方便学习者自主参加学习评测。为此,学习评测场景中的主角是学习者,教师(主要是辅导教师)是学习评测的引导者和辅助者。

1. 学习评测目标

评测型学习活动的目标在于检验学习效果,通过学习者自我检测或接受考核的方式,巩固课程学习内容,并进行查漏补缺,开展对课程内容的弥补性学习。

2. 学习评测内容

学习评测内容是各类学习评测试题。学习评测内容应立足评测目标,紧扣课程内容,基于课程题库进行手动或自动的组卷。

3. 学习评测方式

基于学习评测是否为规定的学习任务,学习评测可分为自测类与考核类两类学习评测模式。自测类学习评测用于自我检查学习效果,如单元练习、课后习题等。对于自测类学习评测,教师应提供评测的答案。对于客观题,应提供标准答案;对于主观题,则应提供详尽的参考答题或答题指引。考核类学习评测用于考核学习者课程知识掌握与应用的程度,该类学习评测通常在评测结束后才能查阅答案,如课程作业、单元测验等。

4. 学习评测工具

学习评测工具是学习者参加学习评测的方法与手段,对于在线型的学习评测,应提供学习评测的入口，并能提供学习评测结果的查询通道。而对于线下型的学习测评，则应提供线下的学习评测环境，并告知学习者准备哪些相应的评测工具。

5. 学习评测要点

对于在线课程，学习评测主要采取网络形式进行，包括在线的课程作业、单元测验等。学习评测组织的要点主要有五个方面。

（1）提早通知评测。这是因为学习者主要是在职人员，在职学习者的工学矛盾使得他们通常只能利用碎片时间进行学习并完成评测，所以，需要在评测开始前提前周知，一般应至少提前2周左右。

（2）按时布置评测。即按照教学日历的安排，适量、按时地布置各类学习评测。适量的评测内容能够让学习者在规定时间内完成作业，按时的评测任务布置可以让学习者如约参加学习评测。

（3）充足的评测时段。就是要给予学习者相对充足的时段以完成学习评测，比如两周的完成时间。较长的完成周期是由在职学习者的学习与工作特点所决定的。时间太短会造成学习者难以按时完成，评测的完成率也会相应降低，从而影响在线课程的通过率。

（4）真实的评测实施。由于当前的学习测评主要在网上进行，在当前尚未完全普及人脸识别的情况下，学习者参与的真实性主要靠学习者的自觉性。为此，教育机构应充分利用现代信息技术，确保学习者参与的真实性。

（5）及时的结果评价。教师要对评测结果进行及时的批阅、分析与讲评，学习者能够基于存在的问题，结合教师的讲解进行查漏补缺。以课程作业为例，教师应及时评阅学习者在学习平台上提交的作业，评阅后要给出成绩和一定的评价，指出学习者作业中的优点和缺点，肯定和鼓励学习者的努力。每次作业评阅后，客观题要公布答案，主观题、实验题要给出解题思路和方法。对作业中存在的共性问题要统一在网络教学平台上向学习者反馈，讲解清楚。严格要求学习者独立完成作业，对不合要求的作业应指导学习者重做。

第五节 在线课程学习督促

在线课程学习督促是指为学习者提供督学服务。督学服务是督促学习者按时、按质、按量完成课程学习一种非学术性支持服务，通常由导修教师负责实施。

一、督学服务必要性

在线教学作为以学习者自助式学习为主的教学方式，学习者应该自我管理学习时间，并对自己的学习负责。从这个视角来看，似乎学习者的学习不需要在线教师的督促。然而，从在线教学的实际情况看，在线教师提供督学服务是非常必要的，主要有三方面的原因。

（1）学习者的学习依赖性仍然存在。在线教学以学习者自助式学习为主，教学团队除了提供数量有限的主动式学习支持服务外，主要提供响应式的学习支持服务，即基于学习者的求助提供学习服务。学习者的学习主要靠自律。然而，在在线教学的实践过程中发现，由于学习者在线学习的经历经验不足，以及仍然使用传统的依赖型学习方式，有相当一部分的学习者需要在教师的督促下进行学习。

（2）学习者的在线学习容易松懈。在线教学由于教与学的分离、师与生的分离，容易引发学习者的学习孤独感。这种学习孤独感的产生，容易让学习者产生松懈情绪，影响学习者按照学习进度进行学习。教师的学习督促，在一定程度上能够缓解学习者的学习孤独感，能够促使学习者按时完成学习任务。

（3）工学矛盾影响学习者的学习进程。在线教学的学习者，特别是开放教育、网络教育的学习者，绝大部分是在职学习者，突出的工学矛盾使得他们有时难以顾及自身的学习任务，也容易忘记一些重要的时间节点，比如学习活动、课程作业的完成时间，而一旦错过时间节点，将直接影响学习者的平时成绩与总评成绩，自然也关系到学习者能否通过在线课程的考评。

二、督学服务目标

在线教师为学习者提供督学服务，旨在提升学习者的学习自觉性，减少依赖性。通过增强学习者的学习紧迫感督促学习者学习，促使学习者跟进学习进度，按时完成学习任务。

督学服务同样需要建构督学服务场景。督学服务场景中的角色为导修教师和学习者。导修教师是督学服务的组织者和发起者，是督学服务的主角。

三、督学服务内容

在线课程的督学内容主要包括两个方面。

(1) 学习进度的督促。导修教师通过检查学习者的学习进程，可以了解学习者的学习进度，并根据其进度，采取群体通知或个体通知的方式，督促学习者加快学习进度，按时完成课程学习任务。比如，在临近学期末时，群体性地发布通知或信息告知学习者及时进行课程复习，迎接终结性课程考试。又比如，在学期中，将在线课程的教学日历发送给学习者，提醒学习者注意学习进度，如果发现某个或几个学习者一直没有上网学习课件，导修教师可以通过电话、短信或微信等方式了解学习者的情况以及没有上网学习的原因，是工作太忙还是学习太难，还是对学习有厌烦感。通过分析原因，对症下药地帮助学习者解决存在的问题，督促学习者继续按照学习进度进行学习。

(2) 学习任务的督促。导修教师基于教学日历，巡查学习者的学习任务完成情况（如学习活动、学习评测等），督促学习者及时完成各项学习任务。比如，临近课程作业的提交时间，可以从学习平台的后台统计尚未提交课程作业的学习者，提醒学习者尽快提交课程作业。

四、督学服务工具

导修教师开展督学服务主要需要两类工具：一是学习者学习进度的查询工具，以帮助导修教师及时了解学习者的学习进度和学习任务完成情况；二是与学习者交流互动的工具，包括面向学习者群体和个体的工具，如微信（群）、QQ（群）、电话、邮件等。

五、督学服务要点

在线课程督学的组织主要需要做好四个方面的工作。

(1) 了解学习者基本情况。要求导修教师熟悉学习者，并能与学习者有较好的沟通交流。这样，学习者能够熟悉导修教师，导修教师也能熟悉学习者的基本情况。

(2) 掌握学习者的学习进度。导修教师掌握学习者学习进度的前提是学习平台有较强的学习数据支撑。导修教师通过分析学习者的学习过程数据，能够发现学习者的平均学习进度、获悉哪些学习者的学习进度过慢等。导修教师通过分析学习者的学习评测数据，能够发现哪些学习者没有跟上进度、是否存在较大的学习问题，然后就可以进行个别化跟踪。对于大部分学习者都存在的问题，可以联络辅导教师采取统一讲评的方式讲授课程学习的难点。导修教师通过分析学习评测的学习者参与数据，可以知道哪些学习者还没有参加学习评测，根据这些信息就能督促学习者尽快参加学习评测。

（3）采取多种方式督促学习者。在线课程的督学服务分为群体性的督学服务和个体性的督学服务。群体性督学服务，即面向在线课程学习者群体，整体性地提醒学习者完成学习任务。比如，在课程作业提交截止日的前一周，普发通知告知每一位学习者按时完成课程作业。群体性督学服务的媒体形式丰富多样，可以是课程中的通知或公告，也可以是微信群、QQ群、课程BBS、邮件等的群发信息。个性化的督学服务，主要是面向学习者个体的学习督促，采取的方式可以是个人微信、QQ、邮件、电话等。教师也可以通过微信群、QQ群等群体性的即时通信工具进行个性化的学习督促。

（4）多方协同开展督学。导修教师可以利用学生组织，发挥学生干部的作用，来督促学习者的学习；也可以通过建立学习小组，让学习小组中的成员成为一个整体，在相互督促中完成课程的学习。

本章小结

在线课程教学是在线课程设计、开发、教学、评价中的一个教学实施环节。在线课程教学本质上属于学习支持服务，是对学习者自助式学习的学习支持。在线课程教学的宗旨就是要通过在线教师的导学、助学、促学、督学服务的提供，让在线课程的学习资源用起来、学习者动起来、在线课堂活起来、教学成效多起来。基于教学团队的构成，在线课程教学组织形式有一体型、协作型与独立型。在线课程的教学模式多样，包括混合式教学、直播教学、慕课教学以及翻转课堂教学等。场景化教学能够使师生同处一个场景，教师在场景中教，学习者在场景中学，再现传统教学中时空融合的教学关系。

教学准备包括组建团队、确定流程、制订方案以及准备条件四个环节。基于在线课程教学团队的动态性，需要稳定并培训团队教师。在线课程教学实施流程与方案的制订需要基于在线课程特点，并做到切实可行。

导学服务是在线教师为引领学习者开展自助式学习所提供的学习支持服务。导学服务的目标与内容包括"引""导""拓"三个方面。导学服务需要做到思想重视、内容全面、形式多样、联系方便、通知到位。

助学服务是在线教师为帮助学习者消化、吸收、巩固教学内容所提供的学习支持服务，包括教学辅导服务与教学交互服务。教学辅导服务是主动型的学习支持服务，包括课程重难点与新知识的讲解、共性问题的解答、期末复习的指导等。教学交互服务以引导学习者学习、为学习者答疑解惑、增进师生感情为目标，应设计多元多维的交互内容与交互方式，需要在交互过程中营造良好的交互氛围、注重价值传导、践行为人师表等。

促学服务是在线教师为促进学习者学习所提供的指导性、任务性、支持性、评测性的学习支持服务，包括学习活动服务与学习评测服务。学习活动是知识内化的过程，也是知识外化的过程。学习活动类型多样，在线课程的学习活动主要有专题讨论、案例分析、文献调研、资料收集、社会调查等。学习活动形式可分为合作型、竞争型、探究型、体验型、项目型等。学习活动设计需要结合专业性与趣味性、参与性与互动性、时代性与创新性。做好学习评测服务，其关键是建好在线课程题库。为适应时代发展需要，学习评测应量少、次数多。而对于线上学习评测，需要重点关注评测结果的真实性。

督学服务是督促学习者按时、按质、按量完成课程学习的一种非学术性支持服务，通常由导修教师负责实施。督学服务内容主要包括学习进度和学习任务的督促。督学服务的实施不仅需要导修教师了解学习者并建立顺畅的督学渠道，更需要学习平台具有良好的学习进程统计功能，方便导修教师分析学习者的学习进程与学习任务的完成情况。

第八章
优术：在线课程之评价

在线课程评价是依据在线课程目标对在线课程进行价值判断并为在线课程教学决策服务的活动。在线课程教学评价以促进学习者发展为中心，同时关注和重视在线课程教学团队的发展。

第一节 在线课程评价导向

一、在线课程评价功能

在线课程评价功能是多元多维的。从在线课程的建设流程看，可分为在线课程设计评价、在线课程开发评价与在线课程教学评价。从在线课程的评价媒介看，可分为线上评价、线下评价、线上线下混合评价。从在线课程的评价主体看，可分为教师评价、学习者评价（包括自评与互评）、专家评价、机器评价等。其中，机器评价是指依托计算机进行自动的智能化评价，如智能评阅、语音测评等。

在线课程评价主要有五方面的功能。一是导向功能：在线课程评价是教师教学与学习者学习的方向指引。二是诊断功能：基于在线课程评价结果，能够诊断出教与学中存在的问题；基于诊断结果，能够对症下药地优化在线课程的教与学。三是反馈功能：通过开展在线课程评价，特别是在线课程教学的评价，可以收集学习者学习过程中存在的问题，并进行反馈。四是调控功能：通过在线课程教学评价，可以实现"以评促建、以评促教、以评促改"的目的。五是激励功能：通过在线课程评价，可以激励教师的教学行为与学习者的学习行为。

二、在线课程评价导向

（一）大数据导向

在"互联网+"时代，利用大数据挖掘、大数据集群、大数据分析技术对在线课程进行评价是一种趋势和方向。大数据评价的关键在于评价内容的数据化与评价数据的关联化。在评价内容数据化方面，需要尽可能地将在线课程评价的内容数据化，特别是将质性评价的内容数据化。比如，毕业论文成绩一般采用优、良、中、差的评价等级，然而用具体的分数表述更能够体现学习者之间论文质量的差异。又比如，学习者对教师教学工作的满意度评价，一般采用非常满意、满意、一般、不满意四个等级，如果将这种满意度评价等级用分数形式表达，则能够进行更精准的差异度分析。在评价数据的关联化方面，应该建立各类数据之间的关联机制，以建立多元多维的数据体系。以在线课程为核心，可以将在线课程相关的教师与学习者的基本数据、教师的教学行为与教学成效数据、学习者的学习行为与学习成效数据、教师的历史教学数据、学习者其他课程的学习数据等相互关联起来。通过这种关联，利用大数据分析技术，可以给学习者、教师、在线课程画像。

（二）绩效性导向

绩效性导向是以在线课程的教学产出为导向。当前，在线课程评价主要以学习者课程知识的获取和习得为评价重点，即以"学"为评价重点，其评价方式包括形成性评价和终结性评价。在当前评价中，学习者"学"到了知识，教师就算完成了教学任务。由于大学课程的设置常常存在与社会需求脱节的问题，这种以"学"为导向的评价，即便学习者圆满完成了学业，在其进入社会、走上工作岗位后，很多知识也可能无法直接应用，甚至需要重新学习。为此，应该树立以"用"为导向的绩效评价，将评价导向转移到"用"上来，实现"学以致用"。"用"才是学习者学习的真正目标，绩效是"用"的效果。基于绩效的在线课程评价包括学习者对课程知识与技能运用的评价、学习者对课程学习的效能感的评价、学习者对课程学习所获得收益的满意度评价等。特别是随着信息技术发展，在线课程开放运动的持续开展，学习者可以越来越容易地获得学习机会，可挑选的课程也越来越多，教育也已逐步从"卖方市场"变成"买方市场"。在这种情况下，只有让学习者真正受益的课程才是好课程。而对这种受益的评价，就需要采用基于绩效的在线课程评价。

（三）全局性导向

在线课程评价，相对于传统视域的教学评价来说，应该更加多元多维。在线课程的全局性评价是指从全局的领域、从多个维度开展教学评价。从过程维度看，在线课程评价应该涵盖在线课程的建设与实施的全过程，具体包括在线课程的设计过程、开发过程、教学实施过程等；从利益相关者维度看，应该面向在线课程的所有相关者进行评价，包括责任教师、主讲教师、辅导教师、导修教师、学习者、课程相关的管理者等；从内容维度看，应该对在线课程的各类学习资源进行整体性评价，包括线上学习资源与线下学习资源，预置性学习资源与形成性学习资源，等等。

三、在线课程评价原则

在线课程评价应坚持五项基本原则。一是科学性，在线课程评价需体现科学性，以保障在线课程评价的信度与效度，准确反映测评对象的真实情况。二是公平性，线课程评价需要体现公平性，每一位被测评对象都应有相同的机会获得好成绩。三是可行性，在线课程的评价方案应符合实际，应能落地，并能被评价对象所理解和接受。四是针对性，在线课程的评价内容应针对性强，能够准确、全面地体现评测的目标。五是区分性，在线课程的评价内容及所选择的评价方式，应能够区分和鉴别评价对象之间的差异性，太容易或太难的评价内容都不容易有较明显的区分度。

第二节 在线课程评价内容

21世纪以来，我国陆续开展了新世纪网络课程、国家精品课程、国家精品资源共享课、精品在线开放课程以及一流本科在线开放课程等评审活动，这些国家级的在线课程评审，是一种全局性的、成效导向的在线课程评审，其为在线课程评价提供了评审维度与评审内容的指引。参照国家在线课程评审维度与评审内容，在线课程评价可以从教的维度与学的维度展开，教的评价包括课程目标达成、教学理念融入、课程内容建构、学习资源建设、学习平台部署、学习支持服务提供、课程特色挖掘、媒体技术应用、教学成果培育评价等；学的评价是面向学习者的学习成效评价，主要包括形成性评价与终结性评价。

一、教的评价

教的评价是回应"如何评教"的问题。面向在线教师的教的评价包括以下八个方面。

（一）课程目标达成评价

课程目标达成评价主要评价课程目标的实现程度。基于课程目标设计，课程目标达成评价也是三维评价，即分为需求维度、内容维度和时序维度的评价。

（1）从需求维度，考察在线课程目标是否满足了专业人才培养目标的需要，是否满足学习者学习需求以及课程自身发展的需求。

（2）从内容维度，考察课程目标是否覆盖并实现了知识传授、能力培养与价值塑造的目标。比如，在价值塑造方面，在线课程是否践行了立德树人根本任务，是否将课程思政有机融入在线课程内容中，是否实现了在线课程的"全员育人、全程育人、全方位育人"等。

（3）从时序维度，考察在线课程是否实现了预置性的课程目标，是否在教学过程中实现了形成性课程目标，等等。

（二）教学理念融入评价

教学理念是在线课程的灵魂，在线课程在教学理念的引领下开展。为此，在线课程是否融入先进的教学理念是评价在线课程的重要指标。包括是否遵循了自助与响应、回归与融合、泛在与适需等在线教学规律；是否实现了人人、时时、处处的教学；是否将联通主义、建构主义等学习理论应用于在线课程教学中；是否将以学习者为中心的理念融入在线教学全过程；是否基于发展思维建构在线课程目标；是否基于高阶性思维建构在线课程内容；是否基于生态思维建构在线课程环境；等等。

（三）课程内容建构评价

课程内容建构评价主要从高阶性、适需性、优质性、体系性等方面进行评价。

（1）在高阶性方面，主要考察是否立足在线教学特点，是否以培养学生解决复杂问题的综合能力和培养高级思维为重点进行课程内容的布局，是否关注学习者高阶能力的培养。

（2）在适需性方面，主要考察是否基于学习者的知识基础与能力结构布局适需的课程内容，课程内容是否符合课程目标要求，知识是否结构合理，知识点覆盖面是否达到了课程定位的要求。

（3）在优质性方面，主要考察是否体现学科的前沿性、内容的科学性与准确性，是否重视知识产权的保护。

（4）在体系性方面，主要考察是否基于知识点的逻辑关系建构体系化的课程内容体系，以促进学习者全面、系统地掌握课程内容。

（四）学习资源建设评价

学习资源是资源建设的成果，是资源建设成效的集中体现，是对各类学习资源的综合评价，包括对线上学习资源、线下学习资源、融媒体学习资源等的评价。学习资源建设评价主要包括四个方面。

（1）科学性。评价所建设的学习资源的内容是否健康，是否有政治导向错误和科学性错误；教学内容是否表述清晰、准确、无二义性；课程内容来源是否可靠，并有引用资料或素材来源的说明。

（2）完备性。在线教学以学习者自助式学习为主体，完备的学习资源有利于学习者进行自助式学习。比如，评价导学资源是否覆盖了导学的基本内容，是否对学习者的自助式学习有全面的指引性；授课资源是否体现课程教学内容体系；章节内容结构是否完整；测评资源是否丰富，是否建有课程题库并能一库多用；所建设的拓展资源中，是否既有能满足学有余力的学习者的学习资源，也有能满足学力不足的学习者进行补课式学习的基础性学习资源。

（3）契合性。评价所提供的学习资源在数量上是否契合学习者的实际需要；所采用的媒体形式是否契合学习者的学习习惯；所建设的内容体系是否满足课程目标的达成；学习资源在广度、深度与难度方面是否与学习者群体的知识基础相匹配；等等。

（4）生态性。评价所建设的学习资源是否具有生态属性，即学习资源是否具有自生力、再生力、共生力与竞争力。其中，自生力是指形成性学习资源的生成能力，再生力是指学习资源的可重复利用的能力，共生力是指学习资源开放共享的力度与可行性，竞争力是指学习资源在同类教学资源中竞争的生存能力。

（五）学习平台部署评价

学习平台部署评价是对学习平台上在线课程部署的整体评价，包括对自助式学习环境、响应式教学环境以及平台页面布局的评价。

1. 自助式学习环境评价

自助式学习环境服务于学习者的自助式学习，关键是要评价自助式学习环境能否实现学习者的自助式学习，能否让学习者乐学、易学，实现学习者"多、快、好、省"地在线学习。

（1）学习资讯功能评价。评价学习者能否在学习环境中面向在线教师及相关人员进行学习资讯的交流，能否实现学习资讯的存留与编辑功能。

（2）学习资源功能评价。评价学习者能否在学习环境中获得完整的课程学习内容，包括导学资源、授课资源、评测资源与拓展资源等，能否实现时时处处地获取学习资源。

（3）学习帮助功能评价。评价学习者能否在学习环境中获得辅导型、交互型、资源型或工具型的学习帮助。

（4）学习活动与评测功能评价。评价学习者能否在学习环境中参加各类学习活动与学习评测，能否查询学习活动与学习评测的结果等。

（5）学习管理功能评价。评价学习环境是否能为学习者提供学习档案的存留、学习数据的分析、统计与查询功能等。

2. 响应式教学环境评价

响应式教学环境服务于在线教师的响应式教学，关键是要评价响应式教学环境能否实现在线教师的响应式教学，能否让在线教师乐教、易教，能否促进教师的专业发展、教学发展与事业发展。

（1）教学资讯功能评价。评价在线教师能否在教学环境中面向学习者及其他相关者进行自由自主的资讯交流，能否实现资讯存留与编辑等功能。

（2）教学准备功能评价。评价在线教师能否在学习平台上进行在线课程的部署、学习资源的管理以及课程题库的建设等功能。

（3）教学实施功能评价。评价在线教师能否在教学环境中实施网络授课、进行教学交互、开展学习活动、学习评测等功能。

（4）教师发展功能评价。评价是否通过建构教师工作坊等方式打造教师共同体，促进教师之间的教学交流；能否通过提供培训资源、备课资源以及专业发展资源等促进在线教师的专业发展、教学发展与事业发展。

(5) 教学管理功能评价。评价教学环境是否具有学习者管理、教学团队管理、教学进程管理与教学档案管理，能否实现在线教师的响应式教学。

3. 课程页面布局评价

自助式学习环境与响应式教学环境通过学习平台的页面呈现。课程页面布局评价主要评价学习平台上在线课程各项功能的区隔性、访问的便捷性以及呈现的美观性。在功能区隔方面，主要评价在线课程的功能是否归类，学习者能否快速定位所需要的功能；在访问的便捷性方面，主要评价学习者能否便捷地访问各类资源、各类活动，是否存在空链接、错误链接等；在呈现的美观性方面，主要评价页面布局的合理性、图文搭配的合理性、色彩搭配的协调性、页面风格的一致性等。

（六）学习支持服务提供评价

学习支持服务提供评价是对学习支持服务所产生的效果进行评价。学习支持服务的评价内容包括导学服务、助学服务、促学服务与督学服务，评价维度包括服务态度、服务方式、服务能力、服务效率与服务质量。

1. 评价内容

（1）导学服务评价。导学服务评价内容主要包括四个方面。一是导学的内容是否全面，是否能够满足学习者自助式学习的需要，比如是否提供学习帮助、常见问题解答之类的导学资源等。二是导学的指引是否清晰，学习者是否能够便捷地获取导学服务。三是导学的组织是否到位，是否通过各种媒体形式告知学习者如何利用导学资源，是否安排了专门的导学活动引导学习者的学习，比如组织网络直播、视频会议形式的课程导学等。四是导学的媒体形式是否适需，即媒体形式是否适合学习者的需要，比如，少量的文字型学习导引虽然更方便学习者在移动端查阅，但是大量的文字内容则需要进行排版或更换为其他媒体形式。

（2）助学服务评价。在线课程助学服务评价内容包括教学辅导服务评价与教学交互服务评价。

教学辅导服务评价包括四个方面。一是教学辅导的方式，即采取哪些方式为学习者提供教学辅导，教学辅导方式是否适合在线课程的学习者，包括采取网络直播辅导、双线（面授）辅导或者微信群辅导等方式是否合适。二是教学辅导的频次，即每学期提供多少次的教学辅导，教学辅导次数是否能够满足在线课程教学的实际需要。三是教学辅导的组织，即教学辅导是否采取多种方式通知学习者，是否能够告知到每一位在线课程的学习者。四是教学辅导的参与，即学习者参与教学辅导的情况，教师是否采取有效举措促进学习者参与等。

教学交互服务评价包括五个方面。一是教学交互的方式,即评价教学交互的方式是否便捷、是否为学习者所接受。二是教学交互的频次,即教学交互是持续性交互还是间断性交互,间断性交互的时间间隔是多久,等等。三是教学交互的程度,即教学交互的活跃度如何,教学交互的深度如何,教学交互的沉浸度如何,教学交互的气氛如何,等等。四是教学交互的参与度,即教师与学习者参与教学交互的频度与深度,教师投入时间与精力的程度,以及教师回复学习者问题的及时性,等等。五是教学交互的成果,即评价教学交互的成效如何,是否解决了学习者的问题,解决了学习者多少问题,交互内容对后续在线课程的优化完善是否有贡献,是否记录了学习和交互过程并用于学习评价和教学研究,等等。

(3) 促学服务评价。促学服务评价包括学习活动评价与学习评测评价。

学习活动评价考察学习活动是否有明确的目标,能否运用多种方式、多种手段开展。包括四个方面:一是活动内容的适切性,即学习活动是否紧密结合在线课程的教学内容,是否正确,是否适应学习者的基础。二是活动组织的及时性,即活动是否按既定时间进行组织,活动布置与发布是否及时,活动通知是否到位,等等。三是活动的师生参与性,即在线教师与学习者是否积极参与学习活动,在线教师是否充分发挥其引领作用。四是活动点评的及时性,即教师是否及时对学习活动进行点评等。

学习评测评价考察学习评测能否根据课程特点采用作业、在线练习等多种评测方式,练习题或测试形式是否多样、题量是否充足,反馈是否及时。考察主要包括四个方面:一是评测设计的适切性,即在内容难度上是否匹配学习者的知识技能基础,在评测的量上是否适合大部分学习者在规定时间内完成。二是布置与发布的及时性,即是否按照既定的时间及时布置与发布学习评测。三是评测通知的到位性,即是否能及时将评测活动的时间及要求告诉学习者,并能周知全部学习者。四是批阅与点评的及时性,即是否及时批阅学习者的测试,能否基于存在的问题进行及时的点评。

(4) 督学服务评价。督学服务评价内容主要包括三个方面。一是督学服务的覆盖性,即在线课程的督学服务涵盖的主要是对学习任务完成情况的督促,也包含对学习进度的督促,乃至对学习者情绪管理、时间管理的帮助。二是督学服务的到位性,即是否采取群体和个体督学相结合的方式,督促到每一位学习者的学习。三是督学服务的专门性,即在线课程是否有专门的导修教师导学,还是让辅导教师兼当导修教师,或者是一位导修教师负责全班乃至全年级学习者的课程督学,等等。

2. 评价维度

学习支持服务以学习者为中心，以帮助学习者学习、解决学习者问题为目的，采取实时、非实时结合的多种支持服务方式，体现支持服务的交互性、及时性和有效性。引入服务理念，从服务的视角可以对在线课程支持服务进行全新的评价，评价维度包括服务态度、服务方式、服务能力、服务效率与服务质量五个方面。

（1）服务态度评价。主要评价教学团队面向学习者的服务心态，是否真正全心全意为学习者服务，表现在对学习者用语、用词的谦和性；教师是否积极参与各类学习活动，是否主动与学习者进行互动交流，等等。

（2）服务方式评价。主要评价在线教师是否能够提供学习者需要的服务方式，如是否通过微信、QQ等常用的媒体方式与学习者进行沟通交流，是否在教学点组织面向学习者的面授辅导，等等；学习者是否接受在线教师所提供的支持服务方式。

（3）服务能力评价。主要从在线教师对教学内容的熟悉程度，教师回答问题的专业程度等评价教学团队的支持服务能力。还包括教师的学历学位与专业的匹配度等问题。比如，在沟通方式上，是否有良好的表达技能、阐释技能、反馈技能；在服务用词上，是否存在过激的言语，是否在交互中保持较高的政治敏锐性；在价值导向上，是否能引导学习者形成正确的世界观、价值观、人生观；在气氛营造上，是否能通过积极的师生交互，营造出活跃的在线教学氛围；等等。

（4）服务效率评价。对于学习者所提出的问题，如果是实时性的交互，能否实现实时的回复；对于非实时的师生交互，能否做到及时的回复（如24小时内）。对于学习评测与学习活动，主要评价课程作业与学习活动布置的及时性，批阅与讲评的及时性，等等。

（5）服务质量评价。评价内容包括教师是否能够准确解答学习者的问题，学习者对于教师的解答是否满意，学习者的学习成绩是否理想，等等。

（七）课程特色挖掘评价

主要评价所建设的在线课程是否特色鲜明、是否具有较强的创新性。在线教师能否创新性地挖掘自身课程在体系布局、内容选择、技术应用、资源建设、活动开展、支持服务、开放共享等方面的特色，能否形成自身课程的比较优势，包括便捷的移动学习、多终端的媒体应用、多样化的学习活动、全方位的服务支持、开放共享的学习资源等。

（八）媒体技术应用评价

媒体技术应用评价是评价在线课程所应用的媒体技术是否满足教学需要。主要包括多样性、时代性、适需性与泛在性四个方面。

（1）多样性。评价所建设的在线课程是否采取多种媒体形式展现教学内容。在课件制作媒体选择上，是否选用高清视频、虚拟演播、网络直播、动画演示等多种媒体形式制作授课课件，以充分且生动的展示辅助内容讲授；在师生交互媒体的选择上，是否选取课程论坛、微信、QQ 等媒体形式，以实现师生之间、生生之间的实时与非实时的交流互动；在教学辅导媒体的选择上，是否通过采取网络直播教学、翻转课堂教学、线下多媒体教学等媒体形式开展教学辅导工作；等等。

（2）时代性。评价在线课程所选用的媒体是否紧密结合信息时代的发展，是否能利用最新媒体技术满足在线课程的教学需要，如利用微信群进行师生交互，利用小程序开发移动在线课程，等等。

（3）适需性。评价在线课程所选用的各类媒体是否适合在线学习者的媒体应用习惯、是否满足学习者的学习需要。评价在线课程所选用的媒体技术形式是否合适，是否会令学习者因为太多的媒体形式而应接不暇，或因太少的媒体形式而不能满足自身的学习需要。师生之间的教学交互，如果同时启用微信群、QQ 群、课程 BBS 论坛、微博等交互方式，则容易让学习者应接不暇。在保障交互形式满足实时与非实时交互的前提下，应该有重点的选用 1~2 种主流媒体形式，其他作为辅助，比如以微信群交流为主，课程 BBS 交流为辅等。但是，如果所提供的媒体形式过于单一，如在线课程只提供课程 BBS 的交互方式，则会因为该交互方式的非实时性而难以满足学习者随时随地交互的需要。

（4）泛在性。评价在线课程是否利用多种媒体实现教师随时随地地教学，学习者随时随地地学习。比如，是否利用互联网、移动互联网、移动 App、微信公众号、微信小程序等媒体技术实现泛在性的教与学等。

（九）教学成果培育评价

在线课程教学实施过程既是人才培养的过程，也是在线教师自我成长的过程。在线教学不仅能够通过知识传授、能力培养与价值塑造让学习者获得丰硕的学习成果，而且能通过教学研究的设计等，让在线教师在教学研究过程中不断获得教学成果。教学成果主要有两方面：一是教研教改成果，如在线教师依托在线课程成功申报教研教改课题，获得各类教学竞赛的奖励，发表教研教改论文，等等。二是课程建设成果，如在线课程质量高，获得各种奖励及推广应用；在线课程获评省级或国家级的精品在线开放课程，在线课程获批在慕课平台上面向社会开放；在线课程获得兄弟院校的共享应用；等等。

二、学的评价

学的评价是面向学习者的学习成效评价，包括知识传授、能力培养与价值塑造三个方面的评价。在知识传授方面，主要评价学习者对知识的掌握程度；在能力培养方面，主要评价学习者知识应用与技术技能的水平；在价值塑造方面，主要评价学习者世界观、价值观、人生观的塑造与提升程度。学的评价分为形成性评价与终结性评价。

（一）形成性评价

形成性评价是在课程教学过程中对学习者的学习成效所进行的评价，其目的在于了解学习者的学习状况，以及时调整教学策略，改进与完善教学过程。形成性考核的内容应目标明确、针对性强、难易适度、紧扣学习内容的重点和难点。形成性考核应采用多元多维的评价方式。在线课程的形成性考核评价主要包括以下几方面。

（1）平台表现评价，即评价学习者登陆学习平台的频次、时长，学习者利用学习资源自主学习的情况，学习者利用移动学习资源的学习情况，等等。

（2）学习活动评价，即评价学习者在学习活动中的参与度、活跃度以及学习活动成果情况。

（3）教学交互评价，即评价学习者在教学交互（如课程论坛）中所发表的有效帖子数、跟帖数、精华帖数等情况。

（4）学习评测评价，即评价学习者完成课程作业的次数、作业成绩及在评测中的总体表现，也可包括学习者自主完成单元练习、自测题的情况。

（5）线下学习评价，即评价学习者接受线下面授辅导、参加各类线下学习活动的情况及学习者的表现等。

（6）移动学习评价，即基于学习者在移动终端的学习表现评价，包括移动学习资源的利用、移动端学习评测与学习活动的参与等。

（7）学习档案评价，即基于学习者在线学习轨迹、在线学习行为、在线学习成果等的综合评价，是一种面向学习者的个性化评价。

（二）终结性评价

终结性评价是在课程学习结束后对学习者的学习成效所进行的评价。终结性评价以预先设定的教学目标为基准，对学习者达成教学目标的程度进行评价。终结性评价着重考察学习者对课程内容的整体掌握。终结性评价是教学工作的重要环节，其目的是总结教学成效，评价学习者达到的知识、能力和素养水平，以实现对下一轮教学工作的优化与完善。

终结性评价的形式多样，可以是在线考试或纸质考试，也可以是开卷考试或闭卷考试，还可以是课程论文或实验报告等。

课程考试是终结性评价的主要方式。在线课程考试的命题应以在线课程的教学大纲为依据，并充分结合网络学习资源。其题型应多样化，重点考核学习者对课程知识和技能的掌握程度，以及运用课程知识分析问题、解决问题的能力。题目涉及的科学原理不得有误，指示性语言要清晰、简练；试题应有较好的难易度和区分度，主、客观题的比例与难易度的比例应根据课程的特点和学习目标分配；试题数量应能保证大部分的学习者能在规定的考核时间内完成考核任务；试题答案和评分标准科学，采分点明确。

本 章 小 结

在线课程评价是依据在线课程目标对在线课程进行价值判断并为在线课程教学决策服务的活动。在线课程评价具有导向、诊断、反馈、调控与激励功能。基于在线课程评价的特点，应以大数据评价、绩效性评价与全局性评价为导向。大数据评价的关键是要实现评价内容的数据化与评价数据的关联化。绩效性评价是以在线课程的教学产出为导向的评价方式，是践行培养"学以致用"的应用型人才的评价导向。全局性评价是从过程维度、利益相关者维度和内容维度进行全面、全方位的评价。

参照国家层面的各类在线课程评审指标，在线课程评价以成效评价为导向。在线课程教学评价主要包括课程目标达成、教学理念融入、课程内容建构、学习资源建设、学习平台部署、学习支持服务、课程特色挖掘、媒体技术应用、教学成果培育等评价。课程目标达成评价主要从需求维度、内容维度与时序维度进行评价；教学理念融入评价主要关注在线教学规律的遵循、学习理论的应用以及教学理念的践行等方面；课程内容建构评价主要关注内容建构的高阶性、适需性、优质性及体系性；学习资源建设评价主要从学习资源的科学性、完备性、契合性、生态性等方面进行；学习平台部署评价分为自助式学习环境评价、响应式教学环境评价以及课程页面布局评价三个方面；学习支持服务评价内容包括导学、助学、促学与督学服务，评价维度包括学习支持服务的服务态度、服务方式、服务能力、服务效率与服务质量；课程特色评价主要关注在线课程比较优势的形成；媒体技术应用评价可以从媒体技术应用的多样性、时代性、适需性与泛在性等维度进行；教学成果培育评价主要包括教研教改成果与课程建设成果等。

在线课程学的评价包括形成性评价与终结性评。其中，形成性评价包括平台表现、学习活动、教学交互、学习评测、学习档案评价等；终结性评价形式多样，包括课程考试、课程论文、实验报告等。

第九章
化生：在线教学之研究

《易经·咸卦·象》中有云："天地感而万物化生"，化生即化而生之，万物和合。"化生"是对"正心""取势""明道""优术"过程与成果的消化与吸收、凝练与升华。"化生"的手段是研究。在线教师通过在线教学研究的开展，提升自身的修养与境界、能力与水平，使得自身真正成为一名在线教学专业教师。

"教而不研则浅，研而不教则空。"教学研究是教学与研究的结合，是用科学的研究方法对教学的各个方面进行研究的活动。在线教学研究是对在线教学的要素、环境、过程、结果等进行研究的活动。在线教学研究立足在线教学实践，并对在线教学实践进行凝练与升华。在线教学研究旨在丰富在线教学理论，解决在线教学问题，提升在线教学能力，提高在线教学质量，促进在线教学可持续发展。

苏霍姆林斯基说："如果你想让教师的劳动能够给教师带来乐趣，使天天上课不至于变成一种乏味的义务，那你就应当引导每一位教师走上从事研究的这条幸福的道路上来。"[①] 由此可见，引领在线教师开展在线教学研究是多么重要！它能够助力在线教学，给予在线教学新的能量。

第一节 研究范畴与研究选题

开展在线教学研究，首先需要确定研究范畴，然后进行研究选题。

---

① 苏霍姆林斯基：《和青年校长的谈话》，上海教育出版社1983年版，第85-86页。

一、研究范畴

在线教学研究范畴涵盖在线教学相关的各个领域。不同的维度有不同的研究切入点。比如,从历史发展视域,可以研究在线教学的过去、当下与未来;从媒体技术视域,可以研究媒体技术对在线教学的理念、方法与技术上的促进;从比较研究视域,可以对国内外的在线教学进行比较研究,可以对在线教学与传统教学进行比较研究;从教学模式视域,可以对信息技术促进的各类新的教学模式进行研究探索。

本书主要从在线教学的实践研究视域,对在线教学的研究范畴做一些分类总结。在线教学实践研究是基于在线教学实践所开展的研究。在线教学实践以在线课程为基础,包括在线课程的设计、开发、教学、评价等方面。

在线教学实践研究不仅是对实践成果进行总结、凝练而形成在线教学理论的研究,也是将在线教学理论应用于在线教学实践的研究。然而,将在线教学理论应用于在线教学实践并非易事。比如,如何将以学习者为中心的理念实质性地融入在线课程的设计、开发、教学与评价中?又如,学习者在周末或晚上学习的特点要求在线教师在周末或晚上提供支持服务,能否做到?如何能做到?是否能够在方式方法、体制机制上有所突破?开展这些研究有着非常重要的意义。

(一)在线课程设计研究范畴

在线课程设计研究是一种前置性研究,能够为在线课程的开发、教学与评价提供理论指导和数据支撑。比如,通过在线课程调研,能够为在线课程的设计提供设计依据,为在线课程的开发提供开发方式和方法的指导,为在线课程的实施提供教学实施手段与方法的指引,为在线课程的评价提供评价方法与技术路径的指引,等等。在线课程设计研究范畴主要有以下四个方向。

(1)调查与分析研究。包括面向在线课程的教师端调研、学习者端调研、市场端调研的方法与策略研究,对各类调研结果的数据挖掘、数据分析、数据画像等研究等。

(2)要素与环节研究。即基于在线课程目标实现所开展的在线课程要素和环节的内涵、特征及功能实现需求等的研究。其中,在线课程的要素包括在线课程目标、课程内容、课程模式、课程环境、课程服务、课程评价与课程特色等。

(3)模式与服务研究。是对在线课程的各类资源建设模式、网络教学模式、教学组织模式、教学研究模式的甄别与选用的研究，以探究各类模式对在线课程教学的适用程度；也是对各类学术性与非学术性支持服务方式的研究，并以此选择适合在线课程教学的学习支持服务方式等。

（4）绩效与评价研究。是对在线课程的各类绩效与评价方法进行设计研究，以探究各类绩效和评价方法对在线教学的适用程度等。

（二）在线课程开发研究范畴

在线课程开发的研究范畴包括资源建设与平台部署两个方面。

1. 资源建设研究范畴

（1）资源建设模式研究。基于学习资源分类，可以开展对预置性学习资源建设模式与形成性学习资源建设模式的研究；也可以研究自建型与引进型学习资源建设模式；还可以开展专业型与草根型的学习资源建设模式研究；等等。

（2）资源建设技术研究。基于媒体技术在资源建设中的应用，可以开展新媒体技术（如 VR、AR、人工智能等）的应用研究，学习资源的呈现方式与使用效果研究，学习资源的传播方式方法研究；也可以基于媒体资源分类，分别开展图文类资源、音频和视频类资源、题库类资源的建设研究；还可以开展基于移动学习、泛在学习的资源建设研究，以及各类学习资源的比较研究；等等。

（3）资源建设成效研究。可以研究所建设的学习资源是否科学、完备，是否满足在线课程的教学需要；也可以研究所建设的学习资源是否契合学习者的实际需求，研究学习者对学习资源的满意程度；还可以研究学习资源的生态性问题，即所建设的学习资源是否具有生态性，能否实现学习资源的绿色可循环；等等。

2. 平台部署研究范畴

将在线课程部署在学习平台上，充分展示在线课程的教学功能，是一种实践，也是一种学问，需要充分考虑基于学习平台的教与学的环境与关系的建构。

（1）学习平台功能研究。包括各类学习平台的比较研究，学习平台的教学与管理功能研究，移动学习平台的泛在化教学支持研究，学习平台教学功能的智慧化研究，基于微信公众平台、微信小程序或移动学习 App 的在线课程建设研究，等等。

（2）平台环境部署研究。包括自助式学习环境的建构研究、响应式教学环境的建构研究，以及教与学的平台环境的融通研究等。

（3）平台页面布局研究。包括不同学习平台的课程页面布局研究，美学视域下的课程页面设计研究，以学习者为中心的学习平台页面布局研究，等等。

（三）在线课程教学研究范畴

在线课程的教学研究是对在线课程的教学实施过程开展的研究。

（1）教学团队研究。研究教学团队的能力结构与能力培养，主要包括设计力、开发力、教学力、信息力以及学习力等能力。在线教学团队研究需要以团队产出为中心，以培养年轻教师为导向，旨在研究如何培养可持续发展的教学团队，如何建构教学共同体。比如开放教育，一门课程一般由总部的责任教师与主讲教师，以及若干教学点（基层开放大学）的辅导教师与导修教师构成。对于学习者人数较多的专业，如会计学专业，课程教学团队的人数往往能达到数十人。研究如何建设有凝聚力、有研究力、不断有产出的教学团队，对于做好在线课程建设与教学具有重要的意义。

（2）教学行为研究。包括对在线教师的教学心态、教学准备、教学投入、教学组织、活动参与等的研究。

（3）学习行为研究。包括对学习者的网络学习表现的研究，对学习活动参与情况、学习资源利用情况的研究等。研究的方法可以是网络调研，也可以是面对面的访谈，还可以是基于教学数据的分析，等等。

（4）教学方法与策略研究。包括教学辅导方式方法的研究，面向在职学习者的教学策略研究，翻转课堂的应用研究，直播教学的应用研究，面授辅导的方法与策略研究，等等。

（5）学习活动的组织与开展研究。包括学习活动的规划与设计研究，学习活动的方法与策略研究，学习活动的开展与参与研究，学习活动的活跃度研究，学习活动的评价研究，等等。

（6）媒体技术的选择与应用研究。包括在线课程中教学媒体选择的方法与策略研究，教学媒体应用的绩效研究，各类媒体技术应用的比较研究，等等。

（7）教学交互方法与策略研究。包括教学交互方法的选择与运用研究，教学交互方式的应用场景研究，教学交互效果研究，等等。

（四）在线课程评价研究范畴

可以在不同维度对在线课程进行评价研究。

（1）学习资源评价研究。包括各类在线学习资源的评价研究与比较研究，学习资源的呈现研究，学习资源的质量研究，学习资源的利用效益研究，在线课程的学习资源布局研究，等等。

（2）支持服务评价研究。包括教师所提供的学术性支持服务与非学术性学习支持服务的评价研究，各类支持服务方式与媒体技术应用研究，支持服务评价方式研究，支持服务效果评价研究，等等。

（3）学习成效评价研究。包括形成性评价方式的研究，终结性评价方式研究，网络考试的监管监控研究，形成性考核的真实性研究，等等。

（4）大数据评价研究。包括数据挖掘、大数据分析、智能推送技术等在在线课程各类评价中的应用研究。

二、研究选题

教学研究的开展，首先需要基于在线教学的改革发展或存在的问题，选择有价值、有意义的研究主题。大家常说"好的选题是成功的一半"，可见选对教学研究主题非常重要。只有选对研究主题，教学研究才不会因为方向不对而白费功夫，才不会因为重复别人的研究而白费功夫。

研究主题的选择需要花时间去斟酌、推敲和筛选。在教学过程中，我们可能随时会产生新的研究想法，这些想法有些可以作为教学研究的切入点；有些则可能仅仅是对别人已有研究的认同；有些想法虽有新意，但是可能难以作为教学研究课题进行研究。由于教学研究是一个耗时较长、过程艰难的事情，因此，在选题上多花工夫，多找人讨论是很有必要的。在线教学的主题选择应至少具备"四有"之一：有高度、有深度、有新意、有价值。

（1）有高度，是指从宏观层面去研究在线教学。如开展在线教学的宏观政策研究，在线教学的发展趋势研究，在线教学的国际比较研究，等等。有高度的选题往往比较适合站位较高的专家学者，同时也适合关注在线教学前沿的教师。比如，刘志芳对世界开放大学发展战略进行了比较研究[1]，该选题体现了研究的高度。

（2）有深度，即选题在理论或实践层面有深度。比如，在教学层面对某一教学模式进行深度研究，对某一学习者群体进行扎根研究，等等。郭利明等将人工智能技术深入到了特殊教育领域[2]，体现了研究的深度。

（3）有新意，即相对已有研究成果，选题要有独到的创新之处，包括观点的创

---

[1] 刘志芳：《世界开放大学发展战略比较研究》，载《中国远程教育》2018年第4期，第15–21页。

[2] 郭利明、杨现民、段小连、邢蓓蓓：《人工智能与特殊教育的深度融合设计》，载《中国远程教育》2019年第8期，第10–19，92–93页。

新、方法的创新、理论的创新、实践的创新等。比如，江波等人将学习困惑与面部表情联系起来进行研究①，颇有新意，属于有新意的选题。

（4）有价值，即选题能够在理论层面带来较大的研究价值，或在实践层面带来较大的应用推广价值。比如，选题能够对某个理论进行创新，或者对某个理论的外延或内涵有进一步的拓展。开展开放教育的课程思政研究就有较高价值，因为其研究成果可以推广应用到全国范围内的开放教育领域。何隽等对 MOOC 平台的著作权风险及对策进行了研究②，该研究对于当下盛行的 MOOC 平台教学是一个很有价值的研究课题。

（一）交叉组合选题法

在选择教学研究主题时，可以采取将各类因素与要素通过纵横交叉的组合方式进行选题。具体包括同类交叉选题法、异类交叉选题法、要素组合选题法等。

1. 同类交叉选题法

本选题法是指同一领域不同教学或学习方法的比较或混合使用的效果研究。比如，新旧政策的比较研究，新旧教学方法的比较研究，翻转课堂与直播课堂的比较研究，慕课教学与网络课程教学的比较研究，等等。

2. 异类交叉选题法

本选题法是指不同领域的交叉研究，属于跨学科、跨领域的研究。如研究人工智能在开放教育资源建设或教学中的应用，开放教育与职业教育的共同体建构及资源共享研究，企业绩效管理理论在在线教学的教学评价中的应用研究，等等。

3. 要素组合选题法

本选题法是基于教学要素、教学工具、教学环境之间的相互作用发掘研究课题。教学要素有学习活动、教学交互、学习评测、教学管理、教学评价、支持服务等；教学环境有网络学习平台、移动学习平台、虚拟仿真平台、智慧教室等；教学环境有雨课堂、学习通、蓝墨云等。（见图 9 – 1）

当然，这种基于各类要素的相互交叉与组合的选题法，所产生的选题还需要基于在线课程自身特点以及在线教师的研究经历与经验做进一步的筛选。

---

① 江波、李万健、李芷璇、叶韵：《基于面部表情的学习困惑自动识别法》，载《开放教育研究》2018 年第 4 期，第 101 – 108 页。

② 何隽、乔林、林思彤：《MOOC 平台的著作权风险及对策》，载《中国远程教育》2019 年第 4 期，第 60 – 66 页。

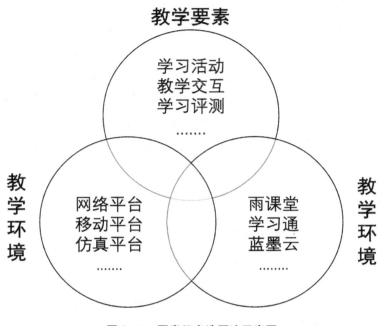

图 9-1 要素组合选题法示意图

（二）问题驱动选题法

问题驱动选题法就是将在线教学实践中所存在的问题作为研究主题进行研究。在线教学研究的关键就是要发现并解决在线教学实践中存在的问题，因此，问题驱动选题法更具实际意义。比如，通过开展新媒体技术的应用研究、教学模式的改革研究、教学管理的政策研究、教学团队的建设研究、质量保障体系的建构研究等，可以使在线教学存在的问题得到逐步解决。不过，对于实践问题，应该选择在线教学领域相对普遍的问题，也就是说该问题应是多发的、常见的、有代表性的问题，而不是偶发的、个性化的、难以有参考与推广价值的问题。因为只有普遍存在的问题，才可能在最大限度内体现研究成果的推广和应用价值。问题驱动选题法主要包括问题反思选题法、直面问题选题法与技术驱动选题法三种类型。

1. 问题反思选题法

本选题法是通过对在线教学实践所存在的问题进行反思，发掘需要研究的问题。如手机可以帮助学习者在课堂上搜索知识进行自主学习，但是手机也容易分散学习者的注意力，那么手机是否适合带进课堂？是否可以在教学实践中对此问题进行比较研究？普通教育的翻转课堂盛行，那么其与开放教育和网络教育的线上线下教学是一样的吗？有什么差异？在线教师为学习者提供了多种形式的学习支持服务，但是服务效果一般，到底是什么原因呢？这些都可以激发在线教学研究课题的产生。

2. 直面问题选题法

本选题法是将在线教学中发现的问题直接作为选题进行研究。比如，研究开放教育的质量保障问题，开放教育学习支持服务问题，开放教育的体系化建设问题，开放教育与职业教育的教学融合问题，以学习者为中心的学习平台建构问题，终身一体学习平台的建构研究，等等。

3. 技术驱动选题法

本选题法基于在线教学中存在的问题，通过新技术、新方法加以解决。如在线教学容易引发师生教学的孤独感，但是面授教学又需要师生在专门的时间到专门的地点上课，极为不便。直播技术的出现，既能实现师生之间的实时视频、音频互动，缓解师生教学孤独感，又可以突破时空局限，弥补面授教学的不足。为此，研究直播技术在在线教学中的应用方法、应用效果就是一个很好的选题。同样，如基于微信小程序的在线课程的开发、基于数据挖掘技术的学习资源智能推送等研究也都是比较好的研究选题。

（三）"四做"选题法

"四做"选题法是基于教学研究文献的选题，是从在线教学相关研究文献入手，分析在线教学的研究现状，并基于研究现状，结合在线教学实际存在的问题，开展教学研究的选题。主要有四种选题方法，包括"新题快做"法、"旧题新做"法、"大题小做"法、"小题大做"法四种选题法。

1. "新题快做"选题法

"新题"指体现新政策、新领域、新方向的最新的研究课题。"新题"因为政策新、领域新、方向新，所以相对容易找到新的研究方向。但是，也因为"新题"的追逐者众多，需要"快做"，即尽快做研究、出论文、出成果。

比如人工智能这个"新题"。2017年7月，国务院发布了《新一代人工智能发展规划》。2018年4月，教育部发布了《高等学校人工智能创新行动计划》。这些政策的出台使得"人工智能"受到关注，如何将人工智能应用于各个领域成为全新的热门研究课题。在中国知网，用"人工智能"与"教育"搜索CSSCI期刊论文的"篇关摘"（篇名、关键词、摘要），可以得到图9-2的结果。从图中可以看出，人工智能相关的论文数量从2018年开始出现了大幅度的增长，预计到2021年年底将达到512篇。由此可见，对于人工智能"新题"，就需要尽快将这项技术应用于自己所熟悉的在线教学领域，尽快开展研究，尽快做出成果。

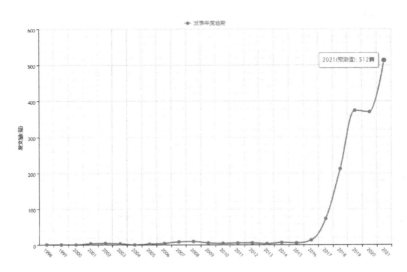

图 9-2　"篇关摘"包含"人工智能"与"教育"的 CSSCI 期刊论文数量增长曲线

又比如课程思政这个"新题"。课程思政是近几年出现的新题，特别是 2020 年 5 月教育部发布了《高等学校课程思政建设指导纲要》，更进一步促进了课程思政的研究。在中国知网，用"课程思政"搜索 CSSCI 期刊论文的"篇关摘"，可总结出近几年的论文数量变化如图 9-3 所示。从图中可以看出，2019—2020 年的课程思政论文数量增长迅速。将课程思政作为"新题"，尽快开展课程思政在开放教育、在线教学领域的研究显得尤为必要。

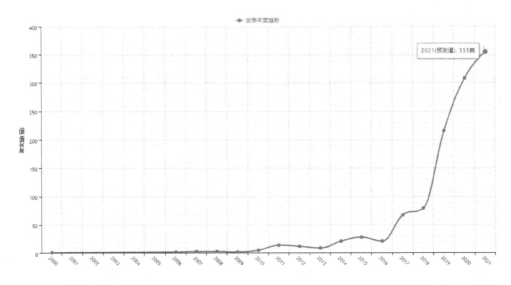

图 9-3　"篇关摘"包含"课程思政"的 CSSCI 期刊论文数量增长曲线

2. "旧题新做"选题法

"旧题"是指出现时间长、研究成果多的研究主题。但要注意的是,"旧题"并不是过时的课题。

"新做"是基于"旧题"的新做,同时也需要有创新性思维,比如用新的思想、新的实践、新的研究视角、新的研究方法对"旧题"进行研究。

"旧题新做",一般不宜选取普遍性、理念性的主题,而应对"旧题"做新的研究。

比如教学设计,可以说是一个"旧题",同时也是教育领域长盛不衰的研究主题。(见图9-4)对于这一主题,一般性的、普通型的研究已经有很多了,这就需要进行创新性的研究。如利用新的方法进行在线教学设计,专门研究基于微课的教学设计,或者研究基于移动学习的教学设计,甚至可以是基于抖音视频的在线教学设计,等等。

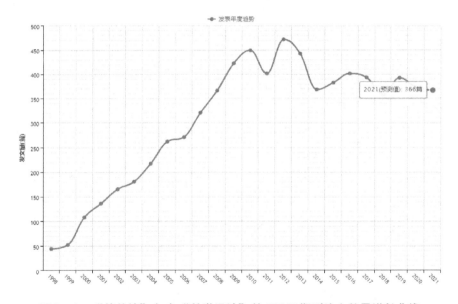

图9-4 "篇关摘"包含"教学设计"的CSSCI期刊论文数量增长曲线

又比如移动学习。移动学习起始于2010年左右,迄今已超过10年,算是一个"旧题"。对于"旧题"的研究,同样需要创新,如果在中国知网搜索篇名为"移动学习"的CSSCI期刊论文,从所获得的文献可以看出,近年来,研究者基于移动学习这个"旧题",不断从各个方面进行了创新性的研究。如移动学习评价指标体系研究、移动学习与智慧教室的融合研究、基于微信公众平台的实证研究、移动学习用户采纳行为研究、移动学习国家专家访谈研究等。(见图9-5)

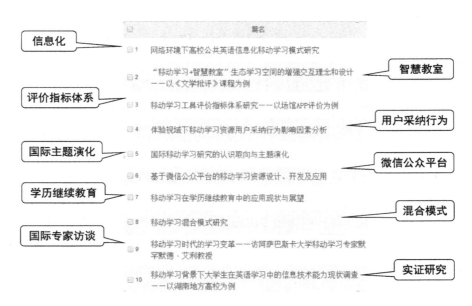

图9-5 部分篇名包含"移动学习"的CSSCI期刊论文

3. "大题小做"选题法

"大题"指选题涉及领域广、可选范围宽的研究课题。"大题"一般意义重大，关注度高。

"小做"指从"大题"中选一个较小的方向去做，而不是将整个"大题"作为研究对象，除非研究者的站位足够高，研究者的视野足够广。

比如在线教学研究领域比较宽广。在中国知网，用"在线教学"搜索CSSCI期刊论文的"篇关摘"，从中国知网的统计数据图表可看见，在该大题下有很多"小题"，如教学性存在、学习者、在线学习、在线教学等，而且每一个小主题所占比例差异显著。因此，对于相对较大的研究课题，需要适当缩小范围，实现"大题小做"。（见图9-6）

又比如终身学习，这是一个很大的主题，一般不宜做终身学习的趋势、方向的研究，除非是国内终身教育领域的顶级专家。但是，终身教育领域有很多可研究的小主题，因此，在终身教育领域，选择自己相对熟悉的较小主题进行研究，不仅容易开展，也容易取得成功。以2020年中国知网上的部分篇名包含"终身学习"的CSSCI期刊论文为例，大部分作者选择了终身学习的某一个领域进行研究，如非自反性存在理论、多源流理论、"后学校化"理念在终身学习中的应用研究、高校与图书馆在终身学习中的深入研究、区块链与学分银行对终身学习的赋能研究等。（见图9-7）

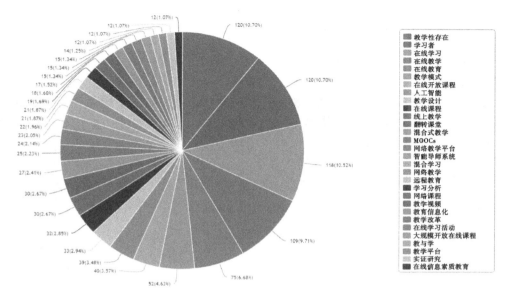

图9-6 "篇关摘"包含"在线教学"的研究主题比例

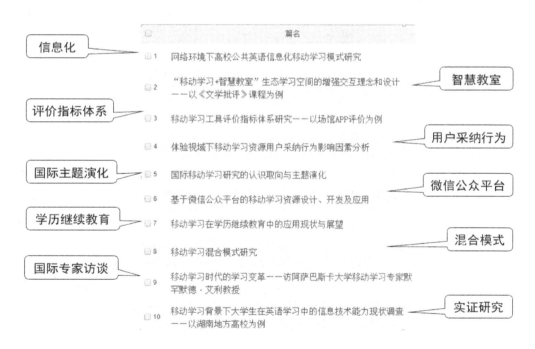

图9-7 2020年部分篇名包含"终身学习"的CSSCI期刊论文的主题选择

4. "小题大做"选题法

"小题"是指研究范畴相对较小的领域。"小题"可能相对冷门,也可能是刚萌芽的新领域。"大做"就是在"小题"上做文章,将"小题"做全、做精、做细、做大。

比如碎片化学习是在线教学领域一个相对较小领域的"小题",但是该主题在2015—1017年间引发了研究热潮,多篇文章在 CSSCI 期刊发表,被引和下载量都非常可观,如图 9-8 所示。

	篇名	作者	刊名	发表时间	被引	下载
1	大数据时代碎片化学习研究	王承博;李小平;赵丰年;张琳	电化教育研究	2015-10-01	262	9554
2	移动互联时代的碎片化学习及应对之策——从零存整取到"互联网+"课堂	王竹立	远程教育杂志	2016-07-20	206	4146
3	超越碎片化学习:语义图示与深度学习	顾小清;冯园园;胡畅	中国电化教育	2015-03-10	159	7882
4	碎片化学习视域下基于智能手机的大学生移动学习认知研究	姜强;赵蔚;王朋娇	现代远距离教育	2014-02-15	144	5893
5	网络碎片化学习中的认知障碍问题研究	张克永;李宇佳;杨雪	现代教育技术	2015-02-15	105	3932
6	移动互联时代碎片化学习资源的适用场景与高效管理	魏雪峰;杨现民;张玉梅	中国电化教育	2017-05-03 18:33	82	2425
7	基于"互联网+"的碎片化学习策略研究——从"碎片"到"整体"的嬗变	黄建锋	电化教育研究	2017-08-01	49	2109
8	"碎片化学习"问题修复:基于MOOC学习支持的反思	彭静雯;许祥云	江苏高教	2017-05-05	27	1070
9	基于大学生碎片化学习的3L阅读推广模式	周秀霞;李楠;徐枫	情报资料工作	2016-01-25	19	1053
10	碎片化学习视域下MOODLE课程平台优化研究	于海燕	教育理论与实践	2016-02-25	14	600

图 9-8 部分篇名包含"碎片化学习"的 CSSCI 期刊论文被引与下载量情况

"小题大做"关键是要将"小题"的领域和方向选择正确,一旦领域与方向有问题,将很难获得成功;但如果选对了切口和方向,就能发现巨大的研究空间。

(四)"五看"选题法

"五看"选题法又被称为多元思维选题法,它既是教学研究的思维方式,也是教学研究的选题方法。"五看"选题法就是基于某一专题进行五个方面、五个维度的思考,即"看前看后""看大看小""看左看右""看内看外""看因看果"的五维思考。然后选择合适的、有价值的方向作为在线教学研究主题。

1. "看前看后"选题法

本选题法是指基于某一领域方向进行历史性的思考,从过去、现状、未来的发展历程去研究和探索。比如,研究在线教育或在线教学的发展历史,就是基于这一专题的历史性研究和分析。

2."看大看小"选题法

本选题法是指从宏观到微观或者从微观到宏观的维度去思考和判断选题的价值。比如，对于在线教学管理，可以从宏观层面研究国家对在线教学的引领与监管问题，从中观层面研究在线教育机构在线教学的组织实施问题，从微观层面研究在线教学各个方面存在的问题等。

3."看左看右"选题法

本选题法是基于横向比较的思维，从事物之间横向关联的维度去思考、判断选题的价值。比如，将网络教育与开放教育进行比较研究，将网上教学与线下教学进行比较研究，等等。

4."看内看外"选题法

本选题法是从事物的内外部的关系上进行研究，这种研究可以是省内省外的比较研究，可以是国内国外的比较研究。比如，进行国内与国外的在线教学模式研究，粤港澳大湾区在线教学联盟建构的影响因素研究，等等。

5."看因看果"选题法

本选题法是从事物的因果关系去思考，可以是一种基于问题的原因研究，也可以是基于某一现象的结果研究。比如，学习者的学习成绩差或辍学人数多是一种结果，基于学习成绩差或辍学人数多的原因研究就是从结果到原因的"看因看果"研究；又比如，人工智能技术应用于在线教学是一种"因"，基于人工智能技术应用于在线教学所引发的教学变革就是一种"果"的研究。

以慕课为例，基于慕课这一专题，可以进行"五看"选题。从"看前看后"的视角，可以研究慕课的发展历史、慕课的发展现状、慕课的发展趋势。从"看大看小"的视角，可以从宏观层面开展慕课的宏观政策研究，从中观层面开展慕课课程的开发研究，从微观层面开展慕课课程的教学模式研究，等等。从"看左看右"的视角，可以开展慕课与网络课程的比较研究、慕课与微课的比较研究、慕课与面授课的比较研究等。从"看内看外"的视角，可以开展国外（某个国家或某区域内的国家）慕课研究，可以开展国内慕课的研究，还可以开展国内外慕课的比较研究。从"看因看果"的视角，可以开展慕课教学问题的研究，开展慕课教学成效的研究，等等。（见图9-9）

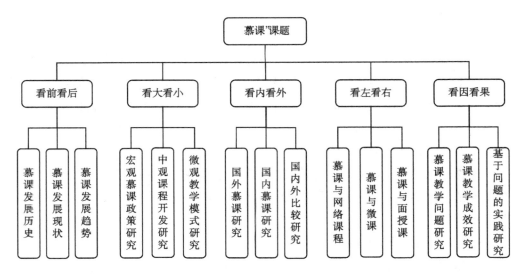

图 9-9 基于慕课专题的研究内容分析

第二节 研究方案与研究方法

在明确了研究主题后,就可以着手制订研究方案,并可利用研究方法开展教学研究。

一、研究方案

在明确了研究主题后,在线教师就可以着手制订研究方案。若要以研究主题作为课题申报,那么研究方案就是课题申报书的核心构成。研究方案的制订一般包括以下内容。

(一)组建研究团队

在线教师应基于研究主题所涉及的研究内容组建研究团队。研究团队可以是在线课程的教学团队,也可以是教学团队中的部分成员,同时还需要根据教学研究的需要邀请教学团队外的人员参与。比如,为了进行在线课程与传统课程在教学组织、教学过程、教学成效方面的差异性研究,可以邀请兄弟院校开展线下课程教学的教师参与,以进行比较研究。

团队研究不仅能够实现在线教师之间的优势互补、扬长避短,还能开展更广泛、更深入的教学研究。研究团队可以基于研究规划进行团队人员的配备,以达到团队成员在年龄结构、研究精力、研究经验之间的平衡。

(二)分析研究内容

研究内容是对研究主题的内涵进行分解与具体化,研究主题的分解可以基于主题的研究逻辑进行模块化、流程化的细分。

以开放教育的课程思政研究为例。该主题需要研究如何将课程思政元素融入在线课程的全过程,为此,可以将课程思政研究内容基于教学逻辑分为"导、训、建、用、评"五个模块。"导",即研究如何从教学的机制与举措上促进课程思政与在线课程的融合;"训",即研究如何通过培训等方式提升在线教师自身的课程思政素养,以促进在线教师的课程思政教学;"建",即研究如何在在线课程开发过程中挖掘并融入课程思政元素,并采用适当的媒体技术有机呈现课程思政内容;"用",即研究如何在在线课程的教学过程中充分利用融入课程思政元素的网络课件,实施面向学习者的导学、助学、促学和督学;"评",即研究如何对课程思政元素融入在线课程的成效进行评价。

(三)挖掘研究特色

教学研究的意义在于教学研究之"新"与"特",其"新"体现在教学理念、方法、技术的创新,其"特"体现在自身教学特色的彰显。对于在线教学研究来说,"新"与"特"主要体现在新媒体技术在在线课程设计、开发、教学与评价中的应用,以及传统教学方法在在线教学中的创新应用。教学研究的创新需要顺应时代发展,跨学科领域的理念、方法、技术的借鉴与利用是教学研究创新的重要方向。比如,将计算机领域的数据分析技术、人工智能技术应用于教育教学领域,可以改进在线教学的方法与技术,促进在线教学的精准化、智慧化;将生态学领域的生态系统、生态平衡等理论运用于在线教学,可以增进在线教学的系统性、协同性和平衡性,促进在线教学的可持续发展。

(四)确定研究路径

在确定了研究内容后,需要明确教学研究路径,选择教学研究的方法。清晰的研究路径能够引领教学研究的顺利开展。

仍然以开放教育的课程思政研究为例。该研究的基本路径是：首先，开展开放教育课程思政的文献与现状研究，了解开放教育课程思政的研究前沿、体制机制、实施举措等；其次，研究开放教育课程思政的建设机制，探究如何通过机制与制度的建立促进在线教师投入课程思政建设；再次，研究如何提升在线教师的课程思政能力，以及课程思政融入在线课程开发与教学环节的方法；最后，研究课程思政的建设成效，总结提炼研究成果，形成可推广应用的开放教育课程思政建设模式。该教学研究的研究内容、研究路径与研究方法如图 9-10 所示。

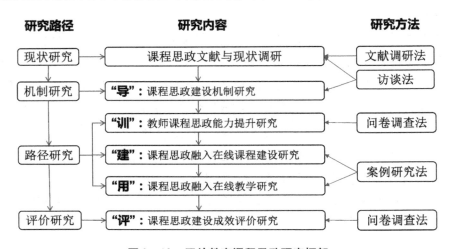

图 9-10 开放教育课程思政研究框架

（五）拟定研究进程

研究进程的科学规划是顺利完成教学研究任务的前提，其关键在于对各个研究环节所需要时间的相对准确的预测。

在时间规划上，既要对每一项研究内容都预留相对充裕的研究时间，也要做好研究时间的控制，同时还要预留对教学研究成果进行验证、推广的时间。相对紧凑的时间安排，不仅能加快研究进程，使研究过程环环相扣，也更有利于凝聚团队力量，提高研究效率。

在阶段规划上，一般按照研究内容的先后顺序进行阶段性设计。每个阶段均有主要的研究内容。每个研究阶段结束后，可安排团队成员进行专题研讨，对当前研究成果进行总结，并对下一阶段的研究内容进行部署。

二、研究方法

研究方法是开展科学研究的手段和工具，科学的研究方法是获得正确、严谨研究结果的前提条件。常见的研究方法，包括利用文献研究法进行研究文献的调研，利用网上问卷调查法开展面向分散学习者的需求调研，采取访谈的方式面向专家进行调研，等等。

在线教学研究方法主要有三大来源。一是对传统教学研究方法的直接运用，如文献研究法、问卷调查法、访谈法等。二是对教学研究方法的创新应用，即通过对传统教学研究方法的传承与创新，变成在线教学特色的研究方法。通过传承，可以吸纳传统教学的优秀研究方法；通过创新，可以采取"拿来主义"策略，改造传统教学的研究方法，使其更适合在线教学研究。三是对其他学科领域的研究方法的借鉴。

（一）传统教学研究方法的传承

传统教学方法具有方法成熟、应用广泛、普适性强的特点。传统教学研究方法有很多，如文献调研法、问卷调查法、历史研究法、比较研究法、归纳与演绎法、访谈法、行动研究法、个案研究法等。这里结合在线教学的特点，说明传统教学研究方法在在线教学领域的应用。

1. 文献调研法

文献调研法作为一种通用的研究方法，同样适用于在线教学研究。文献调研法与市场调研法有异曲同工之妙。从市场调研视角看文献调研的方法更容易理解文献调研的作用。一是在行情分析方面，市场调研是为了了解某类市场的整体情况；文献调研则是对在线教学研究领域做整体了解，包括研究热点等。二是在产品调研方面，市场调研是为了了解同类产品的产销情况；文献调研则是研究所选在线教学主题的研究现状，避免做重复的研究。三是在产品分析方面，市场调研是为了分析自身产品的优劣势，以分析、挖掘和培育自身产品的核心竞争力；文献调研则是为了分析自身研究主题的价值和意义，评价自身教学研究相对于已有研究成果的特色和优势。四是在产品投放方面，市场调研是为了明确自身产品投放的区域与力度；文献调研为了明确所选研究主题的研究领域与研究重点，将最多的精力放在最重要的研究上。

要做好文献调研，首先要明确调研目标。一要了解研究主题的研究现状，看别人在自身目标研究领域是否开展了研究，研究了什么，避免做重复无用的研究；二要了解研究方法，看别人开展教学研究的方法与路径，以获得自身教学研究的灵感；三要了解相关论文的写作方法，看别人怎么提炼、总结教学研究成果，以获得自身教研论文的写作灵感与思路。其次，要做好调研规划，要基于文献调研目标进行调研范围、调研方式、调研时间的规划。调研范围太宽，会浪费调研时间，也会让自身的调研难以聚焦；而调研范围过窄，则可能出现调研不够全面、调研结果以偏概全的问题。同时，对调研方式的选择也很重要，基于专业文献库的调研与基于互联网搜索的调研，其获得资料的科学性、精准性有差异显著。最后，要做好文献记录。在文献调研过程中应及时记录有价值的研究，并按照参考文献格式注明出处。常做文献记录，会让自己在引用文献时得心应手、不用重新查阅文献，可以最大限度提高文献利用效率。在文献利用工具方面，可以利用 Word 文档进行文献的记录与整理，在 Word 文档中采取脚注的方式记录文献来源。也可以利用专门的文献整理工具，如知网研学平台、Zotero、Mendeley、Endnote 等软件。其中，知网研学平台在提供传统文献服务的基础上，以云服务的模式提供集文献检索、阅读学习、笔记、摘录、笔记汇编、论文写作、个人知识管理等功；通过提供网页端、桌面端、移动端、微信小程序，多端数据云同步，满足学习者在不同场景下的学习需求。

2. 问卷调查法

问卷调查法普适于各类研究，但是对于在线教学研究更有意义。一是由于在线教学的学习者分散，访谈或面谈的方式相对更难，而采取问卷调查方式，特别是网上的问卷调查方式，能节省受调查者的时间和精力。二是在线教学的群体相对较大，可以弥补网络问卷调查回收率相对较低的缺点。三是在线教学的对象主要是在职学习者，其自身具有较强的判断力，能够保证问卷调查结果的真实性。但鉴于在职学习者的业余时间少，问卷调查的主题应该简洁、明了，调查问卷的设计应尽可能精简。

问卷调查法的开展包括四大步骤。第一步是编写调查问卷。可采取结构法编制问卷，首先，根据研究主题，分析要调查的内容，按照一定的逻辑顺序列出若干一级指标，通过细化一级指标，形成若干二级指标；然后，根据二级指标，描述具体的问题和问题选项；最后，梳理指标、问题与选项，根据问题的难易、答题者心理压力和回答习惯调整问题顺序，对问题进行增删，形成最终问卷。第二步是发放调查问卷。首先，要界定调查对象的总体范畴；然后，选择抽样的方法和样本规模，并根据研究目标、便捷性等选择合适的抽样方案；最后，通过集中发放、邮寄发放与网络发放等方式发放问卷。第三步是分析调查数据。首先，要整理与筛查问卷，统计回收率和有效率。回收率为实际回收问卷数与发出问卷总数的比例；有效率是指回收的问卷中，去除无效问卷后，剩下的可用问卷与实际回收问卷的比例。然后，准备数据，即将问卷数据标准化与规范化。最后，进行统计分析，包括样本背景分析、样本特征分析、信度效度分析等。第四步是撰写调查报告。一份完整的调查报告一般包括调查报告标题与目录、调查背景分析、调查的方法与过程、调查的结果与结论、讨论与结论、参考文献等。①

3. 历史研究法

历史研究法是运用历史资料，按照历史发展的顺序对过去事件进行研究的方法。从在线教学的演进看，在线教学随着信息技术的发展而产生，也将随着信息技术的发展而发展。从历史的纵轴看，不仅要研究在线教学的历史，还要研究在线教学的当下与未来。知晓未来，才能布局当下。采用历史研究法，能够帮助我们总结在线教学的历史经验，为在线教学的发展提供借鉴和指引。

基于历史研究法，可以开展在线教学的演进历程研究、在线教学应用信息技术的历程研究、在线课程资源建设的历程研究等。

4. 比较研究法

比较研究法是对物与物之间和人与人之间的相似性或相异程度的研究与判断的方法。比较研究法也可以理解为是根据一定的标准，对两个或两个以上有联系的事物进行考察，寻找其异同，探求普遍规律与特殊规律的方法。

利用比较研究法，可以进行国内外在线教学的比较研究、在线教学与传统教学的比较研究、网络教育教学与开放教育教学的比较研究、在线学习者与线下学习者的比较研究、全日制学习者与在职学习者的比较研究等。

5. 归纳与演绎法

所谓归纳推理，是根据一类事物的部分对象具有某种性质，推出这类事物的所有对象都具有这种性质的过程，是从特殊到一般的过程。演绎推理法是从一般性的前提出发，通过推导即"演绎"，得出具体陈述或个别结论的过程，是从一般到特殊的过程。从在线教学的发展历史看，在线教学只有几十年的历史，当前关于在线教学的理论和实践积累都不多，需要在线教师采取归纳推理法，不断地归纳总结在线教学实践经验，发掘在线教学规律，从在线教学的特殊现象总结出一般规律。同

---

① 武丽志：《从优秀到卓越：教师研究力的12项修炼》，中国人民大学出版社2020年版，第144-160页。

时,也需要在线教师利用演绎推理法,将所归纳总结的在线教学规律应用于在线教学的实践中。

(二)传统教学研究方法的创新

传统教学研究方法的创新是对传统教学研究方法的创新应用,其创新的动力来源于信息技术对在线教学的推动,通过创新应用,形成在线教学特色的研究方法。

1. 网络行动研究法

网络行动研究法是行动研究法在在线教学领域的创新性应用。

行动研究法是指在自然、真实的教育环境中,教育实际工作者按照一定的操作程序,综合运用多种研究方法与技术,以解决教育实际问题为首要目标的一种研究模式。行动研究法主要适用于教育实际问题而不是理论问题的研究,适用于中小规模的实际研究而不是宏观的研究。行动研究法针对教育的实际情境而进行,从实际中来又回到实际中去,包括将教学改革措施实施于教学过程,对课程进行中小规模的改革研究,对已确诊问题所实行的改革措施的效果进行研究等。[①]

将行动研究方法应用于在线教学中,其关键需要面对在线教师的网络教学行为与学习者的网络学习行为,这与传统教学的行动研究有较大差异。为此,面向在线教学的行动研究方法可以称之为网络行动研究法。网络行动研究法是基于对各类用户的网络行为表现以及行为数据的跟踪,实施对各类用户的网络行为的研究分析。该研究方法可用于研究在线教师、学习者以及管理者在网络上的群体性或个体性的行为特征。比如,学习者的网络学习行为相对于传统课堂的学习行为具有较大差异性,学习者的网络学习具有行为相对自由、网络停留时间较长、网络数据容易收集等特征。因此,可以充分考虑依据上述特征开展对学习者的网络学习行为研究,分析学习者的网络行为观测点,形成体系化的网络行为数据。

2. 数据画像研究法

数据画像研究法是对传统统计分析法的创新应用。

统计分析法是指通过对研究对象的规模、速度、范围、程度等数量关系的分析研究,认识并揭示事物间的相互关系、变化规律和发展趋势,借以达到对事物的正确解释和预测的一种研究方法。统计分析法对于揭示研究要素之间的数量关系具有非常重要的意义。

---

① 参见《行动研究法》,见百度百科(https://baike.baidu.com/item/行动研究法),2021-03-15。

在线教学以数字化为主要特征，包括数字化的学习资源、数字化的教学过程、数字化的学习档案等。基于数据的统计分析法对在线教学研究有着天然的契合。同时，随着数据挖掘、大数据分析等技术的日渐成熟，可以将统计分析法升级为数据画像研究法，即基于统计分析的方法，利用数据挖掘与数据分析技术，对在线教学数据进行更为多维多元的统计分析，并通过数据画像的方法，将统计分析结果更为具象地体现出来，如通过形象的图示方式展现在线教师的教学表现与学习者的学习表现。基于数据画像，可以更直观地分析和预测在线教师的教学行为或学习者的学习行为，从而为智能化的在线教学实施与评价提供决策依据。

（三）跨学科研究方法的借鉴

跨学科研究方法是借鉴其他学科领域的研究方法，将这些研究方法通过适当的改造为我所用。这里以经济学领域的产品研究法、绩效分析法为例。

1. 产品研究法

在线课程是在线教学的基本单位，在线课程建设过程类似产品的生产过程，像产品制造一样，需要有设计、开发、应用与评价过程。在线课程不仅需要有完整的功能，也需要进行包装，需要以美好的形象展示在学习者面前。同时，在线课程与产品一样，都需要以用户为中心，用户认可的产品才是好的产品。因此，将在线课程建设看成产品的生产过程，借鉴产品研发与营销理论，可以促进在线课程开发质量的提升。

2. 绩效分析法

绩效分析法是测量研究对象的期望绩效与当前绩效之间差距的研究方法，其主要应用于企业的绩效考核，为企业实施绩效管理提供依据。绩效分析法同样可以应用于在线教学领域。在线教学的绩效分析，以在线课程的教学产出为导向，主要用于研究在线教师的教学成效和学习者的学习成效。面向在线教师的绩效研究法主要关注在线教师的教学目标达成、教研教改成果获得、教研论文产出等；面向学习者的绩效研究法不仅关注学习者的学业成绩产出，更关注学习者应用所学知识解决实际问题的成效以及学习者对课程学习的获得感。

第三节 研究成果与教研论文

一、研究成果

（一）成果形式

在线教学研究的成果形式多样，主要包括三种类型。一是教研教改成果，如在线课程质量获得显得提升，依托在线课程成功申报教研教改课题，获得各类教学竞赛奖励，发表教研教改论文，等等。二是课程建设成果，如在线课程建设质量高而获得各种奖励及推广应用，在线课程获评省级或国家级的精品在线开放课程，在线课程获批在慕课平台上面向社会开放，在线课程获得兄弟院校的共享应用，等等。三是团队建设成果，如以研究团队为核心的在线教学团队获评省级或国家级教学团队，研究团队中的成员获评省级或国家级的教学名师，或者研究团队中的成员依托教学研究成果获评高一级的职称，等等。

（二）成果凝练

教学研究成果的形成，关键不仅在于教学研究的规划，更在于对教学研究结果的总结与凝练。对教学研究结果的总结与凝练，不仅考量在线教师在线教学知识的广度与深度以及在线教学的视野与格局，同时也考量在线教师对素材、数据的敏锐性。成果的凝练过程是渐进的过程，也是不断磨炼的过程。教研论文是呈现教学研究成果的重要载体，而教研论文的撰写过程同时也是对教学研究成果总结、凝练的过程。

二、教研论文

通过教学研究的开展促进在线教学效率的提升、在线教学质量的提高是在线教学研究的实践成果；将在线教学研究成果总结、提炼，形成教学研究论文，则是教学研究的理论研究成果。教研论文的撰写，需要经过较长时间的修炼。而掌握论文撰写的基本方法与技巧，将有利于快速提升论文撰写的水平。

（一）教研论文常见类型

不同类型的论文，有不同的文章结构和研究偏重，以下将分类加以说明。

（1）问题研究型：呈现问题、分析问题、解决问题、得出结论。首先要提出问题，回答为什么要进行研究；然后基于各类数据或素材等对问题进行分析，提出解决问题的办法；最后审视问题解决的程度，还有哪些问题需要进一步的研究等。

（2）经验总结型：呈现做法、总结经验、改进举措、得出结论。经验总结型论文总的来说学术性不强，适合比较前沿的、新领域的教学探索和经验总结。

（3）调研分析型：调研缘起、方法与过程、分析与结论。调研分析型论文的关键在于调研的设计、调研数据的收集与调研结果的提炼。

（4）技术应用型：技术路线、技术实现、技术应用、结论分析。即先说明技术路线，然后给出技术实现的方式，描述技术应用的过程，最后总结提炼得出结论。

（二）教研论文撰写要领

教研论文的撰写要充分体现"论""新""守"。

教研论文的精髓在于"论"。没有"论"的论文不叫论文。在学术论文领域，一直倡导"百家争鸣、百花齐放"，只有在学者们不断进行观点和思想的争论和碰撞，才能促进学术的进步、科学的发展。因此，教研论文不单是教学数据的简单提炼，更应该是对教研观点的充分论证，做到有理有据。

教研论文的亮点在于"新"。论文一定要有自己的新东西，包括新的理念、新的方法、新的视角、新的结论等，切忌"人云亦云"，没有亮点和特色。

教研论文的观点在于"守"。论文要守住自己相信的、能够进行自我论证的结论。学术观点未必绝对正确，只要是有理有据的观点，都可以成为论文的观点。论文的观点往往是别人没有发现的，或者不敢提出来的，因此，新的观点有时会遭到质疑或不理解，但是，只要是有理有据的，就应该坚持。

（三）教研论文撰写方法

1. 标题统领全局

论文标题是论文之眼、论文之神，好的论文标题应能统领全局。论文标题一般应体现出文字简洁、逻辑清晰、主题突出、新意立显的特点。

（1）文字简洁。标题字数切忌过长，特别要尽可能避免用副标题。比如《素质教育的政策演变与理论探索》①，该论文立足素质教育，从政策变迁、理论成果、现实挑战、发展方向等方面进行了系统研究，其研究内容丰富，但标题简洁，很清晰地呈现了研究的主要内容。

（2）逻辑清晰。标题也是论文研究逻辑的体现。如《人工智能时代学习方式变革的机遇、挑战与对策》②，该论文结构分为三个部分：人工智能时代学习方式变革的机遇、人工智能时代学习方式变革的挑战、人工智能时代学习方式变革的对策。可见，其标题就体现了研究的基本逻辑：机遇、挑战与对策。

（3）主题突出。标题应尽可能让读者一眼就能看出论文的主体研究内容。如《专业学位研究生学习需求的调查研究》③，其学习需求的研究主题一目了然。

（4）新意立显。标题如果能够彰显研究内容的新意，就能一下子抓住读者的眼球，如《在线主动学习意愿的产生机理与提升策略》④，主动学习是在线学习的关键要素，促进学习者主动学习是每一位在线教育工作者所关注的问题，选择该研究主题，关注度高。而对于主动学习意愿的机理研究则比较少，也比较新。这种高关注度、低研究度的研究主题自然会有新意。

2. 布局形散神聚

在确定论文主题、开展论文研究后，就可以撰写论文了。对于在线教师，如果已经有相当分量的研究素材和数据，那么对这些素材和数据进行整理、归纳和提炼后，就可以开始论文的撰写了。

论文撰写的第一要务是做好论文的布局。论文的布局需要做到"形散神聚"，其中，论文正文是论文之"形"，论文标题是论文之"神"，所谓"形散神聚"就是要聚焦论文标题进行论文正文的撰写，不能在论文撰写过程中偏离主题而"失了神"。

比如论文《慕课低完成率问题的归因与解法》⑤，其标题的三个关键词是低完

---

① 杨兆山、时益之：《素质教育的政策演变与理论探索》，载《教育研究》2018年第12期，第18-29、第80页。

② 赵慧臣、唐优镇、马佳雯、王玥：《人工智能时代学习方式变革的机遇、挑战与对策》，载《现代教育技术》2018年第10期，第20-26页。

③ 张东海：《专业学位研究生学习需求的调查研究》，载《研究生教育研究》2019年第1期，第45-52页。

④ 王绍峰、黄荣怀：《在线主动学习意愿的产生机理与提升策略》，载《开放教育研究》2020年第5期，第99-110页。

⑤ 王宇：《慕课低完成率问题的归因与解法》，载《现代教育技术》2018年第9期，第80-85页。

成率的"问题""归因""解法"。其二级目标首先研究问题,并对问题分类,然后再分别分析归因与解法,体现了清晰的逻辑结构。(见图9-11)

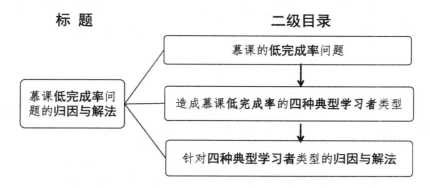

图9-11 《慕课低完成率问题的归因与解法》的结构

3. 结构逻辑清晰

论文的架构应该清晰地体现论文的逻辑结构。以论文《"导师—研究生"远程教学辅导模式的实践探索及思考》[①]为例,作者从研究缘起到可行性探讨,从实施办法到实施效果,再到问题反思,体现了"为什么要做—是否能做—怎么做—做的结果怎样—后续如何研究"的基本逻辑思路。(见图9-12)

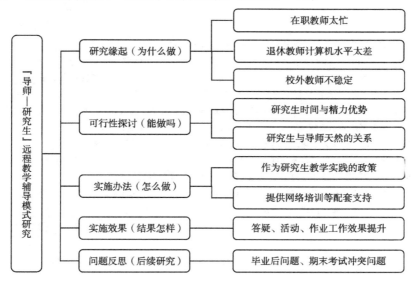

图9-12 《"导师—研究生"远程教学辅导模式的实践探索及思考》的架构

---

① 曾祥跃:《"导师—研究生"远程教学辅导模式的实践探索及思考》,载《电化教育研究》2009年第6期,第89-92页。

4. 摘要简要精炼

论文摘要是对论文的高度浓缩。因此，摘要应写成一篇可以独立使用的短文。摘要重在对结论的表达，一般包括研究目的（意义）、研究方法与研究结论。比如，论文《教育信息化指数构建及应用研究》①的摘要呈现了论文的研究意义、研究的方法以及研究结果。（见图9-13）

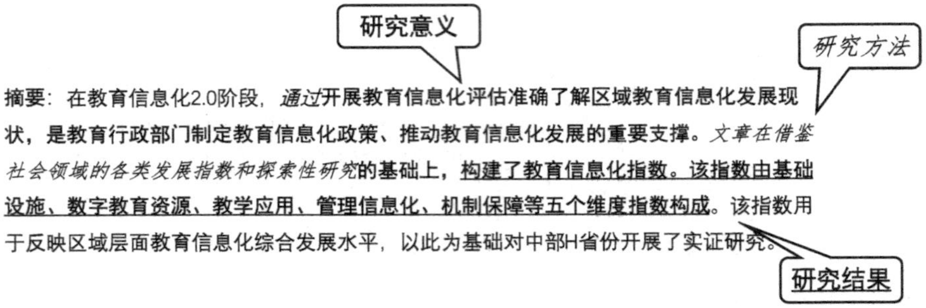

摘要：在教育信息化2.0阶段，*通过开展教育信息化评估准确了解区域教育信息化发展现状，是教育行政部门制定教育信息化政策、推动教育信息化发展的重要支撑*。文章在借鉴社会领域的各类发展指数和探索性研究的基础上，**构建了教育信息化指数。该指数由基础设施、数字教育资源、教学应用、管理信息化、机制保障等五个维度指数构成**。该指数用于反映区域层面教育信息化综合发展水平，以此为基础对中部H省份开展了实证研究。

（标注：研究意义、研究方法、研究结果）

图9-13　《教育信息化指数构建及应用研究》的论文摘要

又如《人工智能教育应用的算法风险》②的论文摘要，也体现了论文的研究目标、研究方法与研究结论。（见图9-14）

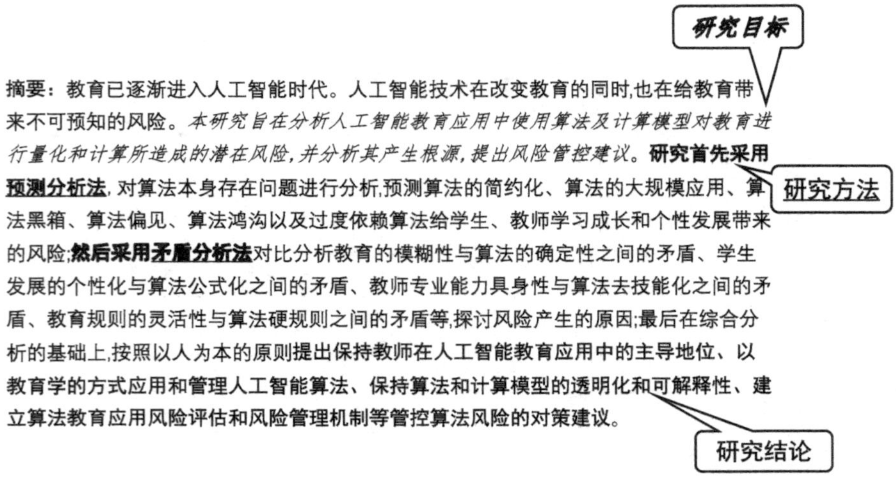

摘要：教育已逐渐进入人工智能时代。人工智能技术在改变教育的同时,也在给教育带来不可预知的风险。*本研究旨在分析人工智能教育应用中使用算法及计算模型对教育进行量化和计算所造成的潜在风险,并分析其产生根源,提出风险管控建议*。**研究首先采用预测分析法**,对算法本身存在问题进行分析,预测算法的简约化、算法的大规模应用、算法黑箱、算法偏见、算法鸿沟以及过度依赖算法给学生、教师学习成长和个性发展带来的风险;**然后采用矛盾分析法**对比分析教育的模糊性与算法的确定性之间的矛盾、学生发展的个性化与算法公式化之间的矛盾、教师专业能力具身性与算法去技能化之间的矛盾、教育规则的灵活性与算法硬规则之间的矛盾等,探讨风险产生的原因;最后在综合分析的基础上,按照以人为本的原则提出保持教师在人工智能教育应用中的主导地位、以教育学的方式应用和管理人工智能算法、保持算法和计算模型的透明化和可解释性、建立算法教育应用风险评估和风险管理机制等管控算法风险的对策建议。

（标注：研究目标、研究方法、研究结论）

图9-14　《人工智能教育应用的算法风险》的论文摘要

---

① 吴砥、邢单霞、阳小、卢春：《教育信息化指数构建及应用研究》，载《电化教育研究》2020年第1期，第53-59页。

② 谭维智：《人工智能教育应用的算法风险》，载《开放教育研究》2019年第6期，第20-30页。

5. 关键词以点带面

论文关键词是反映论文主题概念的词或词组，一般每篇可选 3～8 个，按词条的外延（概念范围）层次从大到小排列。关键词应尽量从国家标准《汉语主题词表》中选用，应选用能覆盖论文主要内容的通用技术词条。

关键词要能以点带面，起到"窥一斑而知全豹"的作用，能够从关键词的关联映射文章的主体内容。选择关键词的一般方法是由作者在完成论文写作后，从标题、层次标题和正文（出现频率较高且比较关键的词）中选取出来。

如论文《智能时代的生命进化及其教育》中的关键词来自标题与摘要①。

标题：智能时代的生命进化及其教育

摘要：回到原点，在智能时代重新认识人，找寻人的自我价值。探讨面对进化与重生的人类，教育何为。与此相关，如何重新审视教育实践的意义、如何理解教育与社会的关系、如何重新厘定教育实践的目标、教育要培养什么样的人、教育者与受教育者的关系是什么，这些教育实践中的基本问题，都会在人工智能时代重审和改变。智能时代的教育理论研究，需要接续思想传统、改变思维方式、确立学科立场。智能时代的教育政策制订，需要明晰政策导向、加强政策整合、深化政策创新。

关键词：智能时代；生命进化；教育；实践；理论；政策

6. 正文论述有理有据

论文正文的撰写不仅要逻辑清晰、文字简练，还要在论述上做到论证充分，有理有据。

如论文《论教育与机器的关系》②，可从论文框架看出该论文的论证逻辑。

一、教育学需要面对一个新的主题（提出问题）

（一）第四次工业革命带来新的革命性影响

（二）技术变革必然带来哲学理论与人类行为方式的革命

（三）万物互联：教育学不能无视伴随人工智能技术而来的新的教育与学习革命

二、关于"教育与机器的关系"命题的几个基本要点（分析问题）

（一）机器及其发展将成为人与社会发展本质内涵的一部分

（二）作为教育的工具与载体的机器成为教育者与受教育者本身

---

① 李政涛、罗艺：《智能时代的生命进化及其教育》，载《教育研究》2019 年第 11 期，第 39－58 页。

② 刘复兴：《论教育与机器的关系》，载《教育研究》2019 年第 11 期，第 28－38 页。

（三）教育结构需要不断适应建立在人工智能技术革命基础之上的社会结构变革

（四）学校成为万物互联的新型社会组织

（五）机器发展水平与教育的发展水平相互制约

三、教育学及其研究需要作出变革（研究结论）

又如论文《基于人工智能的育人助理系统——"AI好老师"的体系结构与功能》①的正文框架。

一、背景与动机

二、智能育人助理（AI好老师）体系架构

设计理念与目标；系统架构

三、智能育人助理（AI好老师）功能设计

咨询答疑模块；学习中心模块；数据统计模块；用户共建模块

四、智能育人助理（AI好老师）应用模式

教师教育学生的得力助手；家长教育孩子的专业导师；学生自我诊断的贴心顾问

五、迈向人机结合的育人时代

人工智能助理增强教师的育人能力；教师促进人工智能助理发展社会智能

7. 结论严谨新颖

论文结论是全文最关键、最重要的部分，应严谨、新颖。严谨是指论文的结论立尊重研究结果，尊重科学事实，不可为了适应自身的研究初衷而更改研究数据。新颖是指研究成果有创新，能够对同行的研究起到启迪作用。

如论文《慕课促进教育公平：事实还是假象?》的结论为："慕课使弱势群体获得了更多接触优质教育资源的机会，却更多地使那些优势群体获益，包括高学历人群、发达国家中年龄偏大的人群，以及英语非母语国家中语言能力好的人群。慕课不仅没有缩小教育差距，反而更可能扩大教育差距。"②该论文的结论突破了常规的慕课促进教育公平的认识，具有很好的警醒作用。又如，论文《重构与升华：继续教育学科建构研究》的结论为："继续教育学科的建构是对继续教育领域内已

---

① 余胜泉、彭燕、卢宇：《基于人工智能的育人助理系统——"AI好老师"的体系结构与功能》，载《开放教育研究》2019年第1期，第25-36页。

② 许亚锋、叶新东：《慕课促进教育公平：事实还是假象?》，载《现代远程教育研究》2018年第3期，第83-93页。

有学科的传承与发展,是继续教育学科方法、学科对象与学科环境的体系化重构与升华。能够使继续教育研究有更高的学术境界、更宽的学术视野、更深的学术底蕴。"① 该论文的结论充分体现了继续教育学科的研究价值。

8. 参考文献规范有序

参考文献的撰写应根据所投稿期刊的要求,规范有序地罗列。每个期刊都有自己的参考文献格式要求,为此,在投稿时,一定要基于期刊论文的参考文献格式的规范及要求罗列参考文献。

第四节 教学研究的境界

在线教学研究是对在线教学的要素、环境、过程、结果等进行研究的活动,是对在线教学的过程与结果进行归纳总结、凝练提升的过程。在线教学研究对于在线教师来说不是一件容易的事情。其困难在于将在线教学实施过程变成在线教学研究过程;在于将自己在教学中形成的思想火花变成体系化、逻辑化的思想体系;在于将各类教学的素材进行总结提炼形成有高度、有质量的内容体系;在于将各类教学数据进行分析总结、凝练提升形成有价值、有新意的研究成果;也在于如何从浩如烟海的文献中有理、有据、有节地获取和利用各类资料,丰富和提升自身的研究视野和高度。

在线教学研究的关键需要"理",需要理顺问题、理顺思路、理顺逻辑、理顺素材、理顺数据。这就需要在线教师自身有较强的定力和悟性,需要在线教师自身进行教学研究的修炼,提升自身教学研究的境界。总的来说,教学研究包括四重境界,即"静""思""悟""守"。

一、"静"的境界

"静"之所以说是一种境界,是因为"静"是一种心境、一种修为。《大学》中有云:"静而后能安,安而后能虑,虑而后能得。"唯有"静",方能安放自身骚动的心灵,才能让自己安静下来,才能让自己淡然面对繁杂的教学素材和思绪。

---

① 曾祥跃:《重构与升华:继续教育学科建构研究》,载《成人教育》2020年第1期,第1-6页。

这种"静"的境界，让我们想起北宋晏殊的《蝶恋花》中的名句："昨夜西风凋碧树，独上高楼，望尽天涯路。"看似凄凉的一句话，其实蕴含了"静"的哲理。其中，"西风凋碧树"是一种环境，一种让自身能够静下来的外部环境；"独上高楼"是走向"静"的行为；而"望尽天涯路"则是"静"的修炼。在"静"的环境中，有"静"的行动，方能达到"静"的境界。

其实"静"不是不动，"静"是内心从容的动，是有方略的、有主旨、不受干扰的动。"静"的方式有多种，可以是独处一室的"静"，在独处中静待自己；也可以是悠然独行的"静"，让自己在悠闲的散步、独行中静下来；当然，还可以是忙中偷闲的"静"，在忙碌的工作之余，让自己有一个短暂的"静"。

如何做到"静"？《大学》又有云："知止而后有定，定而后能静。"要做到心中的"静"，首先要"知止"，"知止"的含义有很多，这里的"止"是行为和心灵上的"止"，就是知道自己应该在哪里停止，以及如何停止，方能让自己心灵安定下来，才能达到"静"的境界。

我们身处纷繁复杂、快速发展的社会，我们需要闹中取静，忙中偷闲。正如谚语所说："放慢脚步，等等灵魂。"当前的社会节奏太快，我们确实需要停下脚步，放松心情，让自己静下来。也只有让自己真正静下来，才会有心情和心境去厘清教学研究的头绪，理顺教学研究的思路，开启教学研究之门。

二、"思"的境界

"思"是人的一种本来属性，笛卡尔的"我思故我在"充分体现了"思"对于人存在的意义和价值。

这里的"思"是指一种深度的思考，是深思熟虑的"思"、苦思冥想的"思"、集思广益的"思"，而不是胡思乱想的"思"、不假思索的"思"。柳永《蝶恋花》中所描述的"衣带渐宽终不悔，为伊消得人憔悴"正是一种深度思考的表现，体现了"思"的忘我境界。

（一）"思"是一种关联

思维的火花来自内心的沸腾。"思"是内心世界的知识碰撞，也是内心世界与外部世界之间的多维关联。

"思"是新知与旧识的关联，是理论与实践的关联，是当下与未来的关联，更是个人与环境的关联。也正是在这种关联中，才能对知识、技能、经验、哲思进行提炼与升华。

通过新知与旧识的关联可以用新知改变旧识，比如用大数据技术取代传统数据统计方式，可以提升教学分析的效率与效果；通过当下与未来的关联可以立足当下研究未来，比如人工智能技术对当下教育教学的启迪和推动；通过个人与环境的关联可以研究环境对人的改造作用或者人对环境的影响。

将教学要素与教学环境进行关联可以实现教学的融合和创新。我们可以用教学、学习、辅导、答疑、活动、交互、管理、评价等教学要素与学习平台、移动平台、智慧课堂、设施设备等教学环境进行相互组合和碰撞，从而产生相关的教学研究选题。比如，可以研究基于学习平台的教学、学习、活动、交互开展教学研究，可以基于智慧课室研究教师教学、学习者学习、授课模式，等等。

（二）"思"是一种多维考量

我们可以从多维的视角去考量、去思考教学研究的维度和切入点，比如实践的维度、理论的维度、发展的维度等。

（1）实践维度的思考。实践维度的思考是对实践中的新问题、新举措等的思考。比如，笔者在在线教学组织过程中发现，普通高校网络教育的主讲教师大部分是普通高校的研究生导师，他们没有时间和精力承担网络教育的教学辅导工作，但从社会上聘请其他人担任辅导教师则存在对课程知识不熟悉或与主讲教师沟通交流不顺畅等问题。让导师的研究生担任辅导教师虽然有利于主讲教师与辅导教师的沟通，也能实现他们专业知识的衔接，但是这种模式是否有弊端？如果存在弊端，又可以如何改善呢？正是基于这样的实践思考，笔者通过研究与探索形成了论文《"导师—研究生"远程教学辅导模式的实践探索与思考》[①]。又比如在线课程的教学交互问题，我们一般会认为教学交互就是师生之间的交流，只要师生间发生交互就足够了。但是在实践中，我们发现有些教学交互虽然发生了，但是没有产生实际效果。因为我们看到的教学交互只是外在的"形"，真正需要关注的是教学交互的内在的"神"。那么，是什么问题造成了教学交互效果不佳呢？通过对教学交互实践的不断思考，笔者发现影响教学交互的因素很多，包括教学交互的强度、教学交互的对象、教学交互的作用方式、教学交互的动机、教学交互的距离等。为此，笔者结合在线教学实际和各类教学交互影响因素，通过研究与探讨，形成了论文《生

---

① 曾祥跃：《"导师—研究生"远程教学辅导模式的实践探索及思考》，载《电化教育研究》2009年第6期，第89-92页。

态学视野下的远程教育教学交互分类模型》①。

（2）理论维度的思考。理论维度的思考是对在线教学实践进行理论层面的思考，是理论与实践的结合过程。比如，笔者在资源建设实践过程中，发现各高校网络教育学院都建设了丰富的学习资源，但是，学习资源建设存在质量总体不高、资源内容冗余、资源利用率比较低等问题，解决这些问题的关键在于学习资源建设的设计与评价环节。为此，笔者从生态学的视域，利用生态学的相关理论对学习资源建设进行了研究，提出了学习资源设计的方法，以及评价的四个维度——再生力、共生力、自生力与竞争力，并通过研究与探讨，形成了论文《网络远程教育学习资源生态设计》②。又比如，在线课程的学习资源建设与学习支持服务两者是紧密相关的，学习资源的无限可复制性与学习支持服务的有限供给性，要求教育机构尽可能将有限的学习支持服务转变为无限的学习资源。基于这样的思考，通过研究与探索，笔者形成了论文《学习资源与学习支持服务的辩证关系及演变规律》③。

（3）发展维度的思考。发展维度的思考是从教学发展、教师发展的维度去思考与探讨。比如在线教师的专业发展研究，在线教师是在线教学的组织者与实施者，在线教师的专业发展直接影响到在线教育与在线教学的发展，但是，以兼职教师为主体的在线教师队伍（特别是辅导教师），造成了在线教师队伍的不稳定性，使得在线教师的专业发展面临困境与挑战。为此，笔者从该主题入手进行了在线教师的专业发展研究，并形成了研究论文《远程教育教师专业发展的困境与对策》④。

三、"悟"的境界

"悟"是领悟，是觉悟，是对事物的认识和理解。如果说"思"是思考的过程，那么"悟"是获得思考结果的过程。

"悟"有渐悟，也有顿悟。渐悟是量变，是在思考过程中不断推敲、迭代而产生的新的灵感或思维的火花。顿悟是质变，是思维的突变，是思考过程中突然出现

---

① 曾祥跃：《生态学视野下的远程教育教学交互分类模型》，载《中国电化教育》2012年第2期，第36–41页。
② 曾祥跃：《网络远程教育学习资源生态设计》，载《现代教育技术》2012年第3期，第27–30页。
③ 曾祥跃：《学习资源与学习支持服务的辩证关系及演变规律》，载《云南开放大学学报》2016年第4期，第1–5页。
④ 曾祥跃、赵过渡：《远程教育教师专业发展的困境与对策》，载《广东广播电视大学学报》2010年第4期，第14–17页。

的灵感和思维的火花。两者其实都很重要，都是"悟"的方式。

对于教学研究，如何从众多的研究素材、研究思绪和研究数据中发掘研究结论与研究成果，关键仍然在于"悟"。其实，"悟"广泛存在于我们的社会生活中，比如我们常说的与"悟"有关的成语或词语就有很多，有"执迷不悟"与"大彻大悟"，有"早悟"与"迟悟"，有"快悟"与"慢悟"，有"大悟"与"小悟"，等等。比如，笔者有感于学习者面对当下海量但参差不齐的网络学习资源时，如果不会控制学习资源的"摄入量"，那么可能会导致"暴饮暴食"，难以很好地消化吸收学习资源；如果不会对学习资源进行甄别，则很可能学习到低质，甚至劣质的学习资源，就像吃垃圾食品一样，影响学习者的学习健康；如果学习者不注意自身的知识结构平衡，而是一味地根据自己的嗜好进行学习，则可能会变成学习的"偏食"者，造成自身知识体系的"营养不良"。这些问题与健康饮食问题何其相似，于是笔者借鉴健康饮食的理念对在线学习方式进行了研究，形成了论文《健康学习：网络时代的学习方式》[①]。

四、"守"的境界

教学研究的"守"是指在教学研究的构思、规划、实施、分析、凝练过程中"守"住分寸和尺度。共有"三守"：守规则、守观点、守底线。

（一）守规则

守规则就要遵循教学研究与论文写作的基本规则，少走弯路。一般来说，教学研究的基本规则有四点。

（1）目标清晰。教学研究要有清晰的研究目标，研究目标不能多、不能泛，要专而精。精准而深入的研究目标有利于聚焦主题，有助于将主题研究透彻、做出研究成果。

（2）方法科学。要在教学研究过程中按照科学的方法开展研究工作。比如要开展问卷调查，就需要进行科学的问卷调查设计，保障足够数量的问卷调查群体，采用科学的数据统计方法，等等。

（3）过程严谨。教学研究过程要严谨认真，对于研究素材的整理与分析要做到

---

① 曾祥跃、武丽志：《健康学习：网络时代的学习方式》，载《当代继续教育》2015年第1期，第36－39页。

一丝不苟，不疏漏细节。严谨的研究过程是获得准确研究结果的基本保障。

（4）结论真实。研究结论不存在对与错，特别是实验性的研究，结果可能是成功的，也可能是不成功的。但只要是真实的结果，只要是能给学术同人启示或警示的结果，即便没有达到实验预期的效果，也是值得作为研究结论的，切忌为了迎合自身预设的研究结果而篡改研究数据。

（二）守观点

教学研究的亮点在于"新"，也就是教学研究一定要有新的东西，包括新的理念、新的方法、新的结果、新的观点等，切忌"人云亦云"，没有亮点和特色。

守观点就是要守住研究过程有保障、研究结果能论证的观点。研究观点不一定要绝对正确，只要有理有据，就可以成为教学研究的结论和观点。新的观点往往是别人没有提出来，或者别人不敢提出来的观点，因此，新的观点有时会遭到质疑或不理解。但是只要有理有据，就应该坚持。比如，笔者曾在 2008 年面向中山大学网络教育学院的学习者开展了网络学习行为的问卷调查，共有 4633 人参加。通过调研，笔者发现学习者在晚上和白天学习的比例约为 7∶3；同时，不论平时还是周末，每天上网学习的学习者人数差别不大。在此基础上，笔者提出了全天候的学习支持服务观。这一观点在当时是很难实现的，即便是现在的开放教育抑或网络教育，也没能真正实现。但是，这一观点应该是正确的。因此，笔者坚持提出了该观点，并发表了论文《远程学习者网络学习行为的调查与分析》[①]。

（三）守底线

守底线就是要守住教学研究的底线，特别是要住守研究论文的底线。当前，网络文献资源非常丰富，而且来源也非常广泛，使得一些人没能抵制住抄袭的诱惑，没能守住教学研究的底线，而选择去抄袭他人的研究成果。在当今文献信息日渐透明的今天，各种查重软件可以随时查出教研论文是否存在抄袭行为，论文抄袭已越来越无所遁形。同时，各类高校也对论文抄袭有严格的规定，论文查重已经成为高校学术规范中的一个规定动作。因此，我们在开展教学研究，撰写教学研究论文时，一定不能存在侥幸的心理。正所谓"君子爱素材，取之要有道"，开展教学研究，一定要坚守不抄袭的底线。

---

① 曾祥跃、袁松鹤：《远程学习者网络学习行为的调查与分析》，载《中国远程教育》2008 年第 4 期，第 47–51 页。

总之，教学研究成果是一个人一辈子的名片，为了保持自己的名节，我们应该"有所不为，方能有所为"。

本章小结

"教而不研则浅，研而不教则空。"在线教学研究是对在线教学的要素、环境、过程、结果等进行研究的活动，在线教学研究立足在线教学实践，是对在线教学实践的凝练与升华。

在线教学的研究范畴很广，包括在线教学的理论与实践研究、在线教学的历史与发展研究、在线教学的内容与方法研究、在线教学的模式与策略研究、在线教学的媒体与技术研究，等等。在线教学的理论研究不仅包括对常规的"教"与"学"的理论研究，也包括对在线教学理念、思想、方法等的研究。在线教学理论研究一般由专门的研究人员开展研究。在线教学的实践研究包括对在线课程的设计、开发、教学与评价的研究，每一个环节都有丰富的研究内容。在线教学的研究方法除了常规的文献调研法、问卷调查法、历史研究法、比较研究法外，还有网络行为研究法、数据画像研究法、产品研究法与绩效研究法等。

在线教学研究主题的选择应有高度、有深度、有新意、有价值。研究主题的选择方法包括交叉组合选题法、问题驱动选题法、"四做"选题法、"五看"选题法。交叉组合选题法有同类交叉法、异类交叉法和要素组合法；问题驱动选题法包括问题反思法、直面问题法、技术驱动法；"四做"选题法是基于教学研究文献所进行的选题，包括"新题快做"法、"旧题新做"法、"小题大做"法、"大题小做"法；"五看"选题法是基于某一专题进行五个维度的思考，即"看前看后""看大看小""看左看右""看内看外""看因看果"。

在线教学研究方案的制订包括组建研究团队、分析研究内容、挖掘研究特色、确定研究路径、拟定研究进程等基本流程。在线教学研究方案制订的科学性依赖于在线教师对研究内容的科学分解、研究路径的科学规划、研究进程的科学拟定。在线教学源于传统教学，因此，在线教学研究方法既要传承传统教学研究方法，也要基于在线教学特点创新传统教学研究方法，同时还可以借鉴跨学科的研究方法，为在线教学研究方法增添新的活力。

在线教学研究成果主要有教研教改成果、课程建设成果与团队建设成果三个方面。研究成果的形成，关键不仅在于教学研究的规划，更在于对研究结果的总结与凝练。教研论文是教学研究最重要的理论研究成果，教研论文的撰写过程也是对研究成果的总结与凝练的过程。掌握教研论文撰写的基本方法，可起到事半功倍的作用。具体来说，论文标题要统领全局，论文布局要形散神聚，论文架构要逻辑清晰，论文摘要要简要精炼，论文关键词要以点带面，论文正文论述要有理有据，论文结论要严谨新颖，参考文献要规范有序。

教学研究需要"静""思""悟""守"。"静"是一种心境、一种修为，唯有静，方能安放自身骚动的心灵，才能让自己的心灵独自静处，才能淡然面对繁杂的教学素材和思绪。"思"是内心世界的知识碰撞，也是内心世界与外部世界之间的多维关联。"思"是新知与旧识的关联、是理论与实践的关联、是当下与未来的关联、更是个人与环境的关联。"思"有实践维度、理论维度与发展维度等多重维度。"悟"有渐悟，也有顿悟。渐悟是量变，是在思考过程中不断推敲、迭代而产生的新的灵感或思维的火花。顿悟是质变，是思维的突变，是思考过程中突然出现的灵感和思维的火花。教学研究的"守"是指在教学研究的构思、规划、撰写、成文过程中"守"住的分寸和尺度，包括守规则、守观点、守底线。守规则是遵守教学研究的基本规则；守观点就是要守住自己相信的、能够进行自我论证的研究结论；守底线就是要守住不抄袭的底线，因为君子"有所不为"，方能"有所为"。

后　　记

撰写本书需要有足够的勇气与毅力。因为当前在线教师尚未成为一种专门的职业，也未成为一种专门的教师类型，"在线教师"这一术语也尚未得到社会的普遍认可。然而，笔者坚定地认为，随着在线教学的普及化以及在线教育的蓬勃发展，在线教师必将成为一种专门的职业、一种专门的教师类型。在线教师的类型化，有利于促进在线教学的专业化发展，促进在线教育的可持续发展。在线教师的专业化，对于促进时时处处的终身学习、建构服务全民的终身教育体系，有着非常重要的战略意义。

在线教师的专业发展是一项系统工程，我们不仅需要从教师的视角研究在线教师的能力特征、能力标准与能力要求，研究在线教师的能力养成路径与方法；还需要从在线教学的视角研究在线教学的新规律、新方法与新技术，需要深入研究在线教学的实践，从而建构在线教学的理论体系、方法体系与实践体系。在线教师专业发展的系统研究，需要一大批专家、学者的共同努力。本书虽然融入了笔者近20年在网络教育和开放教育事业中的理论与实践成果，但是面对广博的在线教师专业发展研究领域，本研究只能算是沧海一粟，只能算是抛砖引玉之作。

教育行政部门对在线教师类型的认可与支持，是在线教师专业发展的基本保障。此外，还需要政府部门对在线教师职业做专门的制度设计与法律法规保障，对在线教师的专业发展做宏观的政策规划与路径设计，需要对在线教师专业发展做培养、培训的政策引领等。

最后，感谢张伟远教授、武丽志研究员、穆肃教授等对本书的悉心指点。感谢缪玲、陈鹏宇、姜楠、詹斌老师等对本书的热心帮助。特别要感谢赵冉编辑花了大量的时间和精力对本书进行的仔细修改和编校。

在线教学前景可期，在线教师职业光明。让我们静待在线教学的美好明天！